과학

선생님이 상덕 추천하는

개념 PLUS
단원평가

3·2

3~4학년군

교육의 길잡이·학생의 동반자
(주)교학사

개념 PLUS 단원평가 와 내 교과서 비교하기

단원 찾는 방법

- 내 교과서 출판사명을 확인하고 공부할 범위의 페이지를 확인하세요.
- 다음 표에서 내 교과서의 공부할 페이지와 개념+단원평가 과학 페이지를 비교하면 됩니다.
  예를 들어 천재 교과서 26~53쪽이면 개념+단원평가 18~49쪽을 공부하시면 됩니다.

Search
단원찾기

단원	개념+ 단원평가	천재 교과서	아이스크림 미디어	지학사	비상 교과서	금성 출판사	동아 출판	김영사	미래엔
과학 탐구	8~17	12~25	9~15	8~17		8~19	8~15	8~19	
동물의 생활	18~49	26~53	16~43	18~43	10~37	20~47	16~41	20~43	7~34
지표의 변화	50~77	54~77	44~67	44~67	38~63	48~69	42~63	44~67	35~56
물질의 상태	78~107	78~101	68~93	68~91	64~87	70~89	64~87	68~91	57~80
소리의 성질	108~139	102~125	94~117	92~113	88~113	90~111	88~111	92~115	81~104

여러분의 꿈을 응원합니다!!!

민들레에게는
하얀 씨앗을 더 멀리 퍼뜨리고 싶은 꿈이 있고,

연어에게는
고향으로 돌아가 알알이 붉은 알을 낳고 싶은 꿈이 있습니다.

여러분도 가지각색의 아름다운 꿈을 가지고 있지요?
꿈을 향한 마음으로
좋은 결과를 위해 힘껏 달려 보아요.

여러분의 아름답고 소중한 꿈을 응원합니다.

구성과 특징

특별 부록

교과서 종합평가

과학 8종 검정 교과서를 완벽 분석한 종합평가를 단원별로 구성하였습니다.

1. 교과서 핵심 요점

교과서 내용을 이해하기 쉽도록 사진 자료와 함께 꾸몄습니다.

2. 개념을 확인해요

교과서 개념과 관련된 주요 내용을 간단한 문제를 통하여 확인할 수 있습니다.

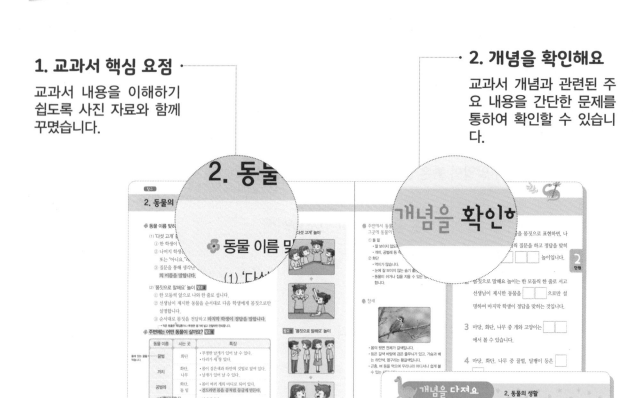

3. 개념을 다져요

꼭 알아야 할 기본 개념이나 원리를 간단한 개념 정리와 함께 문제로 꾸몄습니다.

4. 단원 평가  연습 도전 기출 실전

여러 가지 유형의 문제를 단원별로 구성하고, 연습, 도전, 기출, 실전으로 난이도를 구분하여 학습 목표를 이룰 수 있도록 하였습니다.

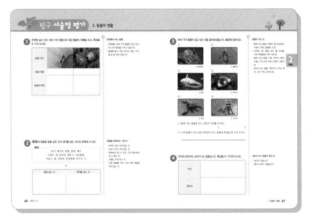

5. 탐구 서술형 평가

서술형 평가에 대비할 수 있도록 다양한 문제로 구성하였습니다.

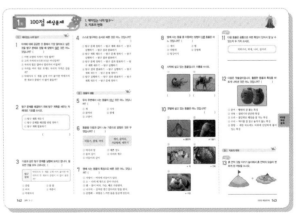

6. 100점 예상문제

핵심만 콕콕 짚어 단원별과 전체 범위로 구분하여 구성하였습니다.

정답과 풀이

별책 부록

스스로 학습할 수 있도록 문제마다 자세한 풀이를 넣었으며 '더 알아볼까요' 코너를 두어 문제를 정확하고 쉽게 이해할 수 있도록 하였습니다.

 **이 책의 특징**

- 단원 요점을 꼼꼼하게 정리하였습니다.
- 여러 유형의 평가 문제를 통하여 쉽게 학습 목표를 이룰 수 있습니다.
- 권말 부록(100점 예상문제)으로 학교 시험에 완벽하게 대비할 수 있습니다.
- 검정 교과서를 완벽 분석한 종합평가를 구성하였습니다.

차례

3·2

3~4학년군

요점 정리
+ 단원 평가

과학 3-2

3~4
학년군

1. 재미있는 나의 탐구

🌀 탐구 문제를 정해 볼까요?

(1) 준비물: 다양한 모양의 자석, 클립, 머리핀, 나침반, 공예용 철끈, 철이 든 빵 끈, 철못 등

(2) **탐구 문제 정하기** 예 탐구1

① 자석을 관찰하면서 궁금한 것을 기록합니다.
- '자석의 이용' 단원에서 사용했던 물체를 이용하여 자유롭게 관찰해 봅니다.
- 자석을 관찰한 후 궁금한 것을 글과 그림으로 나타내 봅니다.

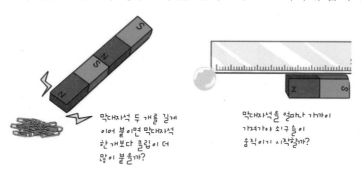

막대자석 두 개를 길게 이어 붙이면 막대자석 한 개보다 클립이 더 많이 붙을까?

막대자석을 얼마나 가까이 가져가야 초구 슬이 움직이기 시작할까?

② 자석에 대해 궁금한 것 중에서 가장 알아보고 싶은 것을 탐구 문제로 정합니다.

(3) 탐구 문제 점검하기 ┌• 나의 탐구 문제가 관찰, 측정, 실험, 인터넷 검색 등을 통해 쉽게 해결할 수 있는 문제인지 생각합니다

① 나의 탐구 문제가 적절한지 스스로 확인해 봅니다.

② 만약 고쳐야 할 부분이 있다면 찾아 바꿔 봅니다.

🌀 탐구 계획을 세워 볼까요? 탐구2

(1) 탐구 계획을 세울 때 정해야 하는 것

① 어떤 순서로 탐구해야 할지 정해야 합니다.

② 어떤 준비물이 필요한지 생각해야 합니다.

(2) **탐구 계획 세우기**

탐구 문제	막대자석 두 개를 길게 이어 붙이면 막대자석 한 개보다 클립이 더 많이 붙을까?	
탐구 문제를 해결할 방법	다르게 해야 할 것	자석의 개수
	그에 따라 바뀌는 것	자석에 붙는 클립의 개수

탐구1 탐구 문제는 이렇게 정할 수 있습니다.

> **궁금한 것 기록하기**
> - 수업 시간에 배운 내용과 우리 생활에서 관찰한 것 중에서 궁금했던 것을 자유롭게 떠올립니다.
> - 궁금한 것은 잊지 않도록 기록합니다.

⬇

> **탐구 문제 정하기**
> 궁금한 것 중에서 한 가지를 골라 탐구 문제로 정합니다.

탐구2 탐구 계획은 이렇게 세울 수 있습니다.

> **탐구 문제를 해결할 방법 정하기**
> - 탐구 문제를 해결하려면 실험을 어떻게 할지를 정합니다.
> - 실험에서 다르게 해야 할 것과 그에 따라 바뀌는 것은 무엇일지를 생각해야 합니다.

⬇

> **탐구 계획 세우기**
> 탐구 계획에는 탐구 문제, 탐구 문제를 해결할 방법, 탐구 순서, 준비물, 예상되는 결과가 있어야 합니다.

⬇

> **탐구 계획 발표하기**
> 나의 탐구 계획에 대한 친구들의 의견을 듣고 부족한 부분이 있다면 보충합니다.

탐구 순서	❶ 막대자석 한 개를 클립 더미에 가까이 가져갔다가 들어 올려 자석에 붙은 클립의 개수를 센다. ❷ 자석에 붙은 클립을 떼어 내 따로 두고, 과정 ❶을 두 번 더 반복한다. ❸ 막대자석 두 개를 길게 이어 붙인 것을 클립 더미에 가까이 가져갔다가 들어 올려 자석에 붙은 클립의 개수를 센다. ❹ 자석에 붙은 클립을 떼어 내 따로 두고, 과정 ❸을 두 번 더 반복한다.
준비물	크기가 같은 막대자석 두 개, 클립 여러 통
예상되는 결과	막대자석 두 개를 길게 이어 붙이면 막대 자석 한 개보다 클립이 두 배 더 <u>많이 붙을 것이다.</u> └●막대자석 두 개를 길게 이어 붙이면 막대자석이 더 길어진 것과 같습니다.

(3) 탐구 계획 발표하기

① 탐구 계획을 발표하고, 친구들의 질문에 대답합니다.

② 친구들의 탐구 계획을 듣고 궁금한 점을 질문합니다.

✿ 탐구를 실행해 볼까요?

(1) 탐구 실행 준비하기: 크기가 같은 막대자석 두 개, 클립 여러 통, 기록장을 준비합니다.
└●실험을 하면서 기록하기 위한 것입니다.

(2) 탐구 실행하기 `탐구 3` `실험 1`

① 탐구 계획에 따라 탐구를 실행합니다.

② 실험을 두 번 더 반복하고, 그 결과를 기록합니다.

막대자석의 개수	자석에 붙은 클립의 개수(개)		
	1회	2회	3회
1개	32	30	31
2개	41	41	40

(3) 탐구하여 알게 된 것 정리하기: 막대자석 두 개를 길게 이어 붙이면 막대자석 한 개보다 클립이 더 많이 붙습니다.
└●예상한 결과와 실제 탐구 결과가 정확히 일치하지는 않습니다.

(4) 탐구를 하기 전에 예상한 결과와 실제 탐구 결과 비교하기: 예상한 대로 클립이 더 많이 붙었지만, 두 배만큼 많이 붙지는 않았습니다.

`탐구 3` 탐구 실행은 이렇게 할 수 있습니다.

> 탐구 실행하기
> • 탐구 결과를 어떻게 기록할지를 정한 다음, 탐구 계획에 따라 탐구를 실행합니다.
> • 탐구를 실행하면서 나타나는 결과를 사실대로 빠짐없이 기록해야 합니다.

↓

> 탐구를 하여 알게 된 것 정리하기
> 탐구 결과를 바탕으로 탐구를 하여 알게 된 것을 정리합니다.

`실험 1` 막대자석의 개수에 따라 자석에 붙은 클립의 개수

▲ 막대자석이 한 개인 경우

▲ 막대자석 두 개를 길게 이어 붙인 경우

탐구

1. 재미있는 나의 탐구

🌸 **탐구 결과를 발표해 볼까요?**

(1) 탐구 결과 정리하여 발표하기

  ① 발표 방법 정하기: 탐구 결과를 쉽게 전달할 수 있는 발표 방법을 정합니다.

  ② 발표 자료 만들기

    • **탐구 결과 발표 자료에 들어가야 할 내용**: 탐구 문제, 탐구한 사람, 탐구한 때와 장소, 탐구 순서, 준비물, 탐구 결과, 탐구를 하여 알게 된 것 등이 들어가야 합니다.

    • 자석에 대한 탐구 결과를 정리하여 발표 자료로 만듭니다. 예

    탐구 1

    다른 사람이 발표 자료를 더 쉽게 이해할 수 있도록→
    표, 그래프, 사진, 그림 등을 이용합니다.

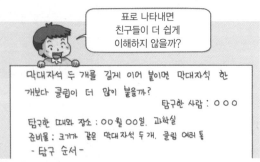

  ③ **탐구 결과 발표하기** 탐구 2

    • 탐구 결과를 발표하고, 친구들의 질문에 대답합니다.

    • 친구들이 발표하는 내용을 주의 깊게 듣고 궁금한 것을 질문합니다.

(2) 친구들의 발표에서 잘한 점과 고쳐야 할 점 예

잘한 점	• 탐구 문제가 흥미로웠다. • 탐구 계획에 맞게 잘 실행되었다.
고쳐야 할 점	• 여러 번 반복해서 측정하지 않아 아쉬웠다. • 발표자의 목소리가 작아서 뒤쪽에 앉은 친구들에게는 발표 내용이 잘 들리지 않았다.

탐구 1 **발표 자료 만들기**

• 탐구 문제, 탐구한 사람, 탐구한 때와 장소, 준비물, 탐구 순서, 탐구 결과, 탐구를 하여 알게 된 것 등이 잘 드러나도록 다양한 양식을 사용합니다.

• 표, 그래프, 그림, 사진 등과 같은 시각 자료를 활용합니다.

• 시각 자료의 내용을 설명하는 글을 자료의 아래쪽에 적어 주는 것이 좋습니다.

탐구 2 **탐구 결과 발표 방법**

▲ 포스터 발표 방법

▲ 전시회 발표 방법

▲ 컴퓨터를 활용한 발표 방법

🌸 새로운 탐구를 시작해 볼까요?

(1) 새로운 탐구 문제 정하기

① '막대자석 두 개를 길게 이어 붙이면 막대자석 한 개보다 클립이 더 많이 붙을까?'에 대해 탐구하면서 더 궁금한 것을 떠올려 봅니다.
└ 예 자석을 보관할 때는 철을 붙여 두는데, 철을 붙여 둘 때와 그렇지 않을 때 자석이 어떻게 다를까?

② 자석에 대해 더 궁금한 것 예

• 냉장고에 붙여 둔 광고지 뒷면의 자석이나 동전 자석과 같이 N극 또는 S극이 표시되어 있지 않은 자석의 극은 어떠할까?

• 자석의 종류에 따라 다른 점은 무엇일까?

③ 우리 주변에서 궁금한 것 더 찾아보기 예 탐구 1 탐구 2

• 식탁 위에 두었던 바나나를 검게 변하게 하는 것은 무엇일까?

• 엄마께서 밖에 나갈 때는 자외선 차단제를 바르라고 하셨는데, 자외선 차단제의 효과는 어떠할까?

• 비눗방울을 크게 만들려면 어떻게 해야 할까?

④ 생각그물을 이용하여 궁금한 것들 정리하기 ┌ 생각그물은 주제별, 장소별, 아이디어를 얻는 매체별 등 다양한 방법으로 정리할 수 있습니다.

탐구하면서 더 궁금했던 것
• 자석을 여러 개로 쪼개어도 자석에 붙는 클립의 개수는 같을까?
• 실험에 사용했던 클립에서 자석의 성질을 없애려면 어떻게 해야 할까?

우리 생활에서 관찰한 것
• 오래 가는 비눗방울을 만들려면?
• 자외선 차단제는 효과가 있을까?
• 바나나가 검게 변하지 않게 하려면?

학교에서 배운 내용
• 탱탱볼을 크게 만들면 더 높이 튀어 오를까?
• 달의 충돌 구덩이와 운석의 크기는 어떤 관계가 있을까?

궁금한 것

인터넷에서 본 것
• 강아지는 하루에 몇 시간이나 잘까?
• 김치가 시지 않게 하려면?

책에서 본 것
• 소리를 이용해 모기를 쫓을 수 있을까?
• 세제는 환경을 어떻게 오염시킬까?

⑤ 궁금한 것 중 새로운 탐구 문제로 정하고 싶은 것 정하기: 예 자석을 여러 개로 쪼개어도 자석에 붙는 클립의 개수는 같을까? 탐구 3

⑥ 새로운 탐구 문제를 친구들과 함께 이야기해 보고 탐구하기에 적절한지 생각해 봅니다.
└ 스스로 탐구할 수 있는지, 조사를 통하여 쉽게 알 수 있는 문제인지 등을 서로 점검합니다.

(2) 스스로 탐구하는 과정

탐구 문제 정하기 → 탐구 계획 세우기 → 탐구 실행하기 → 탐구 결과 발표하기

탐구 1 우리 주변에서 궁금한 것 찾기

• 수업 시간에 배운 내용과 우리 생활에서 관찰하는 것 중에서 궁금한 것을 찾습니다.

• 익숙한 것에 의문을 갖고 "무엇일까?", "왜?", "어떻게?"라는 질문을 해 봅니다.

탐구 2 우리 주변에서 생각할 수 있는 탐구 문제의 예(『과학』 19쪽)

• 어떤 모양의 종이비행기가 가장 멀리 날아갈까?

• 팽이의 크기에 따라 팽이가 도는 시간은 어떻게 다를까?

• 자전거의 빠르기는 바퀴의 크기와 어떤 관계가 있을까?

• 강아지가 걸을 때와 뛸 때의 발자국 모양은 어떻게 다를까?

• 바람개비가 돌아가는 속도는 날개 개수에 따라 어떻게 다를까?

탐구 3 새로운 탐구 문제를 정할 때 생각해야 할 점

• 탐구 문제와 관련해서 이미 알고 있거나 배운 것이 있는지 생각해 봅니다.

• 탐구 문제가 명확한지 생각해 봅니다.

• 스스로 탐구할 수 있는 문제인지 생각해 봅니다.

• 결과를 관찰하거나 측정할 수 있는 탐구 문제인지 생각해 봅니다.

• 실험하기에 안전한 탐구 문제인지 생각해 봅니다.

• 탐구 문제를 해결하기 위한 준비물을 쉽게 구할 수 있는지 생각해 봅니다.

1 그림을 보고 학생이 탐구해 보고 싶은 물체는 무엇인지 쓰시오.

(   )

2 자석에 대해 궁금한 것 중에서 탐구 문제를 정할 때 알맞지 <u>않은</u> 것은 무엇입니까? (   )

① 어떤 모양의 자석이 예쁜가?
② 어떤 모양의 자석이 가장 셀까?
③ 고리 자석의 N극과 S극은 어디일까?
④ 자석의 힘은 얼마나 멀리까지 미칠까?
⑤ 막대자석 두 개를 길게 이어 붙이면 막대자석 한 개일 때보다 클립이 더 많이 붙을까?

3 나의 탐구 문제로 적절한 것은 어느 것인지 기호를 쓰시오.

> ㉠ 궁금한 것 중에서 우리가 스스로 탐구할 수 있는 문제
> ㉡ 궁금한 것 중에서 선생님께서 설명해 주셔야 탐구할 수 있는 문제

(   )

4 좋은 탐구 문제의 조건으로 알맞은 것에 ○표 하시오.

(1) 관찰, 측정, 실험을 통해서 대답할 수 있는 문제여야 합니다. (   )
(2) 다른 사람이 탐구하여 이미 답을 알고 있는 것은 안 됩니다. (   )
(3) 어렵고 복잡해야 합니다. (   )

5 (   ) 안에 공통으로 알맞은 말을 쓰시오.

> 탐구 문제를 해결하려면 먼저 (   )을 세워야 한다. 탐구 문제를 해결할 수 있는 방법을 생각하며 (   )을 세워 본다.

(   )

[6~7] 다음 탐구 문제를 보고 물음에 답하시오.

> 막대자석 두 개를 길게 이어 붙이면 막대자석 한 개보다 클립이 더 많이 붙을까?

6 탐구 계획을 세울 때 위 탐구 문제를 해결할 방법을 바르게 골라 기호를 쓰시오.

> ㉠ 자석의 개수
> ㉡ 자석에 붙은 클립의 개수

(1) 다르게 해야 할 것: (   )
(2) (1)에 따라 바뀌는 것: (   )

7 위 탐구 문제를 해결하는 모습으로 바르지 <u>않은</u> 것은 무엇입니까? (   )

① 막대자석을 가져다 대는 클립은 매번 바꾸며 실험한다.
② 막대자석 한 개를 먼저 클립 더미에 가까이 가져갔다가 들어 올린다.
③ 막대자석을 클립에 가까이 가져갔다가 들어 올리는 것은 세 번 측정한다.
④ 막대자석을 클립에 가까이 가져갔다가 들어 올리는 것은 한 번씩만 측정한다.
⑤ 막대자석 두 개를 길게 이어 붙인 것을 클립 더미에 가까이 가져갔다가 들어 올린다.

8 탐구 계획을 세울 때 필요한 것이 <u>아닌</u> 것은 무엇입니까? (   )

① 준비물
② 탐구 문제
③ 탐구 순서
④ 정확한 탐구 결과
⑤ 탐구 문제를 해결할 방법

9 탐구를 실행할 때 모습입니다. (   ) 안에 들어갈 말을 쓰시오.

> 탐구 계획을 세운 다음에는 그에 따라 탐구를 실행해야 한다. 탐구를 실행할 때에는 주의 깊게 관찰하고, 관찰한 결과를 (   )해야 한다.

(   )

10 탐구하는 과정 중 다음은 어떤 과정인지 기호를 쓰시오.

> ㉠ 탐구 문제 정하기
> ㉡ 탐구 계획 세우기
> ㉢ 탐구 실행하기
> ㉣ 탐구 결과 발표하기

(   )

서술형

11 다음은 탐구 계획에 따라 탐구를 실행한 결과입니다. 탐구를 통하여 알게 된 사실을 한 가지 쓰시오.

막대자석의 개수	자석에 붙은 클립의 개수(개)		
	1회	2회	3회
1개	32	30	31
2개	41	41	40

_____

_____

12 (   ) 안에 공통으로 들어갈 말을 쓰시오.

> • 탐구를 실행한 다음에는 탐구한 내용을 정리하여 (   ) 한다.
> • 다른 사람들이 이해하기 쉽게 (   ) 자료를 만드는 것이 좋다.

(   )

13 탐구 결과 발표 자료에 들어갈 내용이 <u>아닌</u> 것은 무엇입니까? (   )

① 탐구 문제
② 탐구 순서
③ 탐구 결과
④ 다음에 탐구할 문제
⑤ 탐구를 하여 알게 된 것

14 친구들이 탐구 결과를 이해하기 쉽도록 하는 가장 좋은 방법은 무엇입니까? (   )

① 웃으면서 발표한다.
② 친구들에게 질문을 많이 한다.
③ 작은 소리로 탐구 결과를 읽는다.
④ 친구들과 눈을 마주치면서 발표한다.
⑤ 표나 그래프 등을 이용하여 발표한다.

15 탐구 결과를 발표하는 순서대로 기호를 쓰시오.

> ㉠ 탐구 결과 발표하기
> ㉡ 발표 자료 만들기
> ㉢ 발표 방법 정하기

( )

주의

16 친구들의 탐구 결과 발표에서 잘한 점과 고쳐야 할 점이 다음과 같을 때 개선해야 할 점은 무엇입니까? ( )

잘한 점	다른 친구도 쉽게 따라 할 수 있도록 탐구 순서를 자세하게 적었다.
고쳐야 할 점	발표자의 목소리가 작아서 뒤쪽에 앉은 친구들에게는 발표 내용이 잘 들리지 않았다.

① 한 번만 실험한다.
② 큰 목소리로 발표한다.
③ 막대자석은 한 개만 준비한다.
④ 막대자석의 크기를 줄자로 잰다.
⑤ 크기가 다른 막대자석을 준비한다.

중요

17 탐구 과정 중 가장 먼저 해야 할 일은 무엇인지 기호를 쓰시오.

> ㉠ 탐구 실행하기
> ㉡ 탐구 문제 정하기
> ㉢ 탐구 계획 세우기
> ㉣ 탐구 결과 발표하기

( )

18 우리 주변에서 궁금한 것을 찾아보고 나타낸 것입니다. 다음과 같은 방법으로 나타내는 것을 무엇이라고 하는지 쓰시오.

> **탐구하면서 더 궁금했던 것**
> • 자석을 여러 개로 쪼개어도 자석에 붙는 클립의 개수는 같을까?
> • 실험에 사용했던 클립에서 자석의 성질을 없애려면 어떻게 해야 할까?
>
> **우리 생활에서 관찰한 것**
> • 오래 가는 비눗방울을 만들려면?
> • 자외선 차단제는 효과가 있을까?
> • 바나나가 검게 변하지 않게 하려면?
>
> **학교에서 배운 내용**
> • 탱탱볼을 크게 만들면 더 높이 튀어 오를까?
> • 달의 충돌 구덩이와 운석의 크기는 어떤 관계가 있을까?
>
> **궁금한 것**
>
> **인터넷에서 본 것**
> • 강아지는 하루에 몇 시간이나 잘까?
> • 김치가 시지 않게 하려면?
>
> **책에서 본 것**
> • 소리를 이용해 모기를 쫓을 수 있을까?
> • 세제는 환경을 어떻게 오염시킬까?

( )

19 우리 주변에서 궁금한 것 중에서 가장 탐구하고 싶은 것을 새로운 탐구 문제로 정할 때 생각해야 할 점이 아닌 것은 어느 것입니까? ( )

① 탐구 문제가 명확한가?
② 스스로 탐구할 수 있는 문제인가?
③ 실험하기에 안전한 탐구 문제인가?
④ 친구를 이길 수 있는 탐구 문제인가?
⑤ 결과를 측정할 수 있는 탐구 문제인가?

20 다음과 같은 경우에 새로운 탐구 문제로 정하기에 알맞은 것은 무엇입니까? ( )

① 종이비행기는 어떻게 날 수 있을까?
② 비눗방울을 크게 만들려면 어떻게 해야 할까?
③ 막대자석을 여러 조각으로 쪼개면 세기가 달라질까?
④ 밖에 나갈 때 자외선 차단제를 바르는 까닭은 무엇일까?
⑤ 식탁 위에 두었던 바나나를 검게 변하게 하는 것은 무엇일까?

1 ( ) 안에 알맞은 말을 쓰시오.

> 궁금한 것 중에서 우리가 해결할 수 있는 것으로 ( ) 문제를 정한다.

( )

2 다음 준비물로 탐구할 수 있는 탐구 문제는 무엇입니까? ( )

> 크기가 같은 막대자석 두 개, 클립 여러 통

① 어떤 모양의 자석이 가장 셀까?
② 고리자석의 N극과 S극은 어디일까?
③ 자석이 무거울수록 힘의 세기가 셀까?
④ 자석의 힘은 얼마나 멀리까지 미칠까?
⑤ 막대자석 두 개를 길게 이어 붙이면 막대자석 한 개보다 클립이 더 많이 붙을까?

3 탐구 문제를 정하는 모습으로 바른 것은 무엇입니까? ( )

① 이미 알고 있는 문제를 정한다.
② 스스로 탐구할 수 있는 것을 정한다.
③ 어려운 문제일수록 좋은 탐구 문제이다.
④ 선생님이 해결해 줄 수 있는 문제를 정한다.
⑤ 간단한 검색을 통해서 알 수 있는 문제로 정한다.

4 ㉠과 ㉡ 중 나의 탐구 문제로 정하기에 적절한 것은 어느 것인지 기호를 쓰시오.

> ㉠ 사람이 죽으면 천국으로 갈까?
> ㉡ 자석의 힘은 얼마나 멀리까지 미칠까?

( )

5 탐구 문제를 해결하기 위해서 가장 먼저 해야 할 일은 무엇입니까? ( )

① 실험을 한다.
② 준비물을 준비한다.
③ 탐구 계획을 세운다.
④ 탐구 결과를 예상한다.
⑤ 탐구 결과를 발표한다.

[6~7] 다음 탐구 문제를 보고 물음에 답하시오.

> 탐구 문제 막대자석 두 개를 길게 이어 붙이면 막대자석 한 개보다 클립이 더 많이 붙을까?

6 위 탐구 문제를 해결하기 위한 계획을 세울 때 다르게 해야 할 것은 무엇입니까 ( )

① 자석의 개수
② 자석의 모양
③ 자석의 종류
④ 클립의 개수
⑤ 자석의 색깔

7 위 탐구 문제를 해결하기 위해 측정해야 할 것은 무엇입니까? ( )

① 클립의 무게
② 자석의 무게
③ 자석의 길이
④ 자석에 붙은 클립의 개수
⑤ 자석에 클립이 붙는 시간

🖊서술형

8 막대자석에 붙은 클립의 개수를 비교하기 위한 탐구 계획입니다. 바르지 <u>않은</u> 것을 골라 기호를 쓰고, 바르게 고치시오.

> ㉠ 막대자석 한 개를 클립 더미에 가까이 가져갔다가 들어 올려 자석에 붙은 클립의 개수를 센다.
> ㉡ 자석에 붙은 클립을 떼어 내 따로 두고, 과정 ㉠을 두 번 더 반복한다.
> ㉢ 막대자석 두 개를 길게 이어 붙인 것을 클립 더미에 가까이 가져갔다가 들어 올려 자석에 붙은 클립의 개수를 센다.
> ㉣ 사용했던 클립으로 과정 ㉢을 두 번 더 반복한다.

_____

_____

9 위 **8**번 실험을 실행하고 기록해야 하는 것은 무엇입니까? ( )

① 실험 시간
② 클립의 무게
③ 자석에 붙은 클립의 개수
④ 클립에 가져가 댄 자석의 개수
⑤ 자석에 클립이 붙어 있는 시간

10 탐구 계획에 따라 탐구를 실행했을 때 자석에 붙은 클립의 개수를 <, =, >로 비교하시오.

| 막대자석 한 개 | ○ | 막대자석 두 개를 길게 이어 붙인 것 |

11 ( ) 안에 공통으로 알맞은 말을 쓰시오.

> • 탐구를 ( )할 때에는 주의 깊게 관찰하고, 관찰한 결과를 기록해야 한다.
> • 탐구 계획에 따라 탐구를 ( )한다.

( )

12 다음을 읽고 바르면 ○표, 바르지 <u>않으면</u> ×표를 하시오.

⑴ 탐구를 하기 전에 예상한 결과와 실제 탐구 결과가 반드시 같지는 않습니다. ( )
⑵ 막대자석 두 개를 길게 이어 붙이면 막대자석 한 개보다 클립이 더 적게 붙습니다.
( )

13 ( ) 안에 들어갈 말을 쓰시오.

> 탐구를 실행한 다음에는 탐구한 내용을 정리하여 ( ) 한다.

( )

14 발표 방법을 정하는 기준은 무엇입니까?
( )

① 내가 좋아하는 방법으로 정한다.
② 친구들이 원하는 방법으로 정한다.
③ 선생님이 정해주신 방법으로 정한다.
④ 빠른 시간 내에 발표할 수 있는 방법으로 정한다.
⑤ 탐구 결과를 쉽게 전달할 수 있는 방법으로 정한다.

15 탐구 결과를 발표하는 모습으로 바른 것은 무엇입니까? (   )

① 발표 자료는 예쁘게 만드는 것이 중요하다.
② 친구들의 발표에서 고쳐야 할 점만 찾아 지적한다.
③ 표, 그래프, 사진 등을 이용하여 발표 자료를 만든다.
④ 탐구 결과에 대한 친구들의 질문에는 답하지 않아도 된다.
⑤ 탐구 결과 발표 자료에 탐구한 사람은 들어가지 않아도 된다.

16 새로운 탐구를 시작할 때 가장 먼저 해야 하는 과정은 무엇인지 기호를 쓰시오.

> ㉠ 탐구 실행하기
> ㉡ 새로운 탐구 문제 정하기
> ㉢ 탐구 계획 세우기
> ㉣ 탐구 결과 발표하기

(   )

17 새로운 탐구 문제를 정할 때 바르지 <u>않은</u> 것은 무엇입니까? (   )

① 되도록 어려운 내용으로 정한다.
② 탐구 문제가 명확한지 살펴본다.
③ 스스로 탐구할 수 있는 문제를 정한다.
④ 실험하기에 안전한 탐구 문제를 정한다.
⑤ 결과를 관찰하거나 측정할 수 있는 탐구 문제로 정한다.

🖐 서술형

18 식탁 위에 두었던 바나나가 검게 변했습니다. 이것을 보고 새로운 탐구 문제를 한 가지 정하여 쓰시오.

_____

19 다음과 같이 탐구 문제를 정한 다음 해야 할 일은 무엇입니까? (   )

① 실험을 한다.
② 탐구를 실행한다.
③ 탐구 계획을 세운다.
④ 탐구 결과를 발표한다.
⑤ 또 다른 탐구 문제를 정한다.

20 다음과 같은 생각그물을 보고 무엇에 대해 궁금한 점인지 쓰시오.

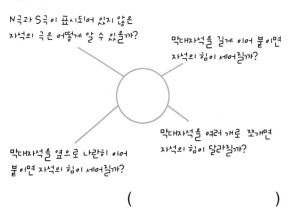

(   )

2. 동물의 생활

🌸 동물 이름 맞히기 놀이

(1) '다섯 고개' 놀이 **탐구 1**

① 한 학생이 동물의 특징을 몸짓으로 표현합니다.

② 나머지 학생은 한 가지씩 질문을 하고, 문제를 낸 학생은 "예." 또는 "아니요."라고만 대답합니다.

③ 질문을 통해 생각난 동물이 있다면 "정답!"이라고 외치고 동물의 이름을 말합니다.

(2) '몸짓으로 말해요' 놀이 **탐구 2**

① 한 모둠씩 앞으로 나와 한 줄로 섭니다.

② 선생님이 제시한 동물을 순서대로 다음 학생에게 몸짓으로만 설명합니다.

③ 순서대로 몸짓을 전달하고 마지막 학생이 정답을 말합니다.

└→ 작은 동물은 채집통이나 투명한 용기에 넣고 관찰하면 편리합니다.

🌸 주변에는 어떤 동물이 살까요? **탐구 3**

동물 이름	사는 곳	특징
꿀벌	화단	• 투명한 날개가 있어 날 수 있다. • 다리가 세 쌍 있다.
까치	화단, 나무	• 몸이 검은색과 하얀색 깃털로 덮여 있다. • 날개가 있어 날 수 있다.
공벌레	화단, 돌 밑	• 몸이 여러 개의 마디로 되어 있다. • 건드리면 몸을 공처럼 둥글게 만든다.
잠자리	화단	• 날아다닌다. • 날개는 두 쌍, 다리는 세 쌍이 있다.
개미	화단	• 다리는 세 쌍이 있다. • 무리 지어 산다.
참새	화단, 나무	• 날개가 있어 날 수 있다. • 몸이 깃털로 덮여 있으며, 부리로 먹이를 먹는다.
개	마당	• 다리는 두 쌍이 있고 걷거나 뛰어다닌다. • 냄새를 잘 맡는다.
고양이	마당	• 다리는 두 쌍이 있고 걷거나 뛰어다닌다. • 꼬리가 있다.
거미	화단, 나무 건물 벽	다리는 네 쌍이 있고, 걸어 다닌다.

꽃에 있는 꿀을 먹습니다.

└→ 더듬이가 있습니다.

꼬리가 있습니다.

탐구 1 '다섯 고개' 놀이

탐구 2 '몸짓으로 말해요' 놀이

탐구 3 동물을 관찰할 때의 유의점

• 벌이나 개미 등을 잡으려고 할 때에는 쏘이거나 물릴 위험이 있으므로 손으로 잡지 않도록 합니다.

• 작은 동물을 관찰할 때에는 채집통이나 투명한 용기에 넣고 관찰하면 편리합니다.

• 사진기를 준비하여 동물의 생김새를 사진으로 남깁니다.

● 주변에서 동물을 많이 볼 수 있는 장소와, 그곳에 동물이 많이 사는 까닭

① 돌 밑
  • 잘 보이지 않도록 숨기 좋은 곳입니다.
  • 개미, 공벌레 등 작은 동물들을 볼 수 있습니다.
② 화단
  • 먹이가 많습니다.
  • 눈에 잘 보이지 않는 숨기 좋은 곳입니다.
  • 동물이 쉬거나 집을 지을 수 있는 장소를 제공합니다.

● 참새

  • 몸의 윗면 전체가 갈색입니다.
  • 등은 갈색 바탕에 검은 줄무늬가 있고, 가슴과 배는 하얀색, 옆구리는 황갈색입니다.
  • 곤충, 벼 등을 먹으며 우리나라 어디서나 쉽게 볼 수 있는 새입니다.

용 어 풀 이

✳채집 널리 찾아서 얻거나 캐거나 잡아 모으는 일
✳쌍 둘씩 짝을 이룬 것
✳부리 새나 일부 짐승의 주둥이로 보통 뿔의 재질과 같은 딱딱한 물질로 되어 있음.

개념을 확인해요

2 단원

1 한 학생이 동물의 특징을 몸짓으로 표현하면, 나머지 학생은 한 가지씩 질문을 하고 정답을 맞히는 것은 ☐☐☐☐ 놀이입니다.

2 몸짓으로 말해요 놀이는 한 모둠씩 한 줄로 서고 선생님이 제시한 동물을 ☐☐으로만 설명하여 마지막 학생이 정답을 맞히는 것입니다.

3 마당, 화단, 나무 중 개와 고양이는 ☐☐에서 볼 수 있습니다.

4 마당, 화단, 나무 중 꿀벌, 달팽이 등은 ☐에서 볼 수 있습니다.

5 화단에서 볼 수 있고, 건드리면 몸을 공처럼 둥글게 만드는 동물은 ☐☐☐입니다.

6 나무에서 볼 수 있고 몸의 윗면 전체가 갈색이며, 날개가 있어 날 수 있는 동물은 ☐☐ 입니다.

7 잠자리는 화단에서 볼 수 있고, 다리가 ☐ 쌍, 날개가 두 쌍이며 더듬이가 있습니다.

2. 동물의 생활

🌸 **동물을 어떤 특징으로 분류할 수 있을까요?**

(1) 관찰한 동물의 특징 (예)

① 까치, 참새는 날개가 있어서 날 수 있습니다.

② 개미, 나비와 같은 곤충은 다리가 여섯 개입니다.

③ 지렁이는 기어 다닙니다. ──── 수개미와 여왕개미는 날개가 있
지만, 개미 집단의 대부분을 차지
하는 일개미는 날개가 없습니다.

(2) 동물을 특징에 따라 분류하기

① 동물 카드에 있는 동물을 날개가 있는 것과 날개가 없는 것
으로 분류합니다.

분류 기준: 날개가 있는가?

| 그렇다. | 그렇지 않다. |

▲ 꿀벌   ▲ 참새   ▲ 개구리   ▲ 토끼

② 다른 분류 기준을 세우고 그에 따라 동물 분류하기 [탐구 1]

물 속에서 살 수 있는 것	금붕어, 송사리, 개구리
물속에서 살 수 없는 것	토끼, 달팽이, 거미, 다람쥐, 참새, 비둘기, 공벌레, 뱀, 고양이, 잠자리, 꿀벌, 메뚜기, 사슴벌레, 개미, 소 금쟁이
더듬이가 있는 것	꿀벌, 사슴벌레, 개미, 잠자리, 메뚜기, 소금쟁이, 공벌 레, 달팽이
더듬이가 없는 것	토끼, 거미, 다람쥐, 참새, 비둘기, 금붕어, 뱀, 고양 이, 개구리, 송사리
다리가 있는 것	비둘기, 참새, 개구리, 다람쥐, 고양이, 토끼, 꿀벌, 사 슴벌레, 개미, 잠자리, 메뚜기, 소금쟁이, 거미, 공벌레
다리가 없는 것	달팽이, 금붕어, 송사리, 뱀

┌─ 다리가 두 개   ┌─ 다리가 네 개

└─ 다리가 여섯 개 이상

③ 그 외에 동물을 분류하는 기준: (예) 지느러미가 있는 것과 지느
러미가 없는 것, 500원짜리 동전보다 큰 것과 500원짜리 동전
보다 작은 것 등으로 분류할 수 있습니다. [탐구 2]

[탐구 1] **동물의 생김새**

▲ 달팽이

▲ 사슴벌레

▲ 소금쟁이

[탐구 2] **동물을 분류하는 기준 (예)**

다른 동물을 먹는 것	비둘기, 참새, 잠자 리, 뱀, 금붕어, 송사 리, 공벌레, 개미, 개 구리, 거미, 다람쥐, 고양이, 소금쟁이
다른 동물을 먹지 않는 것	꿀벌, 메뚜기, 사슴벌 레, 달팽이, 토끼

알을 낳는 것	꿀벌, 사슴벌레, 개미, 잠자리, 메뚜기, 소금쟁 이, 달팽이, 거미, 참새, 비둘기, 공벌레, 금붕 어, 뱀, 개구리, 송사리
새끼를 낳는 것	토끼, 다람쥐, 고양이

동물의 분류

- 동물은 등뼈의 유무에 따라 척추동물과 무척추동 물로 분류합니다.
- 척추동물에는 포유류, 조류, 파충류, 양서류, 어류 가 있으며, 무척추동물에는 극피동물, 절지동물, 환형동물, 연체동물, 편형동물, 자포동물 등이 있 습니다.
- 척추동물은 전 세계적으로 약 6만 5,000종, 무척 추동물은 약 130만 종이 있으며 전체 동물의 약 97%를 차지하고 있습니다.

공벌레와 쥐며느리

▲ 공벌레

- 공벌레: 다리가 일곱 쌍이고, 위험을 느끼면 몸을 공처럼 둥글게 만듭니다.
- 쥐며느리: 공벌레와 비슷하게 생겼지만 공벌레보 다 납작하고 다리가 몸 바깥쪽으로 많이 나와 있 습니다. 위험을 느끼면 몸을 웅크리지만 공벌레 처럼 둥글게 만들지는 못합니다.

용어풀이

✸특징	다른 것에 비하여 특별히 눈에 띄이는 점
✸분류	나누어 무리 지음.
✸금붕어	붕어와 비슷하며 색깔과 생김새 가 아름다운 민물고기로 원산지 는 중국 남부 지방임.
✸송사리	몸의 길이는 5cm 정도이며, 잿빛 을 띠고 옆구리에 작고 검은 점이 많은 민물고기

1 동물을 관찰하고 ☐☐에 따라 분류할 수 있습니다.

2 여러 가지 동물을 관찰하고 공통점과 차이점을 찾아 ☐☐할 수 있습니다.

3 참새와 토끼 중 ☐☐는 날개가 있고 ☐☐는 날개가 없습니다.

4 사슴벌레와 개미는 ☐을 낳는 동물이고, 토 끼와 다람쥐는 ☐☐를 낳는 동물입니다.

5 잠자리와 달팽이 중 다리가 있는 동물은 ☐ ☐☐입니다.

6 꿀벌과 개미는 다리가 ☐☐개입니다.

7 금붕어와 달팽이 중 ☐☐☐는 물속 에서 살 수 있고 ☐☐☐는 물속에서 살 수 없습니다.

8 동물을 특징에 따라 ☐☐해 보면, 동물 을 더 잘 이해할 수 있습니다.

2. 동물의 생활

🌀 땅에는 어떤 동물이 살까요?

(1) 땅에서 사는 동물의 특징 알아보기

　① 준비물: 땅에서 사는 작은 동물, 동물도감, 페트리 접시, 핀셋, 흰 종이, 돋보기, 확대경, 관찰 기록장 └─ 작은 동물을 확대경 안에 넣고 확대해서 관찰할 수 있습니다.

　② 땅에서 사는 작은 동물을 돋보기나 확대경으로 자세하게 관찰하고, 관찰 기록장에 그림과 글로 나타냅니다. 탐구1 탐구2
　└─ 먼저 작은 동물을 맨눈으로 관찰합니다.

(2) 땅에서 사는 동물의 사는 곳, 특징

▲ 너구리

▲ 땅강아지

▲ 개미

동물 이름	사는 곳	특징
공벌레	땅 위	• 돌 밑이나 낙엽 아래 습한 곳에서 산다. • 일곱 쌍의 다리로 걸어 다닌다. • 몸이 여러 개의 마디로 되어 있고, 위험을 느끼면 몸을 둥글게 만든다.
소		• 두 쌍의 다리로 걸어 다닌다. • 몸이 털로 덮여 있고 머리에 뿔이 있다.
너구리 └─ 등쪽에 진한 갈색 줄무늬가 있습니다.		• 두 쌍의 다리로 걷거나 뛰어다닌다. • 주둥이는 뾰족하고 몸이 털로 덮여 있다.
다람쥐		• 두 쌍의 다리로 걷거나 뛰어다닌다. • 날카로운 발톱이 있어 나무를 잘 탄다.
땅강아지	땅속	• 앞다리로 땅을 팔 수 있습니다 • 세 쌍의 다리로 걸어 다니고, 날기도 한다. • 몸이 머리, 가슴, 배로 구분된다.
두더지		• 삽처럼 생긴 앞다리로 땅속에 굴을 판다. • 몸이 털로 덮여 있다.
지렁이 └─ 몸이 고리 모양의 마디로 되어 있고, 피부가 매끄럽습니다.		• 땅속을 기어 다닌다. • 몸이 길고 원통 모양이다.
개미 └─ 머리에는 더듬이가 있고, 가슴과 배는 마디로 되어 있습니다.	땅 위와 땅속	• 세 쌍의 다리로 걸어 다닌다. • 몸이 전체적으로 검은색이고, 머리, 가슴, 배로 구분된다.
뱀		• 배를 땅에 대고 기어 다닌다. • 몸통이 가늘고 길다.

탐구1 땅에 사는 동물을 돋보기와 확대경으로 관찰하기

• 흰 종이를 바닥에 깔고 돋보기와 확대경으로 관찰하면 동물의 특징을 더 잘 볼 수 있습니다.

• 확대경을 이용하면 동물을 10~20배 정도 크게 볼 수 있습니다.

• 확대경에는 여러 가지 종류가 있는데 야외에서 작은 동물을 관찰할 때는 목걸이형 확대경이 편리합니다.

▲ 돋보기로 개미 관찰하기

▲ 확대경으로 개미 관찰하기

탐구2 관찰 기록장 쓰기

동물 이름	개미
날짜	9월 13일
장소	과학실
관찰 내용	몸은 머리, 가슴, 배로 구분되고, 다리는 세 쌍이다. 머리에는 한 쌍의 더듬이, 한 쌍의 겹눈이 있다. 다리는 마디로 되어 있고, 가늘고 길며 털이 나 있다.

● 지렁이가 사람에게 주는 이로움

- 지렁이의 똥에는 많은 영양분이 있습니다. 지렁이는 썩은 나뭇잎이나 동물의 똥 등을 즐겨 먹는데, 먹이를 먹은 뒤 12~20시간 뒤에 배설을 합니다. 이 배설물에는 거름 성분으로 쓰이는 질소, 인, 칼륨 등이 많이 함유되어 있습니다.
- 지렁이는 땅을 비옥하게 합니다. 지렁이가 먹이를 땅속으로 운반하는 과정을 통해 땅속에 많은 미세한 굴이 생겨서 흙이 스펀지같이 폭신하고 부드럽게 느껴집니다.
- 식물의 수분 흡수를 돕습니다. 지렁이가 살면서 만들어 둔 땅속 통로는 빗물이 땅속 깊이 들어가게 하여 식물이 수분을 충분히 흡수할 수 있도록 돕습니다.

▲ 지렁이

용 어 풀 이

✳ 습한   물기가 많아 축축함.
✳ 이로움   물질적이나 정신적으로 도움이 되는 것
✳ 거름   식물이 잘 자랄 수 있는 땅을 만들어 주는 물질
✳ 비옥   땅이 기름짐.

1 다람쥐, 두더지, 뱀 등은 ☐에서 사는 동물입니다.

2 땅에서 사는 작은 동물은 ☐☐☐나 ☐☐☐을 사용하면 자세하게 관찰할 수 있습니다.

3 다람쥐, 너구리, 소 등은 ☐☐에 살고 있습니다.

4 두더지, 땅강아지, 지렁이 등은 ☐☐에 살고 있습니다.

5 공벌레와 뱀 중 땅 위와 땅속을 오가며 사는 동물은 ☐입니다.

6 소는 ☐ 쌍의 다리로 걸어 다니고, 몸이 털로 덮여 있으며, 머리에 뿔이 있습니다.

7 ☐☐☐☐는 세 쌍의 다리로 걸어 다니고 날기도 하며, 몸이 머리, 가슴, 배로 구분됩니다. 앞다리로 땅을 팔 수도 있습니다.

8 다리가 없는 뱀은 ☐를 땅에 대고 기어 다닙니다.

2. 동물의 생활

💠 사막에는 어떤 동물이 살까요?

(1) 사막의 환경

　① 비가 많이 내리지 않아 매우 건조합니다.

　② 물과 먹이가 부족합니다.

　③ 모래바람이 심하게 불며, 낮에는 덥고 밤에는 매우 춥습니다.
　　　　　　　　　　　　└•그늘이 별로 없습니다.

(2) 사막에서 사는 동물의 특징

▲ 사막여우

▲ 낙타

▲ 도마뱀

▲ 사막 딱정벌레

▲ 전갈

▲ 사막 거북

동물 이름	사막에서 잘 살 수 있는 까닭
사막여우	• 몸에 비해 큰 귀를 가지고 있어서 체온 조절을 하며, 작은 소리도 잘 들을 수 있다. • 귓속의 털로 인해 모래바람이 불어도 귓속으로 모래가 잘 들어가지 않는다.
뱀	몸의 일부를 들고 옆으로 기어 다니는 것처럼 이동한다. └•뜨거운 땅에 닿는 부분을 줄이기 위해서입니다.
낙타	• 낙타의 등에 혹이 있고, 혹에는 지방이 있어서 먹이가 없어도 며칠 동안 생활할 수 있다. 탐구 1 • 두 쌍의 긴 다리가 있고, 콧구멍을 여닫을 수 있으며 발바닥이 넓다. └•긴 다리로 땅바닥의 뜨거운 열기를 피할 수 있습니다.
도마뱀	서 있거나 이동할 때 한 번에 두 발씩 번갈아 들어 올리며 열을 식힌다.
사막 딱정벌레	새벽에 땅 위로 나와 몸에 맺힌 이슬을 모아서 마신다.
전갈	온몸이 딱딱한 껍질로 되어 있어 몸에 있는 물이 밖으로 잘 빠져나가지 않는다.
사막 거북	앞다리로 땅을 잘 팔 수 있어서 땅굴을 만들어 뜨거운 낮에 쉴 수 있다.

탐구 1 **낙타가 사막에서 잘 살 수 있는 까닭**

▲ 넓은 발바닥: 걸을 때에 모래에 빠지지 않습니다.

▲ 긴 눈썹: 강한 햇빛과 모래 먼지로부터 눈을 보호합니다.

▲ 여닫을 수 있는 콧구멍: 모래바람이 불 때에 모래가 콧속으로 들어가는 것을 막아 줍니다.

▲ 귀에 난 털: 귀에 모래가 들어가는 것을 막아 줍니다.

▲ 두꺼운 입술: 선인장처럼 가시가 있는 식물도 먹을 수 있습니다.

사막

▲ 사막

• 사막에 일 년 동안 내리는 비의 양은 250mm보다 적습니다.(우리나라의 강수량은 1200~1900mm 정도입니다.)

• 사막에 내리는 비의 양은 우리가 살고 있는 한반도에 비해 $\frac{1}{6}$ 정도로 매우 적습니다.

• 사막에도 비가 오기는 하지만 햇살이 따가워서 금방 증발합니다.

• 지역에 따라서 비가 내리면 풀과 나무가 자라 잠깐 동안 초원이 만들어지기도 합니다.

용어풀이

✳ 모래바람	모래와 함께 휘몰아치는 바람
✳ 강수량	비, 눈, 우박, 안개 따위로 일정 기간 동안 일정한 곳에 내린 물의 총량
✳ 증발	어떤 물질이 액체 상태에서 기체 상태로 변함.

개념을 확인해요

1 사막은 비가 거의 내리지 않아 ☐ 이 부족합니다.

2 사막은 ☐ 에는 덥고, ☐ 에는 매우 춥습니다.

3 뱀, 낙타, 도마뱀, 전갈 등은 ☐☐ 에서 사는 동물입니다.

4 사막여우는 몸에 비해 큰 ☐ 를 가지고 있습니다.

5 낙타의 등에 있는 혹에는 ☐☐ 이 있어서 먹이가 없어도 며칠 동안 생활할 수 있습니다.

6 ☐☐☐☐☐☐ 는 새벽에 땅 위로 나와 몸에 맺힌 이슬을 모아서 마십니다.

7 ☐☐☐ 은 서 있거나 이동할 때 한 번에 두 발씩 번갈아 들어 올리며 열을 식힙니다.

8 사막 거북은 ☐☐☐ 로 땅을 잘 팔 수 있어서 땅굴을 만들어 뜨거운 낮에 쉴 수 있습니다.

2. 동물의 생활

🐾 물에는 어떤 동물이 살까요? 탐구1 탐구2

강가나 호숫가	수달 몸이 털로 덮여 있습니다. 	• 몸이 가늘고 발가락에 물갈퀴가 있어 헤엄을 잘 친다. • 물가에서 물고기나 개구리를 잡아먹는다.
	개구리	• 뒷다리에 물갈퀴가 있어 물속에서 헤엄쳐서 이동한다. • 앞다리보다 더 긴 뒷다리를 힘차게 뻗어 뛰어오른다.
강이나 호수의 물속	붕어 헤엄쳐서 이동합니다. 	• 여러 개의 지느러미가 있다. • 아가미가 있고, 몸이 비늘로 덮여 있다. →아가미로 숨을 쉽니다.
	물방개	• 다리가 세 쌍이 있고 털이나 있는 뒷다리로 헤엄친다. • 몸이 위아래로 납작하며, 윗면은 날개로 덮여 있다.
	다슬기	• 배 발을 이용하여 물속의 바위에 붙어서 기어 다닌다. • 딱딱한 껍데기로 덮여 있다. • 아가미로 숨을 쉰다.
갯벌	게 	• 집게 다리가 한 쌍이 있다. • 나머지 다리 네 쌍으로 걸어 다닌다.
	조개	• 갯벌에서 기어 다닌다. • 딱딱한 껍데기가 있다. • 아가미가 있다.
바닷속	고등어 몸이 비늘로 덮여 있습니다. 	• 지느러미를 이용하여 헤엄친다. • 몸이 부드러운 곡선 형태라 빠르게 헤엄칠 수 있다.
	오징어 아가미로 숨을 쉽니다. 	• 지느러미를 이용하여 헤엄친다. • 몸이 세모꼴이며 머리에 다리 열 개가 있다.

탐구1 **붕어와 같은 물고기가 물속에서 생활하기에 알맞은 점**

• 지느러미가 있어서 물속에서 헤엄을 잘 칠 수 있습니다.
• 아가미가 있어서 물속에서 숨을 쉴 수 있습니다.
• 몸이 부드러운 곡선 형태라서 물속에서 빨리 헤엄쳐 이동할 수 있습니다.

탐구2 **수생 곤충**

• 수생 곤충은 애벌레 시절 또는 한살이 동안 민물에서 사는 곤충을 말합니다.
• 게아재비, 물맴이, 물방개는 한살이 동안 물을 떠나지 않고 물에서만 삽니다.
• 잠자리, 하루살이는 애벌레 때만 물속에서 살고 다 자라면 물 밖으로 나옵니다.

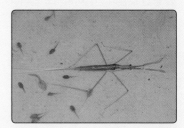
▲ 게아재비

▲ 물자라

▲ 잠자리 애벌레

민물고기와 바닷물고기의 차이점

① 민물고기
- 민물고기의 몸속에 있는 물의 농도가 민물의 농도보다 더 진해서 물이 계속 몸속으로 들어갑니다.
- 지속적으로 몸속에 많은 양의 물이 들어오기 때문에 신장에서 다량의 묽은 오줌을 배출합니다.
- 민물을 계속 마실 필요가 없습니다.
- 민물고기는 아가미를 통해서 부족한 염분을 흡수합니다.

② 바닷물고기
- 바닷물고기의 몸속에 있는 물의 농도보다 바닷물의 농도가 더 진해서 물이 계속 몸 밖으로 빠져나갑니다.
- 지속적으로 몸속에 있는 물이 빠져나가기 때문에 신장에서 물을 재흡수하고 진한 오줌을 배출합니다.
- 바닷물을 계속 마셔야 합니다.
- 바닷물고기는 아가미를 통해서 몸속에 쌓인 염분을 배출합니다.

출처: 국립생물자원관(https://www.nibr.go.kr)

용 어 풀 이

- ✸ **물갈퀴** 물새나 양서류 등의 발가락 사이에 펼쳐져 있는 피부 주름
- ✸ **아가미** 어류에 발달한 호흡 기관으로 여러 갈래로 잘게 나뉘어져 있으며 가스 교환이 이루어짐.
- ✸ **농도** 용액 따위의 진함과 묽음의 정도
- ✸ **염분** 바닷물 따위에 함유되어 있는 소금기

개념을 확인해요

2단원

1 수달과 붕어는 ☐ 이나 호수에서 볼 수 있습니다.

2 ☐☐ 에는 게가 걸어 다니고, 조개가 기어 다닙니다.

3 ☐☐☐ 에는 상어, 오징어, 고등어, 가오리처럼 헤엄치는 동물이 살고 있습니다.

4 전복은 바닷속 ☐☐ 에 붙어서 기어 다닙니다.

5 수달과 개구리의 발에는 ☐☐☐ 가 있어서 헤엄을 잘 칩니다.

6 고등어, 오징어, 상어 등은 ☐☐☐ 로 숨을 쉽니다.

7 붕어와 고등어는 ☐☐☐☐ 를 이용하여 헤엄을 잘 칩니다.

8 다슬기, 전복, 조개는 딱딱한 ☐☐☐ 로 덮여 있습니다.

2. 동물의 생활

🌸 날아다니는 동물에는 어떤 것이 있을까요?

(1) 날아다니는 동물의 특징 알아보기 탐구 1

▲ 매미　　　　▲ 까치　　　　▲ 잠자리

▲ 박새　　　　▲ 나비　　　　▲ 직박구리　　　　▲ 나방

동물 이름	특징
직박구리	• 주로 나무 위에 머무른다. • 날개가 있고, 몸이 깃털로 덮여 있다.
박새	• 배와 뺨이 하얀색이다. • 날개가 있고, 몸이 깃털로 덮여 있다. • 몸의 크기가 참새와 비슷하거나 그보다 작다.
까치	• 몸이 검은색과 하얀색 깃털로 덮여 있다. • 날개가 있다.
나비	• 날개는 두 쌍이 있다. → 날개가 젖지 않습니다. • 앉을 때 날개를 붙여서 접고, 앞다리로 맛을 본다.
매미	• 나무 사이를 날아다니고, 나무에서 수액을 먹는다. • 수컷은 소리를 내고, 불완전 탈바꿈을 한다.
잠자리	• 날개는 두 쌍, 다리는 세 쌍이 있다. • 날개가 아주 얇아 빨리 날 수 있다.
나방	• 대부분 야행성으로 빛에 모여들어 그 주위를 맴도는 것이 많다. • 날개를 펴고 앉고, 나비보다 몸이 통통한 편이다.

나무 사이를 날아다니며 요란하게 우는 새로, 온몸은 회색이고 날개는 밤색이며 꽁지가 깁니다.

산이나 공원에서 흔히 볼 수 있는 새로, 크기는 참새와 비슷합니다.

(2) 날아다니는 동물의 특징 탐구 1
① 날개가 있습니다.
② 몸이 비교적 가볍습니다.

탐구 1 몸의 일부가 날개처럼 되어 있는 동물

① 하늘다람쥐

• 앞다리와 뒷다리 사이에 날개막이 있습니다.
• 꼬리가 있어 날 때 몸의 중심을 잡습니다.

② 날치

• 가슴지느러미가 날개처럼 변하였습니다.
• 몸은 유선형입니다.

날지 못하는 새

- 모든 새가 하늘을 날 수 있는 것은 아닙니다.
- 천적이 없는 곳에서 살거나 몸집이 크고 무거워 땅 위를 걷거나 달리는 것이 나는 것보다 더 유리한 새 중에 나는 능력을 잃은 경우가 있습니다.
- 날지 못하는 새는 보통 날개 뼈가 작고 날개깃이 약한 대신에 다리가 길고 튼튼하여 걷거나 달리기를 잘합니다.
- 이러한 새를 통틀어 '주금류'라고 합니다.

▲ 타조

▲ 에뮤

용어풀이

- ✴ **불완전 탈바꿈** 곤충의 한살이 과정 중 번데기 과정을 거치지 않는 것
- ✴ **야행성** 동물이 여러 활동을 주로 밤에 하는 성질
- ✴ **날개막** 날개처럼 된 얇은 막
- ✴ **천적** 잡아먹는 동물을 잡아먹히는 동물에 상대하여 이르는 말

개념을 확인해요

1 박새, 직박구리, 까치, 매미, 나비 등은 [ ] [ ]가 있어 날아다닐 수 있습니다.

2 박새, 직박구리, 까치 등은 날 수 있는 [ ]입니다.

3 매미, 나비, 잠자리 등은 날개가 있어 날아다닐 수 있는 [ ][ ]입니다.

4 새는 몸이 [ ][ ]로 덮여 있습니다.

5 나비는 날개가 [ ] 쌍이고, 앉을 때 날개를 붙여서 접습니다.

6 나방과 매미 중 [ ][ ]는 나무에서 수액을 먹고 수컷은 소리를 내며, 불완전 탈바꿈을 합니다.

7 새의 [ ]는 속이 비어 있기 때문에 몸이 가벼워 잘 날 수 있습니다.

8 날아다니는 동물은 날개 이외에도 몸이 비교적 [ ][ ][ ] 때문에 잘 날 수 있습니다.

2. 동물의 생활

🌸 우리 생활에서 동물의 특징을 어떻게 활용할까요?

(1) 우리 생활에서 동물의 특징을 활용한 예　탐구 1

① 문어 빨판의 특징을 활용한 칫솔걸이

② 오리 발의 특징을 활용한 물갈퀴

③ 수리 발의 특징을 활용한 집게 차

(2) 동물의 특징을 활용한 로봇　탐구 2

① 바다거북의 특징을 활용한 모든 방향으로 움직이며 물속을 탐
사하는 로봇이 있습니다.
└→ 거북의 움직임을 활용하여 네 개의 물갈퀴를 사용해 모든
방향으로 물속에서 헤엄을 치고 회전할 수 있는 로봇입니다.

② 뱀의 특징을 활용한 좁은 공간을 살피는 로봇이 있습니다.
└→ 뱀이 좁은 공간을 기어서 이동할 수 있는 특징을 활용하여 건물이
무너지거나 지진이 발생했을 때 정찰할 수 있습니다.

🌸 동물의 특징을 활용한 로봇 설계하기　탐구 3

① 설계할 로봇의 종류를 정합니다.

② 로봇에게 있어야 할 기능을 생각해 봅니다.

③ 로봇에게 있어야 할 기능을 가진 동물을 찾고, 그 동물의 특징을
자세하게 알아봅니다.

④ 로봇의 생김새와 기능을 그림과 글로 나타내고 특징이 잘 드러나
도록 로봇의 이름을 정해 봅니다.

탐구 1 동물의 특징을 우리 생활에
활용한 예

• 칫솔걸이: 거울이나 유리에 붙이는 생
활용품에 문어 빨판의 잘 붙는 특징을
활용합니다.

• 오리 발: 오리의 발가락 사이에는 막이
있어 물속에서 헤엄을 잘 칩니다. 오리
의 발 모양을 활용해 물갈퀴를 만들었
습니다.

• 집게 차: 수리의 발가락은 먹이를 잘
잡고 놓치지 않습니다. 이런 특징을 활
용해 쓰레기를 잡아 원하는 곳으로 옮
기는 집게 차를 만들었습니다.

탐구 2 동물의 특징을 활용한 로봇

▲ 바다거북의 특징을 활용한 로봇

탐구 3 설계한 로봇 소개하기 예

• "바퀴벌레의 특징을 활용해서 좁은 틈
에도 자유롭게 다닐 수 있는 재난 구조
로봇을 설계했어."

• "모기가 사람의 혈액을 빠는 특징을
활용해서 혈액을 분석하는 의료용 로
봇을 설계했어."

에어컨 실외기 날개

- 혹등고래의 지느러미 돌기는 고래가 잠수를 하거나 물속에서 방향을 바꿀 때 물의 저항을 줄여 주기 때문에 민첩하게 움직일 수 있습니다.
- 가리비 껍데기의 표면에는 홈이 나 있어서 물의 흐름을 타고 빠르게 도망칠 수 있습니다.
- 혹등고래 지느러미와 가리비의 홈 구조를 적용하여 소비 전력과 소음이 낮은 에어컨 실외기 날개를 개발했습니다.

▲ 혹등고래

▲ 가리비

출처: 국립생물자원관(https://www.nibr.go.kr)

용어풀이

- ✹ **활용** 충분히 잘 이용함.
- ✹ **빨판** 다른 동물이나 물체에 달라붙기 위한 기관
- ✹ **탐사** 알려지지 않은 사물이나 사실을 알아봄.
- ✹ **저항** 물체의 운동 방향과 반대 방향으로 작용하는 힘

개념을 확인해요

1 칫솔걸이처럼 거울이나 유리에 붙이는 생활용품은 □□□□ 의 잘 붙는 특징을 활용한 것입니다.

2 물갈퀴는 오리 □ 의 모양을 활용해 만들었습니다.

3 집게 차가 쓰레기를 잡아 원하는 곳으로 옮기는 것은 수리의 □□□ 이 먹이를 잘 잡고 놓치지 않는 특징을 활용한 것입니다.

4 □□ 의 특징을 활용한 전신 수영복은 물이 흐르면서 생기는 소용돌이를 막아 줍니다.

5 물총새의 □□ 모양을 고속 열차에 활용하였습니다.

6 과학자들은 바다거북이나 뱀과 같은 동물의 특징을 활용하여 □□ 을 만들기도 합니다.

7 □ 의 특징을 활용해 좁은 공간을 살피는 로봇을 만들 수 있습니다.

8 로봇을 설계할 때 잠자리의 □ 은 거의 모든 방향을 볼 수 있는 특징을 활용할 수 있습니다.

핵심 1

집 주변, 화단, 나무 등에서는 여러 가지 동물들이 살고 있습니다.

1 화단에서 살며 꽃에 있는 꿀을 먹는 동물은 무엇입니까? (   )

① 개　　　　　　② 꿀벌
③ 참새　　　　　④ 까치
⑤ 공벌레

2 다음 동물이 사는 곳은 어디입니까? (   )

> 까치, 참새

① 땅속　　　　　② 사막
③ 나무　　　　　④ 돌 밑
⑤ 물 위

3 다음에서 설명하는 동물은 무엇입니까? (   )

> • 화단, 나무, 건물 벽에서 볼 수 있다.
> • 다리는 네 쌍이 있고, 걸어 다닌다.

① 참새　　　　　② 거미
③ 개미　　　　　④ 고양이
⑤ 지렁이

4 동물을 많이 볼 수 있는 장소 중 (   ) 안에 들어 갈 곳은 어디인지 보 기 에서 골라 쓰시오.

> • 먹이가 많다.
> • 동물이 쉬거나 집을 지을 수 있는 장소를 제공한다.
> • 눈에 잘 보이지 않도록 숨기 좋은 곳이다.

> 보 기
> 집 주변, 화단, 나무

(   )

핵심 2

동물을 특징에 따라 분류할 수 있습니다.

5 동물을 분류하는 기준으로 바르지 않은 것은 무엇입니까? (   )

① 몸이 큰 것과 몸이 작은 것
② 곤충인 것과 곤충이 아닌 것
③ 알을 낳는 것과 새끼를 낳는 것
④ 다리가 있는 것과 다리가 없는 것
⑤ 더듬이가 있는 것과 더듬이가 없는 것

6 다음과 같이 동물을 분류한 기준은 무엇입니까?

(   )

▲ 참새

▲ 달팽이

▲ 꿀벌

▲ 금붕어

① 알을 낳는 것과 새끼를 낳는 것
② 날개가 있는 것과 날개가 없는 것
③ 더듬이가 있는 것과 더듬이가 없는 것
④ 물에서 살 수 있는 것과 물에서 살 수 없는 것
⑤ 몸이 털로 덮여 있는 것과 털로 덮이지 않은 것

7 분류한 동물 중 바르지 않은 것을 쓰시오.

곤충인 것	곤충이 아닌 것
개미, 거미, 꿀벌, 사슴벌레, 메뚜기	개구리, 다람쥐, 고양이, 달팽이

(   )

땅에서 사는 동물은 땅 위, 땅속, 땅 위와 땅속을 오가
며 살고 있는 동물로 나눌 수 있습니다.

8 땅 위에서 사는 동물이 <u>아닌</u> 것은 무엇입니까?
( )

① 소   ② 공벌레
③ 두더지   ④ 다람쥐
⑤ 너구리

9 ㉠과 ㉡에 알맞은 말을 쓰시오.

> (㉠)에는 다람쥐, 너구리, 공벌레
> 등이 살고 있고, (㉡)에는 땅강아지,
> 지렁이 등이 살고 있다.

㉠: ( )
㉡: ( )

10 다음 동물이 사는 곳을 쓰시오.

▲ 뱀   ▲ 개미

11 다음에서 설명하는 동물은 무엇인지 쓰시오.

> • 땅 위에 산다.
> • 다리는 일곱 쌍이 있고 걸어 다닌다.
> • 몸이 여러 개의 마디로 되어 있고, 위험을
> 느끼면 몸을 둥글게 만든다.

( )

사막에는 뱀, 사막여우, 낙타, 도마뱀, 사막 딱정벌레, 전갈,
사막 거북 등 다양한 동물이 살고 있습니다.

12 다음 동물이 사는 곳은 어디인지 쓰시오.

( )

13 낙타의 특징으로 바른 것은 무엇입니까?
( )

① 몸에 비해 귀가 크다.
② 앞다리로 땅을 잘 팔 수 있다.
③ 몸이 단단한 껍질로 되어 있다.
④ 몸의 일부를 들고 옆으로 기어 다닌다.
⑤ 혹에 지방이 있어서 먹이를 먹지 않아도 며칠
동안 생활할 수 있다.

14 사막여우가 사막에서 잘 살 수 있는 까닭은 무엇입
니까? ( )

① 다리가 길다.
② 귀가 몸에 비해 크다.
③ 몸이 단단한 껍질로 되어 있다.
④ 두 발씩 번갈아 들며 발을 식힌다.
⑤ 발바닥이 넓어 모래에 발이 빠지지 않는다.

15 ( ) 안에 들어갈 말을 쓰시오.

> 사막에서 사는 사막 거북, 두꺼비 등은
> ( )에서 여름잠을 자기도 한다.

( )

핵심 5

강가나 호숫가에는 수달이나 개구리, 강이나 호수의 물속에는 붕어, 물방개, 메기, 갯벌에는 게, 조개, 바닷속에는 상어, 오징어, 고등어 등이 살고 있습니다.

16 다음 동물이 사는 곳을 바르게 선으로 연결하시오.

(1) 수달 •　　　　• ㉠ 바닷속

(2) 게 •　　　　• ㉡ 갯벌

(3) 상어 •　　　　• ㉢ 강가나 호숫가

17 땅과 물을 오가며 사는 동물은 무엇입니까?
(　　　　)

① 붕어　　　　② 조개
③ 물방개　　　　④ 개구리
⑤ 오징어

18 다음 동물의 공통점은 무엇입니까? (　　　　)

다슬기, 게, 고등어

① 호수에 산다.
② 갯벌에 산다.
③ 바닷속에 산다.
④ 지느러미가 있다.
⑤ 아가미로 숨을 쉰다.

19 다음 동물의 공통점을 한 가지 쓰시오.

게, 조개

_____

핵심 6

직박구리, 박새, 매미, 나비, 까치, 잠자리 등은 날아다니는 동물입니다.

20 날아다니는 동물이 <u>아닌</u> 것은 무엇입니까?
(　　　　)

① 나비　　　　② 타조
③ 까치　　　　④ 잠자리
⑤ 직박구리

21 다음 동물의 공통점은 무엇입니까? (　　　　)

▲ 박새　　　　▲ 직박구리

① 곤충이다.
② 날개가 있다.
③ 다리가 여섯 개이다.
④ 주로 밤에 활동한다.
⑤ 불완전 탈바꿈을 한다.

22 잠자리의 특징은 무엇입니까? (　　　　)

① 날개가 있다.
② 헤엄을 잘 친다.
③ 주로 밤에 활동한다.
④ 다리는 두 쌍이 있다.
⑤ 몸이 깃털로 덮여 있다.

23 날아다니는 동물이 잘 날 수 있는 특징을 한 가지 쓰시오.

_____

핵심 7

문어 빨판, 오리 발, 수리 발의 특징을 다양하게 활용하여 쓸모 있는 것들을 만들 수 있습니다.

24 다음과 같은 물갈퀴는 어떤 동물의 특징을 활용한 것입니까? (　　　)

① 오리 발　　　　② 수리 발
③ 문어 빨판　　　④ 상어 피부
⑤ 물총새 부리

25 다음은 수리 발의 특징입니다. 이 특징이 우리 생활에 활용된 경우는 어느 것인지 기호를 쓰시오.

> 수리의 발가락은 먹이를 잘 잡고 놓치지 않는다.

ㄱ 　　ㄴ

(　　　　　　　　)

26 다음 동물의 특징이 우리 생활에 활용된 경우는 무엇입니까? (　　　)

> 상어 피부에 있는 작게 튀어나온 부분이 물이 흐르면서 생기는 소용돌이를 막아 준다.

① 방탄복　　　　② 자동차
③ 고속 열차　　　④ 안개 수집기
⑤ 전신 수영복

핵심 8

동물의 특징을 활용한 로봇을 설계할 수 있습니다.

27 (　　) 안에 공통으로 들어갈 말을 쓰시오.

> • 동물은 사는 곳의 환경에 따라 생활하기에 알맞은 (　　　)이 있다.
> • 동물의 (　　　)을 로봇 기술에 활용하면 사람이 하기 힘든 여러 가지 일을 로봇이 할 수 있다.

(　　　　　　　　　　)

2단원

28 동물의 특징을 활용한 로봇을 설계할 때 가장 먼저 해야 할 일은 무엇인지 쓰시오.

_____

29 바다를 탐사하는 로봇에 활용할 수 있는 동물의 종류는 무엇입니까? (　　　)

① 거북　　　　② 치타
③ 까치　　　　④ 낙타
⑤ 잠자리

30 오른쪽 로봇의 몸은 주변 환경에 따라 색깔이 변합니다. 이 로봇에 활용한 동물은 무엇입니까? (　　　)

① 게
② 거미
③ 나비
④ 잠자리
⑤ 카멜레온

1 '다섯 고개' 놀이를 하는 모습입니다. 몸짓으로 표현한 동물은 무엇입니까? (   )

① 개   ② 나비
③ 문어   ④ 호랑이
⑤ 지렁이

2 집 주변에서 살고 있는 동물이 <u>아닌</u> 것은 무엇입니까? (   )

① 개   ② 꿀벌
③ 전갈   ④ 참새
⑤ 개미

주의

3 개의 특징으로 바른 것은 무엇입니까? (   )

① 날아다닌다.
② 물속에서 산다.
③ 나무에서 산다.
④ 다리가 두 쌍이 있다.
⑤ 꽃에 있는 꿀을 먹는다.

4 다음 동물의 이름을 쓰시오.

(   )

중요

5 동물을 다음과 같이 분류한 기준은 무엇입니까? (   )

| 꿀벌, 참새, 나비 | 개구리, 토끼, 고양이 |

① 곤충인 것과 곤충이 아닌 것
② 알을 낳는 것과 새끼를 낳는 것
③ 다리가 있는 것과 다리가 없는 것
④ 날개가 있는 것과 날개가 없는 것
⑤ 더듬이가 있는 것과 더듬이가 없는 것

6 동물의 특징에 따라 분류했을 때, 분류 기준으로 바르지 <u>않은</u> 것은 무엇입니까? (   )

① 예쁜 것과 예쁘지 않은 것
② 알을 낳는 것과 새끼를 낳는 것
③ 지느러미가 있는 것과 지느러미가 없는 것
④ 다른 동물을 먹는 것과 다른 동물을 먹지 않는 것
⑤ 물속에서 살 수 있는 것과 물속에서 살 수 없는 것

7 다음 동물들이 사는 곳은 어디입니까? (   )

▲ 소   ▲ 다람쥐

① 땅   ② 강
③ 바다   ④ 사막
⑤ 하늘

8 땅 위와 땅속을 오가며 사는 동물은 무엇입니까?
( )

① 개미　　　　② 고양이
③ 두더지　　　④ 너구리
⑤ 땅강아지

9 다음 동물이 사는 곳은 어디인지 보기 에서 골라 기호를 쓰시오.

보기
㉠ 땅속에서 살고 있는 동물
㉡ 땅 위에서 살고 있는 동물
㉢ 땅 위와 땅속을 오가며 사는 동물

( )

10 사막의 특징으로 바르지 않은 것은 무엇입니까?
( )

① 먹이가 풍부하다.
② 그늘이 별로 없다.
③ 모래바람이 심하게 분다.
④ 비가 거의 내리지 않는다.
⑤ 낮에는 덥고 밤에는 매우 춥다.

11 사막에 사는 동물은 무엇입니까? ( )

① 곰　　　　　② 개
③ 전갈　　　　④ 무당벌레
⑤ 땅강아지

 12 낙타의 특징으로 바른 것은 무엇입니까?
( )

① 귀가 크다.
② 낮에는 땅굴을 만들어 쉰다.
③ 등에 있는 혹에 지방이 있다.
④ 몸의 일부를 들고 기어 다닌다.
⑤ 두 발씩 번갈아 들어 올리며 걷는다.

13 강가나 호숫가 또는 강이나 호수의 물속에 사는 동물이 아닌 것은 무엇입니까? ( )

① 상어　　　　② 수달
③ 개구리　　　④ 물방개
⑤ 다슬기

14 붕어가 물속에서 생활할 수 있는 까닭은 무엇입니까? ( )

① 몸이 무겁다.
② 날개가 있다.
③ 폐로 숨을 쉰다.
④ 지느러미가 있다.
⑤ 몸이 딱딱한 껍데기로 덮여 있다.

중요

15 다음 동물의 공통적인 특징은 무엇입니까?
( )

▲ 까치 ▲ 잠자리

① 새이다.
② 곤충이다.
③ 날개가 있다.
④ 지느러미가 있다.
⑤ 밤에 주로 활동한다.

16 동물의 이름을 쓰시오.

㉠ ( ) ㉡ ( )

17 날아다니는 동물의 특징으로 바르면 ○표, 바르지 않으면 ×표를 하시오.

(1) 날개가 있습니다. ( )
(2) 뼈가 두껍고 짧으며 속이 차 있습니다.
( )
(3) 몸이 비교적 가볍습니다. ( )

18 우리 생활에서 다음과 같은 동물의 특징을 활용한 예는 무엇입니까? ( )

> 수리의 발가락은 먹이를 잘 잡고 놓치지 않는다.

① 자동차
② 집게 차
③ 방탄복
④ 홍합 접착제
⑤ 안개 수집기

응용

19 다음과 같은 것은 어떤 동물의 특징을 우리 생활에 활용한 것인지 ( ) 안에 알맞은 말을 쓰시오.

> ( )의 발가락 사이에는 막이 있어 물속에서 헤엄을 잘 치는 것을 활용하여 물 갈퀴를 만들었다.

( )

20 동물의 특징을 활용한 로봇을 설계하는 방법입니다. 가장 먼저 해야 할 일은 무엇인지 기호를 쓰시오.

> ㉠ 로봇에게 있어야 할 기능을 가진 동물을 찾고, 그 동물의 특징을 알아본다.
> ㉡ 설계할 로봇의 종류를 정한다.
> ㉢ 로봇에게 있어야 할 기능을 생각한다.
> ㉣ 로봇의 생김새와 기능을 그림과 글로 나타내고 특징이 잘 드러나도록 로봇의 이름을 정한다.

( )

1 다음은 어떤 동물을 몸짓으로 설명한 것입니까?

(   )

① 뱀   ② 나비
③ 잠자리   ④ 사자
⑤ 원숭이

2 주변에서 사는 동물이 <u>아닌</u> 것은 무엇입니까?

(   )

① 개   ② 꿀벌
③ 공벌레   ④ 호랑이
⑤ 잠자리

중요

3 오른쪽 동물의 특징은 무엇입니까?

(   )

① 꼬리가 있다.
② 다리가 두 쌍이다.
③ 투명한 날개가 있다.
④ 몸이 깃털로 덮여 있다.
⑤ 건드리면 몸을 공처럼 둥글게 만든다.

4 주변에서 찾은 동물의 특징을 더 알아보기 위해 필요한 것은 무엇입니까? (   )

① 돋보기   ② 사진기
③ 동물도감   ④ 국어사전
⑤ 투명한 용기

5 다음 동물을 기준에 맞게 분류하여 기호를 쓰시오.

ㄱ    ㄴ

ㄷ    ㄹ

| 날개가 있는 동물 | |
| 날개가 없는 동물 | |

주의

6 동물을 특징에 따라 분류할 수 있는 기준으로 바르지 <u>않은</u> 것은 무엇입니까? (   )

① 몸이 큰 것과 몸이 작은 것
② 알을 낳는 것과 새끼를 낳는 것
③ 다리가 있는 것과 다리가 없는 것
④ 몸이 깃털로 덮인 것과 깃털로 덮이지 않은 것
⑤ 다른 동물을 먹는 것과 다른 동물을 먹지 않는 것

7 땅 위와 땅 속을 오가며 사는 동물은 무엇입니까?

(   )

① 소   ② 뱀
③ 지렁이   ④ 공벌레
⑤ 땅강아지

8 다음은 무엇을 이용하여 개미를 자세하게 관찰하는 것인지 쓰시오.

(   )

⚠ 주의

9 다음 동물이 이동하는 방법으로 바른 것은 무엇입니까? (   )

▲ 두더지

① 세 쌍의 다리로 기어 다닌다.
② 배를 땅에 대고 기어 다닌다.
③ 몸을 둥글게 말고 굴러다닌다.
④ 땅속에 굴을 파고 걸어 다닌다.
⑤ 나무를 타며 걷거나 뛰어다닌다.

✎ 서술형

10 동물의 이름을 쓰고, 이 동물이 사막에서 잘 살 수 있는 까닭을 한 가지 쓰시오.

(1) 동물의 이름: (   )
(2) 사막에서 잘 살 수 있는 까닭:

_____

_____

11 다음 동물들의 공통점은 무엇입니까? (   )

> 뱀, 전갈, 낙타, 도마뱀

① 사막에서 산다.
② 땅속에서 산다.
③ 몸이 비교적 가볍다.
④ 물을 먹지 않아도 살 수 있다.
⑤ 온몸이 딱딱한 껍데기로 되어 있다.

12 강이나 호수의 물속에서 사는 동물은 무엇입니까?
(   )

① 상어   ② 조개
③ 물방개   ④ 가오리
⑤ 고등어

13 다음과 같은 곳에서 볼 수 있는 동물은 무엇입니까? (   )

① 게   ② 고래
③ 붕어   ④ 수달
⑤ 다슬기

14 다음 동물의 공통점은 무엇입니까? (   )

> 다슬기, 고등어, 오징어

① 지느러미가 있다.
② 아가미로 숨을 쉰다.
③ 몸이 비늘로 덮여 있다.
④ 딱딱한 껍데기로 덮여 있다.
⑤ 몸이 부드러운 곡선 형태이다.

15 다음에서 설명하는 동물은 무엇인지 쓰시오.

- 주로 나무 위에 머무른다.
- 날개가 있고, 몸이 깃털로 덮여 있다.

(   )

16 다음 동물이 잘 날 수 있는 까닭이 <u>아닌</u> 것은 무엇인지 모두 고르시오. (,   )

▲ 매미

▲ 잠자리

① 날개가 있다.
② 몸이 가볍다.
③ 날개가 매우 얇다.
④ 날개가 여섯 장이다.
⑤ 몸이 깃털로 덮여 있다.

17 다음과 같은 동물의 특징을 활용하여 만들 수 있는 것으로 가장 알맞은 것은 무엇입니까? (   )

거미는 울퉁불퉁하거나 좁은 공간에서도 자유롭게 이동한다.

① 물갈퀴   ② 집게 차
③ 굴삭기   ④ 탐사 로봇
⑤ 지퍼 달린 입마개

18 거울이나 유리에 붙이는 칫솔걸이를 만드는 데 활용하는 동물의 특징은 무엇입니까? (   )

①
▲ 문어 빨판

②
▲ 오리 발

③
▲ 수리 발

④
▲ 상어 피부

⑤
▲ 전복 껍데기

19 바닷속을 탐사하는 로봇을 설계할 때 있어야 할 기능이 <u>아닌</u> 것은 무엇입니까? (   )

① 불빛을 낼 수 있어야 한다.
② 헤엄을 잘 칠 수 있어야 한다.
③ 강력한 접착력이 있어야 한다.
④ 바닥에서 기어 다닐 수 있어야 한다.
⑤ 상하좌우 모든 방향으로 헤엄칠 수 있어야 한다.

🖋 서술형
20 로봇을 설계할 때, 잠자리 눈의 특징을 활용하려고 합니다. 잠자리 눈의 특징을 한 가지 쓰시오.

1 주변에서 사는 동물을 관찰하는 모습으로 바르지 않은 것은 무엇입니까? (   )

① 산으로 올라간다.
② 돋보기를 사용하여 관찰한다.
③ 집 주변, 화단, 나무 등을 살펴본다.
④ 작은 동물은 채집통이나 투명한 용기에 넣고 관찰한다.
⑤ 채집하여 관찰한 동물은 관찰이 끝나면 살던 곳에 놓아준다.

2 집 주변에서 볼 수 있는 동물의 특징으로 바른 것은 무엇입니까? (   )

① 거미– 다리가 세 쌍이다.
② 고양이–몸이 깃털로 덮여 있다.
③ 달팽이–건드리면 몸을 둥글게 만든다.
④ 공벌레–다리가 세 쌍이고, 날개가 있다.
⑤ 까치– 몸이 검은색과 하얀색 깃털로 덮여 있다.

3 다음 동물의 공통점은 무엇입니까? (   )

▲ 꿀벌

▲ 잠자리

① 다리가 세 쌍이다.
② 걷거나 뛰어다닌다.
③ 부리로 먹이를 먹는다.
④ 몸이 깃털로 덮여 있다.
⑤ 여러 개의 마디로 되어 있다.

4 (   ) 안에 들어갈 말을 쓰시오.

> 동물을 연구하는 과학자들은 동물을 관찰하고, (   )에 따라 분류한다.

(   )

5 동물을 분류할 수 있는 특징으로 바르지 않은 것은 무엇입니까? (   )

① 날개   ② 먹이
③ 사는 곳   ④ 다리의 수
⑤ 동물의 수

6 다음과 같이 동물을 분류한 기준은 무엇입니까?
(   )

꿀벌, 사슴벌레, 개구리, 비둘기	토끼, 다람쥐, 고양이, 소

① 곤충인 것과 곤충이 아닌 것
② 알을 낳는 것과 새끼를 낳는 것
③ 다리가 있는 것과 다리가 없는 것
④ 날개가 있는 것과 날개가 없는 것
⑤ 다른 동물을 먹는 것과 다른 동물을 먹지 않는 것

7 땅에서 동물이 사는 곳을 바르게 짝지은 것은 어느 것입니까? (   )

① 소–땅속
② 너구리–땅속
③ 지렁이–땅 위
④ 두더지–땅 위
⑤ 개미–땅 위와 땅속

8 작은 동물을 자세하게 관찰하기 위해서는 어떻게 해야 합니까? (   )

① 확대경을 사용한다.
② 손으로 잡고 관찰한다.
③ 땅속에 넣고 관찰한다.
④ 손 위에 올려놓고 관찰한다.
⑤ 검은색 종이를 깔고 관찰한다.

9 땅에 사는 동물의 특징으로 바르지 <u>않은</u> 것은 무엇입니까? (   )

① 아가미로 숨을 쉰다.
② 다람쥐는 땅 위에 산다.
③ 다리가 없는 동물은 기어 다닌다.
④ 다리가 있는 동물은 걷거나 뛰어다닌다.
⑤ 땅 위와 땅속을 오가며 사는 동물도 있다.

10 다음 동물이 사는 곳의 환경에 대한 설명으로 바른 것은 무엇입니까? (   )

▲ 사막여우　　　　　　　　　▲ 전갈

① 나무가 많다.
② 낮에는 덥다.
③ 비가 많이 내린다.
④ 물과 먹이가 풍부하다.
⑤ 모래바람은 밤에만 분다.

11 낙타의 특징을 바르게 설명한 친구는 누구입니까? (   )

① 지연: 다리가 짧아.
② 수지: 굴을 파고 살아.
③ 민지: 몸에 비해 귀가 커.
④ 지우: 발바닥이 매우 작아.
⑤ 민성: 등에 있는 혹에 지방이 있어.

📝 **서술형**

12 낙타가 사막에서 잘 살 수 있는 까닭을 한 가지 쓰시오.

_____

_____

13 수달과 개구리의 공통점은 무엇입니까? (   )

① 바닷속에 산다.
② 지느러미가 있다.
③ 헤엄을 치지 못한다.
④ 딱딱한 껍데기로 덮여 있다.
⑤ 강가나 호숫가에서 땅과 물을 오가며 산다.

14 갯벌에서 살고 있는 조개에 대한 설명으로 바른 것은 무엇입니까? (   )

① 기어 다닌다.
② 헤엄을 잘 친다.
③ 비늘로 덮여 있다.
④ 상어, 오징어도 갯벌에서 산다.
⑤ 물방개도 갯벌에서 걸어 다닌다.

15 붕어에 대한 설명으로 바르지 <u>않은</u> 것은 무엇입니까? (   )

① 아가미로 숨을 쉰다.
② 콧구멍으로 숨을 쉰다.
③ 몸이 비늘로 덮여 있다.
④ 몸이 부드러운 곡선 형태이다.
⑤ 지느러미를 이용하여 헤엄친다.

16 날아다니는 동물의 공통적인 특징은 무엇입니까?
(   )

① 날개가 있다.
② 모두 곤충이다.
③ 모두 새 종류이다.
④ 몸이 깃털로 덮여 있다.
⑤ 다른 동물을 잡아먹지 않는다.

17 박새와 나비가 잘 날 수 있는 까닭을 모두 고르시오. (,   )

▲ 박새   ▲ 나비

① 날개가 있다.
② 몸이 무겁다.
③ 뼈가 튼튼하다.
④ 다리가 세 쌍이다.
⑤ 몸이 비교적 가볍다.

18 개미의 특징을 보고 이 특징을 활용하여 만들면 좋은 로봇은 무엇인지 고르시오. (   )

> 개미는 여러 마리가 힘을 합해 자기 무게의 수백 배에 달하는 물체를 나를 수 있다.

① 자동차
② 방탄복
③ 안개 수집기
④ 게코 테이프
⑤ 떼를 지어 함께 무거운 물건을 나르는 로봇

19 좁은 공간을 살피는 로봇을 만드는 데 활용할 수 있는 동물은 무엇입니까? (   )

①   ②   ③

▲ 뱀   ▲ 문어   ▲ 사막 딱정벌레

④   ⑤

▲ 달팽이   ▲ 거미

20 바닷속을 탐사하는 로봇을 설계하려고 할 때 필요한 기능은 무엇입니까? (   )

① 물 위에 떠야 한다.
② 헤엄을 잘 칠 수 있어야 한다.
③ 큰 짐을 나를 수 있어야 한다.
④ 혈액을 분석할 수 있어야 한다.
⑤ 높이 뛰어오를 수 있어야 한다.

1 다음은 어떤 놀이를 하는 모습인지 쓰시오.

> • 한 학생이 동물의 특징을 몸짓으로 표현한다.
> • 나머지 학생은 한 가지씩 질문을 하고 문제를 낸 학생은 "예." 또는 "아니요."라고만 대답한다.
> • 질문을 통해 생각난 동물이 있다면 "정답!"이라고 외치고 동물의 이름을 말한다.

(   )

2 다음 동물의 이름을 쓰시오.

(1)

(2)

(   ) (   )

3 더듬이가 있고 미끄러지듯이 움직이는 동물은 무엇인지 기호와 이름을 쓰시오

㉠

㉡

㉢

㉣

(   )

4 화단에 동물들이 많이 사는 까닭이 아닌 것은 무엇입니까? (   )

① 먹이가 많기 때문에
② 쉴 수 있는 곳이기 때문에
③ 동물들은 모여 살기 때문에
④ 집을 지을 수 있는 장소를 제공하기 때문에
⑤ 눈에 잘 보이지 않는 숨기 좋은 장소이기 때문에

5 다음 동물을 곤충인 것과 곤충이 아닌 것으로 분류하여 쓰시오.

> 거미, 개미, 꿀벌, 뱀, 사슴벌레, 참새

⬇

곤충인 것	곤충이 아닌 것

6 다음과 같이 동물을 분류한 기준을 한 가지 쓰시오.

비둘기, 참새, 잠자리	거미, 달팽이, 토끼

7 다람쥐와 사는 곳이 비슷한 동물이 아닌 것은 무엇입니까? (   )

① 소   ② 너구리
③ 고양이   ④ 공벌레
⑤ 땅강아지

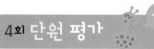

8 다음에서 설명하는 동물은 무엇입니까?
( )

> • 삽처럼 생긴 앞다리로 땅속에 굴을 판다.
> • 몸이 털로 덮여 있다.

① 뱀 　　　　　② 개미
③ 너구리 　　　　④ 두더지
⑤ 공벌레

9 다음 동물의 특징으로 바르지 않은 것은 무엇입니까? ( )

① 걸어 다닌다.
② 땅속에 산다.
③ 다리가 일곱 쌍이다.
④ 몸이 여러 개의 마디로 되어 있다.
⑤ 위험을 느끼면 몸을 둥글게 만든다.

10 사막여우가 사막에서 잘 살 수 있는 까닭은 무엇입니까? ( )

① 눈이 크기 때문에
② 꼬리가 있기 때문에
③ 몸이 비늘로 덮여 있기 때문에
④ 두 쌍의 다리로 뛸 수 있기 때문에
⑤ 몸에 비해 큰 귀를 가지고 있기 때문에

11 사막에 사는 동물의 특징을 잘못 짝지은 것은 어느 것입니까? ( )

① 전갈-천천히 느리게 움직인다.
② 사막 거북-땅굴을 만들어 뜨거운 낮에 쉰다.
③ 낙타-발바닥이 넓어 모래에 잘 빠지지 않는다.
④ 사막 딱정벌레-몸에 맺힌 이슬을 모아서 마신다.
⑤ 도마뱀-한 번에 두 발씩 번갈아 들어 올리며 열을 식히며 걷는다.

12 강이나 호수의 물속에 사는 동물은 무엇입니까?
( )

① 게 　　　　　② 전복
③ 고등어 　　　　④ 오징어
⑤ 물방개

13 오른쪽 동물과 사는 곳이 비슷한 동물은 무엇입니까? ( )

▲ 수달

① 조개
② 상어
③ 가오리
④ 개구리
⑤ 오징어

14 상어와 고등어의 공통점이 아닌 것은 무엇입니까?
( )

① 바닷속에 산다.
② 지느러미가 있다.
③ 아가미로 호흡한다.
④ 몸이 비늘로 덮여 있다.
⑤ 바위에 붙어서 기어 다닌다.

서술형

15 날아다니는 동물을 관찰할 때 주의할 점을 한 가지 쓰시오.

_____

_____

16 날아다니는 동물을 관찰하고 관찰 기록장에 글로 나타낸 것입니다. 동물의 특징을 보고 빈칸에 그림으로 나타낼 곤충은 무엇입니까? (   )

동물 이름	잠자리	날짜	9월 22일	장소	과학실
관찰 내용					

몸이 가늘고 길다. 몸이 머리, 가슴, 배로 구분된다. 얇고 투명한 날개가 두 쌍 있다. 겹눈은 머리의 대부분을 차지한다. 다리 세 쌍에는 가시가 있다. 날다가 공중에서 멈출 수 있으며, 빨리 날 수도 있다.

① 박새　　　　　② 나비
③ 매미　　　　　④ 잠자리
⑤ 직박구리

17 날아다니는 동물이 날개가 있는 것 외에 잘 날 수 있는 까닭은 무엇입니까? (   )

① 날개가 투명하다.
② 날개가 세 쌍이다.
③ 몸이 비교적 가볍다.
④ 날개가 쉽게 젖는다.
⑤ 주로 나무 위에 산다.

18 동물과 동물의 특징을 활용한 예를 바르게 선으로 연결하시오.

(1) 　　·

·㉠

(2) 　　·

·㉡

19 물총새의 특징을 고속 열차에 활용하였을 때, 좋은 점은 무엇입니까? (   )

> 물총새는 부리가 길고 머리가 날렵하다.

① 소음이 줄었다.
② 모양이 예뻐졌다.
③ 고속 열차가 튼튼해졌다.
④ 고속 열차가 바로 멈출 수 있다.
⑤ 고속 열차에 사람들이 많이 탈 수 있다.

20 여러 가지 동물의 특징을 활용한 탐사 로봇을 설계할 때, 보기 의 기능은 잠자리와 거미 중 어떤 동물의 특징을 활용한 것인지 쓰시오.

> **보기**
> 좁은 틈을 지나다닐 수 있고, 장애물도 자유롭게 넘어 다닐 수 있다.

(   )

1 주변에 살고 있는 여러 가지 동물 중 다음 동물의 이름을 쓰고, 특징을 두 가지 쓰시오.

동물 사진		
동물 이름		
동물의 특징		

주변에서 사는 동물

• 주변에는 여러 가지 동물이 살고 있으며, 각각 특징을 가지고 있습니다.
• 동물을 볼 수 있는 장소는 화단, 나무, 돌 밑 등 여러 곳입니다.

2 보기의 동물을 알을 낳는 것과 새끼를 낳는 것으로 분류해 쓰시오.

보기

토끼, 개구리, 꿀벌, 참새, 개미
고양이, 개, 잠자리, 메뚜기, 사슴벌레,
비둘기, 뱀, 다람쥐, 딱정벌레, 두더지, 소

⬇

알을 낳는 것	새끼를 낳는 것

동물을 분류하는 기준 예

• 날개가 있는 것과 없는 것
• 다리가 있는 것과 없는 것
• 물속에서 살 수 있는 것과 물속에서 살 수 없는 것
• 곤충인 것과 아닌 것
• 다른 동물을 먹는 것과 다른 동물을 먹지 않는 것

3 여러 가지 동물이 살고 있는 곳을 알아보았습니다. 물음에 답하시오.

ㄱ

▲ 사막여우

ㄴ

▲ 물방개

ㄷ

▲ 상어

ㄹ

▲ 두더지

ㅁ

▲ 전갈

ㅂ

▲ 너구리

(1) 물에 사는 동물은 어느 것인지 기호를 쓰시오.

( )

(2) ㄱ의 동물이 사는 곳은 어디인지 쓰고, 동물의 특징을 한 가지 쓰시오.

_____

4 까치와 잠자리는 날아다니는 동물입니다. 특징을 두 가지씩 쓰시오.

까치	
잠자리	

동물이 사는 곳

• 땅에 사는 동물: 다람쥐, 뱀, 땅강아지, 지렁이, 개미, 공벌레, 소 등
• 사막에 사는 동물: 낙타, 뱀, 도마뱀, 사막 딱정벌레, 사막 거북 등
• 물에 사는 동물: 수달, 개구리, 붕어, 다슬기, 게, 조개, 전복, 오징어, 고등어 등
• 날아다니는 동물: 직박구리, 박새, 매미, 나비, 까치, 잠자리 등

2 단원

날아다니는 동물의 특징 예

• 날개가 있습니다.
• 몸이 비교적 가볍습니다.

3. 지표의 변화

🌸 흙 언덕 깃발 지키기

(1) **흙 언덕 깃발 지키기 놀이 방법**

① 꽃삽을 사용해 흙 언덕을 만든 뒤, 흙 언덕의 중앙에 깃발을 세웁니다.

② 순서를 정하고, 자기 순서가 되면 손으로 흙 언덕을 깎아서 가지고 옵니다.

③ 자기 순서에서 깃발이 쓰러지면 집니다. ┌─▶처음에는 깃발이 꽂혀 있었는데, 놀이를 한 뒤에는 깃발이 쓰러져 있습니다.

(2) **처음 만든 흙 언덕과 놀이를 한 뒤 흙 언덕의 모습 비교** 탐구1

① 놀이를 한 뒤에는 흙 언덕이 깎여 거의 남아 있지 않습니다.

② 흙 언덕의 모습이 변하게 된 까닭: 흙 언덕을 손으로 깎았기 때문입니다.

🌸 흙은 어떻게 만들어질까요?

(1) **흙이 만들어지는 과정 알아보기** 실험1 ┌─▶얼음 설탕이 녹아서 서로 붙어 있는 것은 사용하지 않습니다.

① 흰 종이 위에 얼음 설탕을 올려놓고 모습을 관찰합니다.

② 얼음 설탕을 플라스틱 통에 $\frac{1}{3}$ 정도 넣고 뚜껑을 닫습니다.

③ 플라스틱 통 안에 가루가 보일 때까지 플라스틱 통을 흔듭니다.

④ 흰 종이 위에 얼음 설탕을 부어 변화를 관찰합니다.

⑤ 플라스틱 통을 흔들기 전과 흔든 뒤의 얼음 설탕의 모습

구분	플라스틱 통을 흔들기 전	플라스틱 통을 흔든 뒤
얼음 설탕의 모습		
특징	알갱이의 크기가 크고 뾰족한 부분이 있으며, 가루가 거의 없다.	알갱이의 크기가 작아지고, 모양이 달라졌으며, 가루가 생겼다.

(2) **자연에서 흙이 만들어지는 과정**

① 오랜 시간에 걸쳐 물이나 나무뿌리 등에 의해서 바위가 부서집니다.

② 작게 부서진 알갱이와 생물이 썩어 생긴 물질들이 섞여서 흙이 됩니다.

탐구1 **흙 언덕 깃발 지키기 놀이**

▲ 처음 만든 흙 언덕의 모습

▲ 놀이를 한 뒤 흙 언덕의 모습

실험1 **흙이 만들어지는 과정**

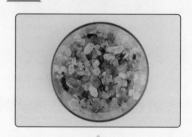

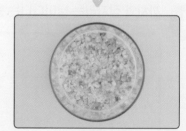

● 자연에서 바위나 돌을 부서지게 하는 것

▲ 나무뿌리가 암석의 틈을 따라 성장하면서 암석이 깨집니다.

▲ 암석의 갈라진 틈에 물이 들어간 뒤 온도에 따라 부피 변화가 일어나 암석이 깨집니다.

▲ 지하 깊은 곳에 있던 암석이 지표에 노출된 뒤 암석의 내부와 외부의 압력 차이로 암석이 깨집니다.

용어풀이

* 언덕　　땅이 경사지고 조금 높은 곳
* 꽃삽　　꽃을 옮겨 심거나 매만져 가꾸는 데 쓰는 작은 삽
* 얼음 설탕　설탕 중에 가장 알갱이가 크고 순수한 것

개념을 확인해요

1 흙 언덕 깃발 지키기 놀이는 순서를 정해 ☐ 으로 흙 언덕을 깎아서 가지고 오는 놀이입니다.

2 흙 언덕 깃발 지키기 놀이는 자기 순서에서 흙 언덕에 세운 ☐☐ 이 쓰러지면 집니다.

3 얼음 설탕의 모양을 관찰할 때는 ☐ 종이 위에 올려놓고 관찰합니다.

4 플라스틱 통에 얼음 설탕을 넣고 가루가 보일 때까지 플라스틱 통을 흔드는 실험은 ☐ 이 만들어지는 과정을 알아보는 것입니다.

5 플라스틱 통에 얼음 설탕을 넣고 흔들면 알갱이의 ☐☐ 가 작아집니다.

6 바위나 돌이 작게 부서진 알갱이와 생물이 썩어 생긴 물질들이 섞여서 ☐ 이 됩니다.

7 겨울에 바위틈에 있는 ☐ 이 얼었다 녹았다를 반복하면서 바위가 부서집니다.

8 바위틈에서 나무 ☐☐ 가 자라면서 바위가 부서집니다.

3. 지표의 변화

┌→ 잘 뭉쳐지지 않고, 주로 모래나 흙 알갱이만 보입니다.

❀ 운동장 흙과 화단 흙은 어떻게 다를까요?

(1) 운동장 흙과 화단 흙 관찰하기

┌→ 잘 뭉쳐지고, 식물의 뿌리나 나뭇잎 조
각과 같은 여러 물질이 섞여 있습니다.

① 흰 종이 위에 운동장 흙과 화단 흙을 올려놓고 관찰합니다.

② 색깔, 알갱이의 크기, 흙을 만졌을 때의 느낌을 비교합니다.

┌→ 잘 뭉쳐지지 않습니다.   ┌→ 잘 뭉쳐집니다.

구분	운동장 흙	화단 흙
색깔	밝은 갈색	어두운 갈색
알갱이의 크기	비교적 크다.	큰 것도 있고, 작은 것도 있다.
만졌을 때의 느낌	거칠다.	약간 부드럽다.

(2) 운동장 흙과 화단 흙의 물 빠짐 비교하기

① 실험 방법 **실험 1**

• 플라스틱 통의 밑부분을 거즈로 감싸고 고무줄을 묶습니다.

• 플라스틱 통에 운동장 흙과 화단 흙을 각각 절반 정도 채운 뒤, 스탠드에 고정합니다.

• 비커를 플라스틱 통 아래에 각각 놓고, 두 흙에 각각 300 mL 의 물을 비슷한 빠르기로 동시에 붓습니다.

• 일정한 시간 동안 어느 흙에서 물이 더 많이 빠졌는지 비교합니다.
 └→ 초시계나 스마트 기기를 사용하여 시간을 측정합니다.

② 실험 결과: 운동장 흙이 화단 흙보다 알갱이의 크기가 더 크기 때문에 물이 더 빠르게 빠집니다.

(3) 식물이 잘 자라는 흙의 특징 알아보기

① 실험 방법

• 비커 두 개에 운동장 흙과 화단 흙을 각각 100 mL 정도 넣습니다.

• 운동장 흙이 든 비커와 화단 흙이 든 비커에 같은 양의 물을 붓고 유리 막대로 저은 뒤, 잠시 놓아둡니다.

② 식물이 잘 자라는 흙의 특징

• 화단 흙에는 운동장 흙보다 물에 뜨는 물질이 더 많이 섞여 있습니다. 물에 뜨는 물질은 대부분 부식물입니다.

• 부식물은 식물의 뿌리나 죽은 곤충, 나뭇잎 조각 등이 썩은 것으로, 식물이 잘 자라는 데 도움을 줍니다. **탐구 1**
 └→ 물에 뜬 물질을 핀셋으로 건져서 거름종이 위에 올려
 놓고 돋보기로 관찰합니다.

실험 1 운동장 흙과 화단 흙의 물 빠짐 비교하기

• 두 흙에 같은 양의 물을 비슷한 빠르기로 동시에 붓습니다.

• 일정한 시간 동안의 물 빠짐을 비교합니다.

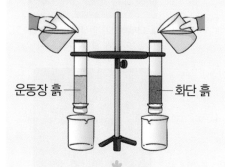

운동장 흙   화단 흙

▲ 운동장 흙   ▲ 화단 흙

탐구 1 운동장 흙과 화단 흙의 물에 뜬 물질

▲ 운동장 흙

▲ 화단 흙

흙의 구성

- 흙은 돌, 자갈, 모래나 더 작은 알갱이들과 식물의 잔해물인 유기물로 이루어져 있습니다.
- 일반적으로 돌, 자갈, 모래와 유기물 등이 50% 내외이며, 그 외에 토양 공기와 토양 수분이 각각 25% 정도 차지하고 있습니다.
- 특히 유기물은 5% 내외로 적은 부분을 차지하지만, 식물에 영양분을 공급하는 중요한 역할을 하고 있습니다.

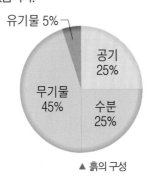

▲ 흙의 구성

- **거즈** 얇고 올이 성긴 천
- **화단** 꽃을 심기 위해 흙을 높게 쌓은 꽃밭
- **핀셋** 손으로 집기 어려운 작은 물건을 집는 데 쓰는 쇠붙이로 만든 기구

개념을 확인해요

1 운동장 흙과 화단 흙을 ☐ 종이 위에 올려놓고 관찰합니다.

2 운동장 흙과 화단 흙의 물 빠짐을 비교하는 실험을 할 때 다르게 해야 할 조건은 흙의 ☐☐ 입니다.

3 운동장 흙과 화단 흙 중 ☐☐☐ 흙에서 물이 더 빠르게 빠집니다.

4 운동장 흙은 화단 흙보다 ☐☐☐ 의 크기가 더 크기 때문에 물이 더 빠르게 빠집니다.

5 운동장 흙과 화단 흙에 같은 양의 물을 붓고 유리 막대로 저은 뒤, 잠시 놓아두면 ☐☐ 흙이 물에 뜬 물질이 많습니다.

6 물에 뜬 물질을 핀셋으로 건져서 ☐☐ ☐☐ 위에 올려놓고 관찰합니다.

7 화단 흙에 뜬 식물의 뿌리나 죽은 곤충, 나뭇잎 조각 등이 썩은 것을 ☐☐☐ 이라고 합니다.

8 운동장 흙과 화단 흙 중 ☐☐ 흙은 부식물이 많아 식물이 잘 자라는 데 도움을 줍니다.

3

단원

3. 지표의 변화 **53**

3. 지표의 변화

🌸 흐르는 물은 지표를 어떻게 변화시킬까요?
┌• 땅의 표면입니다.

(1) 비가 내린 뒤 산의 경사진 곳 관찰하기

① 물이 흘렀던 흔적이 있습니다.

② 흙이 깎이거나 쌓인 곳이 있습니다.

(2) 흐르는 물에 의한 지표의 모습 변화 관찰하기

① 준비물: 흙, 꽃삽, 색 모래, 페트병, 물, 색연필, 면장갑

② 실험 방법 실험1
└• 색 모래를 사용하면 흙이 어떻게 이동하는지 쉽게 볼 수 있습니다.

• 꽃삽을 사용해 흙 언덕을 만들고, 색 모래를 흙 언덕 위쪽에 뿌립니다.

• 흙 언덕 위쪽에서 물을 흘려보내면 흙 언덕이 어떻게 변할지 예상해 봅니다.

• 페트병에 물을 담아 흙 언덕 위쪽에서 물을 흘려보냅니다.

• 흙 언덕에서 흙이 깎인 곳과 흙이 쌓인 곳을 관찰합니다.

• 색 모래가 어떻게 이동했는지 관찰합니다.

③ 실험 결과
┌• 흙 언덕의 위쪽   ┌• 흙 언덕의 아래쪽

• 흙이 깎인 곳도 있고, 흙이 쌓인 곳도 있습니다.

• 색 모래가 위쪽에서 아래쪽으로 이동했습니다.

• 주로 흙 언덕의 위쪽에서는 흙이 깎였고, 아래쪽에서는 흙이 쌓였습니다.

• 흙 언덕의 모습이 변한 까닭: 흐르는 물이 경사가 급한 흙 언덕 위쪽의 흙을 깎아 완만한 아래쪽으로 옮겼습니다.

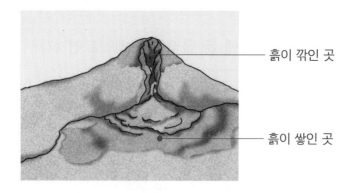

── 흙이 깎인 곳

── 흙이 쌓인 곳

(3) 침식 작용과 퇴적 작용 탐구1

① 흐르는 물은 바위나 돌, 흙 등을 깎아 낮은 곳으로 운반해 쌓아 놓습니다.

② 침식 작용: 지표의 바위나 돌, 흙 등이 깎여 나가는 것입니다.

③ 퇴적 작용: 운반된 돌이나 흙이 쌓이는 것입니다.

실험1 흐르는 물에 의한 흙 언덕의 모습 변화 관찰하기

탐구1 침식 작용과 퇴적 작용을 중심으로 흙 언덕의 모습 변화 관찰하기

• 주로 흙 언덕의 위쪽에서는 흙이 깎였고, 아래쪽에서는 흙이 쌓였습니다.

• 흙 언덕의 위쪽은 경사가 급하고, 아래쪽은 완만합니다.

• 흐르는 물은 경사가 급한 위쪽의 흙을 깎아 완만한 아래쪽으로 옮겼습니다.

흐르는 물의 작용

- 흐르는 물의 작용에는 침식 작용, 운반 작용, 퇴적 작용이 있으며 보통 동시에 일어납니다.
- 침식 작용: 흐르는 물은 토양 속에 있는 물질을 녹이고, 암석이나 하천 바닥을 깎는 작용을 합니다.
- 운반 작용: 흐르는 물은 물질이 물에 녹은 형태, 물질이 물에 떠 있는 형태, 물질이 바닥을 굴러가는 형태로 운반합니다.
- 퇴적 작용: 흐르는 물의 속도가 감소하면 운반 능력이 줄어들고, 퇴적물의 입자가 큰 것부터 가라앉기 시작하여 다양한 크기의 고체 입자들이 분리되어 쌓입니다.

지표의 변화

- 지표의 변화는 크게 느린 변화가 있고, 빠른 변화가 있습니다.
- 지표가 쉽게 변화를 알아차릴 수 있는 것은 빠른 변화입니다. 빠른 변화는 지진, 태풍, 해일, 화산 활동 등의 현상으로 생깁니다.
- 느린 변화는 암석이 돌멩이가 되고 돌멩이가 다시 모래가 되는 것과 같이 수만, 수천만 년이 걸려 일어나는 것을 말합니다. 즉, 풍화 작용에 의해 흙이 생성되는 변화를 느린 변화라고 합니다. 이 변화는 쉽게 눈으로 볼 수 없습니다.

용 어 풀 이

- **경사** 비스듬히 기울어짐.
- **하천** 시내와 강
- **운반** 모래, 자갈, 흙 등을 옮겨나름.
- **입자** 물질의 일부로서 물질을 구성하는 매우 작은 물체

개념을 확인해요

3 단원

1 땅의 표면을 ☐☐ 라고 합니다.

2 흙 언덕의 모습 변화를 관찰하기 위해서는 흙 언덕을 만들어 ☐☐☐ 를 위쪽에 뿌리고, 흙 언덕 위쪽에서 물을 흘려보냅니다.

3 흙 언덕에 뿌린 색 모래는 흙 언덕의 ☐쪽에서 ☐☐쪽으로 이동합니다.

4 흐르는 물에 의해서 흙 언덕의 ☐쪽은 흙이 깎이고, ☐☐쪽은 흙이 쌓입니다.

5 흐르는 물은 바위나 돌, 흙 등을 깎아 낮은 곳으로 ☐☐하여 쌓아 놓습니다.

6 지표의 바위나 돌, 흙 등이 깎여 나가는 것을 ☐☐ 작용이라고 합니다.

7 흐르는 물에 의해 운반된 돌이나 흙이 쌓이는 것을 ☐☐ 작용이라고 합니다.

8 흙 언덕의 위쪽에서 물을 흘려보내면 흙 언덕의 위쪽에서는 ☐☐ 작용이 활발하고, 아래쪽에서는 ☐☐ 작용이 활발합니다.

3. 지표의 변화

🌸 강 주변의 모습을 알아볼까요?

(1) 강 주변의 모습 알아보기

① 강물은 산에서 바다로 흘러가면서 강 주변의 모습을 서서히 변화시킵니다.

② 강 상류와 강 하류의 모습 비교

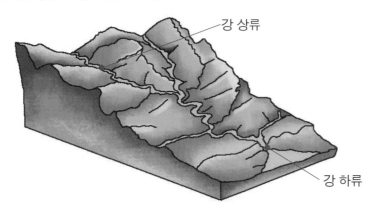

강 상류

강 하류

구분	강 상류	강 하류
강 주변의 모습		
강폭	좁다. → 경사진 산이 많습니다.	넓다. → 거의 평지입니다.
강의 경사	급하다.	완만하다.
볼 수 있는 것 탐구1	바위를 많이 볼 수 있다.	모래를 많이 볼 수 있다.

(2) 강 주변의 모습과 흐르는 물의 작용

┌─── 강 상류에서도 퇴적 작용이 일어나고, 강 하류에서도 침식 작용이 일어납니다.

① 강 상류: 퇴적 작용보다 침식 작용이 활발하게 일어납니다.

② 강 하류: 침식 작용보다 퇴적 작용이 활발하게 일어납니다.

③ 강 주변의 모습 변화: 오랜 시간에 걸쳐 흐르는 강물은 지표의 모습을 서서히 변화시킵니다. 탐구2

(3) 강 상류보다 강 하류에 모래가 많은 까닭

① 강물은 강 상류에 있는 바위를 깎고 운반합니다.

② 이 과정에서 만들어진 모래가 강 하류에 쌓이기 때문입니다.

탐구1 강 상류와 강 하류에서 많이 볼 수 있는 것

▲ 강 상류

▲ 강 하류

탐구2 오래전의 물길과 현재의 물길

• 예전에는 물이 흐르던 강이었지만 지금은 물이 흘렀던 흔적만 남아 있는 지형이 있습니다.

• 홍수 등으로 물길이 바뀌어 하천 일부가 막혀 호수가 되거나, 물이 흘러넘칠 때 흙더미가 쌓여 평야가 됩니다.

• 호수는 시간이 흐를수록 물의 양이 점점 줄어들어 마침내 물길을 따라 흐르던 하천의 흔적만 남기도 합니다.

▲ 오래전의 물길의 모습

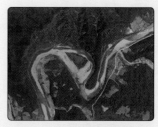

▲ 현재의 물길의 모습

● 흐르는 물에 의한 침식 작용

• 하각 작용: 강물의 바닥을 깎는 작용입니다. 주로 강의 상류에서 일어나며 좁고 깊은 V자곡을 형성합니다.

• 측각 작용: 평지의 강물에서 에너지가 큰 쪽의 흐르는 물이 강의 벽을 침식하고, 에너지가 작은 쪽에서는 퇴적이 일어나게 되어 강이 S자 모양의 곡류가 이루어집니다.

▲ 곡류 하천

• 우각호: 곡류의 바깥쪽은 침식 작용이, 안쪽은 퇴적 작용이 일어나 곡류가 심해지면서 곡류였던 부분이 떨어져 남아 생긴 소뿔 모양의 호수입니다.

✹ 상류 강이나 내의 발원지에 가까운 부분
✹ 하류 강이나 내의 아래쪽 부분
✹ 흔적 어떤 현상이나 실체가 없어졌거나 지나간 뒤에 남은 자국이나 자취
✹ 지형 땅의 생긴 모양
✹ 하각 밑바닥을 깎거나 밑으로 깎음.

개념을 확인해요

1 강 ☐☐ 는 강 하류에 비해 강폭이 좁고 강의 경사가 급합니다.

2 강 ☐☐ 에서는 바위를 많이 볼 수 있습니다.

3 강 ☐☐ 에서는 모래를 많이 볼 수 있습니다.

4 강 ☐☐ 는 경사가 완만합니다.

5 강물은 강 상류에 있는 바위를 깎고 ☐ ☐ 합니다.

6 강 상류에서는 ☐☐ 작용이 활발하게 일어납니다.

7 강 하류에서는 ☐☐ 작용이 활발하게 일어납니다.

8 오랜 시간에 걸쳐 흐르는 강물은 ☐☐ 의 모습을 서서히 변화시킵니다.

3. 지표의 변화

바닷가 지형은 오랜 시간에 걸쳐서 만들어집니다.

바닷가 주변의 모습을 알아볼까요?

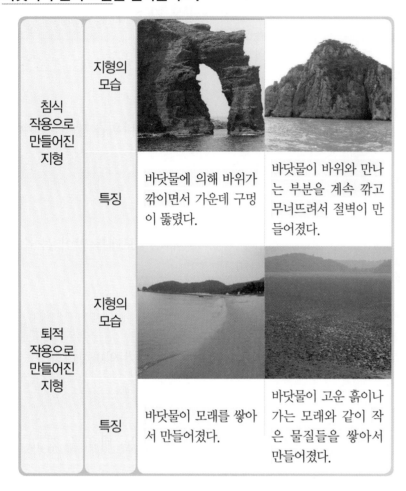

침식 작용으로 만들어진 지형	지형의 모습		
	특징	바닷물에 의해 바위가 깎이면서 가운데 구멍이 뚫렸다.	바닷물이 바위와 만나는 부분을 계속 깎고 무너뜨려서 절벽이 만들어졌다.
퇴적 작용으로 만들어진 지형	지형의 모습		
	특징	바닷물이 모래를 쌓아서 만들어졌다.	바닷물이 고운 흙이나 가는 모래와 같이 작은 물질들을 쌓아서 만들어졌다.

흙을 보존하기 위한 시설물 만들기 실험 1

(1) 흙을 보존해야 하는 까닭 → 흙이 없으면 생물이 살아가기 힘듭니다.

① 식물은 흙에서 양분을 얻고, 흙속에는 많은 생물이 삽니다.

② 흙은 다시 만들어지기까지 오랜 시간이 걸립니다.

(2) 흙을 보존할 수 있는 방법

① 흙이 깎여서 떠내려가는 경우 탐구 1

· 산사태로 인하여 흙이 깎여서 떠내려갑니다.

· 도로 공사나 하천 공사 등으로 흙이 깎여서 떠내려갑니다.

② 흙이 잘 보존되고 있는 곳의 특징

· 나무나 풀이 흙을 덮고 있습니다.

· 사방 공사와 같이 구조물로 흙이 깎이지 않도록 합니다.

③ 흙이 깎여 나가는 것을 막을 수 있는 시설물의 특징: 흙을 덮어 주거나 고정하여 주는 구조물이 있습니다.

실험 1 흙이 깎여 나가는 것을 막을 수 있는 시설물 설계하기

① 도로 공사 등으로 깎인 산 경사면의 흙이 흐르는 물에 의해 깎여 나가는 것을 막을 수 있는 시설물을 설계해 봅니다.

② 설계한 시설물을 만들어 봅니다.

③ 만든 시설물을 경사진 흙 위에 설치합니다.

④ 시설물에 물을 뿌려 보고, 흙이 깎이는 정도를 관찰합니다.

탐구 1 흙이 깎여서 떠내려가는 경우

▲ 산사태

▲ 도로 공사

▲ 하천에 의한 침식

● 소중한 흙 지키기

▲ 산사태

- 흙은 아주 쓸모 있고 소중한 자원입니다. 그런데 우리가 주위에서 흔히 보는 흙도 잘 보살피지 않으면 오염되어 쓸모없게 됩니다. 특히 산사태로 인한 흙의 유실이 심각한데, 풀과 나무가 없는 산, 경사가 급한 산, 개발을 위해 마구 파헤쳐진 산에서 잘 일어납니다.
- 산사태를 막기 위해서는 나무를 많이 심고 가꾸어야 합니다. 비가 오면 빗방울이 흙을 파이게 하는데 잎사귀나 가지에 맞고 떨어지면 땅이 훨씬 덜 깎이기 때문입니다. 그리고 복잡하게 얽힌 나무뿌리는 흙이 제자리에 있도록 붙드는 역할을 하여 흙이 잘 보존될 수 있습니다. 또한 비닐이나 쓰레기를 땅에 버리거나 묻지 말아야 합니다.

보존	사물의 원래 모습 그대로 보호하고 남게 하는 것
사방 공사	산, 강가, 바닷가 따위에서 흙, 모래, 자갈 등이 비나 바람에 무너져서 떠내려가는 것을 막는 것
유실	떠내려가서 없어짐.

개념을 확인해요

1 바위 가운데에 구멍이 나 있는 지형은 바닷물의 ☐☐ 작용으로 만들어집니다.

2 해안가에 있는 가파른 절벽은 바닷물의 ☐ 작용으로 만들어집니다.

3 단원

3 모래 해변이나 갯벌은 바닷물의 ☐☐ 작용으로 만들어집니다.

4 침식 작용과 퇴적 작용으로 만들어진 바닷가 ☐☐ 은 오랜 시간에 걸쳐서 만들어집니다.

5 ☐ 이 만들어지려면 매우 오랜 시간이 걸립니다.

6 도로 공사, 산사태 등으로 ☐ 이 깎여서 떠내려갑니다.

7 흙이 잘 보존되고 있는 곳은 나무나 풀이 ☐ 을 덮고 있습니다.

8 흙이 잘 보존되고 있는 곳은 사방 공사와 같은 구조물로 ☐ 이 깎이지 않도록 합니다.

핵심 1

플라스틱 통에 얼음 설탕을 넣고 흔드는 것을 통해 자연에서 흙이 만들어지는 과정을 알 수 있습니다.

1 얼음 설탕을 플라스틱 통에 넣고 흔들었을 때 나타나는 변화는 무엇입니까? (   )

① 얼음 설탕이 모두 녹는다.
② 얼음 설탕의 냄새가 변한다.
③ 얼음 설탕의 크기가 커진다.
④ 얼음 설탕의 크기가 작아진다.
⑤ 얼음 설탕의 크기가 모두 같아진다.

2 위 1번 실험을 통해 알 수 있는 것은 무엇입니까?
(   )

① 계절이 변하는 과정
② 물이 만들어지는 과정
③ 흙이 만들어지는 과정
④ 공기가 만들어지는 과정
⑤ 종이가 만들어지는 과정

3 자연에서 바위나 돌을 부서지게 하는 것과 비슷한 작용을 하는 실험 과정은 어느 것인지 기호를 쓰시오.

> ㉠ 흰 종이 위에 얼음 설탕을 올려놓고 모습을 관찰한다.
> ㉡ 얼음 설탕을 플라스틱 통에 $\frac{1}{3}$ 정도 넣는다.
> ㉢ 얼음 설탕이 들어 있는 플라스틱 통을 흔든다.

(   )

4 얼음 설탕을 바위나 돌이라고 할 때, 얼음 설탕이 작게 부서져서 생긴 알갱이는 무엇이라고 할 수 있는지 쓰시오.

(   )

핵심 2

운동장 흙과 화단 흙은 색깔, 알갱이의 크기, 흙을 만졌을 때의 느낌이 다릅니다.

[5~7] 운동장 흙과 화단 흙입니다.

㉠

㉡

5 운동장 흙과 화단 흙을 관찰할 때 필요한 준비물을 모두 고르시오. (,   )

① 물   ② 비커
③ 돋보기   ④ 흰 종이
⑤ 알코올램프

6 위 ㉠과 ㉡ 중 운동장 흙과 화단 흙은 어느 것인지 각각 기호를 쓰시오.

(1) 운동장 흙: (   )
(2) 화단 흙: (   )

7 위 ㉠과 ㉡ 중 손으로 만졌을 때 느낌이 부드러운 흙은 어느 것인지 기호를 쓰시오.

(   )

8 운동장 흙과 화단 흙을 비교한 것으로 바르지 않은 것은 어느 것입니까? (   )

① 화단 흙이 운동장 흙보다 부드럽다.
② 운동장 흙이 화단 흙보다 색깔이 밝다.
③ 운동장 흙이 화단 흙보다 알갱이 크기가 크다.
④ 운동장 흙은 화단 흙보다 잘 뭉쳐지지 않는다.
⑤ 화단 흙은 운동장 흙과 달리 모래나 흙 알갱이만 보인다.

핵심 3

흙의 종류에 따라 물이 빠지는 정도가 다릅니다. 운동장 흙이 화단 흙보다 물이 더 빠르게 빠집니다.

9 운동장 흙과 화단 흙의 물 빠짐을 비교하는 실험을 할 때 다르게 해야 할 조건은 무엇입니까?
( )

① 흙의 양   ② 흙의 종류
③ 물을 붓는 양   ④ 물을 붓는 빠르기
⑤ 플라스틱 통의 크기

10 운동장 흙과 화단 흙의 물 빠짐을 비교하는 실험을 할 때 바르지 <u>않은</u> 것은 어느 것인지 기호를 쓰시오.

> ㉠ 플라스틱 통의 밑부분을 거즈로 감싼 다음 고무줄로 묶는다.
> ㉡ 플라스틱 통에 운동장 흙과 화단 흙을 각각 절반 정도 채운 뒤, 스탠드에 고정한다.
> ㉢ 비커를 플라스틱 통 아래에 각각 놓는다.
> ㉣ 운동장 흙에 먼저 물을 붓고 난 후, 화단 흙에 물을 붓는다.
> ㉤ 일정한 시간 동안 어느 흙에서 물이 더 많이 빠졌는지 비교한다.

( )

11 위 10 번 실험 결과 물이 더 빠르게 빠지는 흙은 어느 것인지 쓰시오.

( )

12 운동장 흙과 화단 흙의 물 빠짐이 서로 다른 까닭은 무엇인지 쓰시오.

_____

핵심 4

화단 흙에는 운동장 흙보다 물에 뜨는 물질이 더 많이 섞여 있습니다. 물에 뜨는 물질은 대부분 부식물로, 식물이 잘 자라는 데 도움을 줍니다.

13 운동장 흙과 화단 흙에 각각 물을 부었을 때 모습입니다. 화단 흙은 어느 것인지 기호를 쓰시오.

㉠   ㉡

( )

14 화단 흙의 물에 뜨는 물질이 <u>아닌</u> 것은 무엇입니까? ( )

① 모래   ② 죽은 곤충
③ 나뭇잎 조각   ④ 작은 나뭇가지
⑤ 식물의 뿌리

15 위 13 번 ㉡과 같이 물에 뜨는 물질을 무엇이라고 하는지 쓰시오.

( )

16 위 15 번 정답의 물질을 바르게 설명한 것은 어느 것입니까? ( )

① 식물이 잘 자라게 도와준다.
② 식물이 잘 자라지 않게 한다.
③ 흙의 색깔을 밝게 만들어 준다.
④ 흙의 촉감을 부드럽게 해 준다.
⑤ 흙의 물 빠짐을 빠르게 해 준다.

핵심 5

지표의 바위나 돌, 흙 등이 깎여 나가는 것을 침식 작용이라고 하고, 운반된 돌이나 흙이 쌓이는 것을 퇴적 작용이라고 합니다.

[17~19] 흙 언덕을 만들고 색 모래를 뿌린 것입니다.

17 흙 언덕의 위쪽에서 물을 흘려보냈을 때 색 모래가 이동하는 방향으로 바른 것은 어느 것인지 기호를 쓰시오.

(   )

18 흙 언덕 위쪽에서 물을 흘려보냈을 때 흙이 깎인 곳과 흙이 쌓인 곳을 쓰시오.

(1) 흙이 깎인 곳: (   )

(2) 흙이 쌓인 곳: (   )

19 위 흙 언덕에서 침식 작용이 활발한 곳과 퇴적 작용이 활발한 곳을 쓰시오.

(1) 침식 작용이 활발한 곳: (   )

(2) 퇴적 작용이 활발한 곳: (   )

20 지표의 모습을 변화시키는 원인 중 위 실험을 통해 알 수 있는 것은 무엇입니까? (   )

① 눈   ② 바람

③ 압력   ④ 모래

⑤ 흐르는 물

핵심 6

강 상류는 강 하류에 비해 폭이 좁고 경사가 급합니다. 강 상류에서는 바위를 많이 볼 수 있고, 강 하류에서는 모래를 많이 볼 수 있습니다.

[21~23] 다음은 강 주변의 모습입니다.

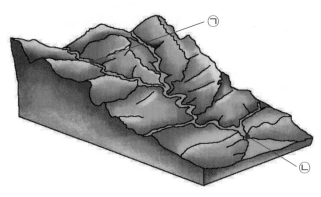

21 강 상류와 강 하류가 어디인지 기호를 쓰시오.

(1) 강 상류: (   )

(2) 강 하류: (   )

22 강 주변의 모습에 대한 설명으로 바르지 않은 것은 무엇입니까? (   )

① 강 상류는 경사가 급하다.

② 강 하류는 경사가 완만하다.

③ 강 하류에서는 바위가 많이 보인다.

④ 강 상류는 강 하류보다 강폭이 좁다.

⑤ 강 상류에서는 바위를 많이 볼 수 있다.

23 ㉠과 ㉡에서 활발하게 일어나는 물의 작용을 쓰시오.

㉠: (   )

㉡: (   )

24 강 상류보다 강 하류에 모래가 많은 까닭은 무엇인지 쓰시오.

_____

핵심 7

바닷가에서는 바닷물의 침식 작용과 퇴적 작용으로 다양한 지형이 만들어집니다.

[25~27] 여러 가지 지형입니다.

㉠

㉡

㉢

㉣

25 위 지형을 볼 수 있는 곳은 어디입니까?
( )

① 산　　　　② 사막
③ 강　　　　④ 바닷가
⑤ 열대우림

26 위 여러 가지 지형 중 바닷물의 침식 작용으로 만들어진 지형은 어느 것인지 모두 골라 기호를 쓰시오.
( )

27 위 ㉢과 ㉣ 지형을 만든 바닷물의 작용은 무엇인지 쓰시오.
( )

핵심 8

흙이 만들어지려면 매우 오랜 시간이 걸립니다.

28 무엇이 소중한 까닭을 설명한 것인지 쓰시오.

- 식물은 이곳에서 양분을 얻어 살아간다.
- 이곳에서 많은 생물이 살아가고 있다.
- 다시 만들어지는 데 오랜 시간이 걸린다.

( )

29 흙이 깎여 내려가는 것을 막을 수 있는 방법으로 바르지 않은 것은 무엇입니까? ( )

① 도로 공사를 한다.
② 나무나 풀을 많이 심는다.
③ 흙을 덮어 주는 구조물을 설치한다.
④ 흙을 고정하여 주는 구조물을 설치한다.
⑤ 흙이 깎이지 않도록 하는 구조물을 설치한다.

30 다음 시설물은 흐르는 물의 어떤 작용으로부터 흙을 보존하기 위한 것입니까? ( )

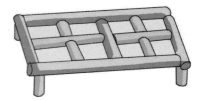

① 퇴적 작용　　　② 침식 작용
③ 흡수 작용　　　④ 분리 작용
⑤ 녹이는 작용

31 위 30번 시설물을 보고 개선할 점을 한 가지 쓰시오.

_____

_____

1 얼음 설탕을 플라스틱 통에 넣고 흔들면 얼음 설탕은 어떻게 됩니까?
( )

① 맛이 달라진다.
② 냄새가 달라진다.
③ 아무 변화가 없다.
④ 알갱이의 크기가 커진다.
⑤ 알갱이의 크기가 작아지고 가루가 생긴다.

2 바위나 돌이 작게 부서진 알갱이와 생물이 썩어 생긴 물질들이 섞여서 만들어지는 것은 무엇인지 쓰시오.

( )

3 오른쪽과 같은 경우에 바위가 부서지는 까닭은 무엇 때문입니까?
( )

① 물
② 얼음
③ 바람
④ 빗물
⑤ 나무뿌리

4 화단 흙은 어느 것인지 기호를 쓰시오.

㉠   ㉡

( )

`중요`
5 일정한 시간 동안 운동장 흙과 화단 흙에서 물이 빠져나온 모습입니다. 물 빠짐이 좋은 흙은 어느 것인지 쓰시오.

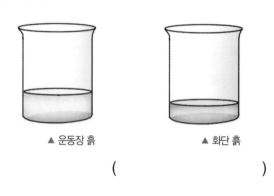

▲ 운동장 흙   ▲ 화단 흙

( )

6 비커에 넣은 운동장 흙과 화단 흙에 같은 양의 물을 부었을 때, 화단 흙은 어느 것인지 기호를 쓰시오.

㉠   ㉡

( )

`주의`
7 운동장 흙의 특징으로 바른 것은 무엇입니까?
( )

① 만지면 화단 흙보다 부드럽다.
② 화단 흙보다 물이 늦게 빠진다.
③ 알갱이의 크기가 화단 흙보다 크다.
④ 알갱이의 크기가 화단 흙보다 작다.
⑤ 물에 뜨는 물질이 화단 흙보다 많다.

[8~10] 흙 언덕을 만든 모습입니다.

8 위 실험에서 흙이 이동하는 모습을 보기 쉽게 하기 위해 필요한 준비물은 무엇입니까? (   )

① 물   ② 꽃삽
③ 흙   ④ 페트병
⑤ 색 모래

9 흙 언덕의 위쪽에서 물을 흘려보냈을 때, 흙이 이동하는 방향으로 바른 것은 어느 것인지 기호를 쓰시오.

㉠

㉡

(   )

⭐중요

10 위 실험에서 침식 작용이 일어나는 부분은 흙 언덕의 위쪽과 아래쪽 중 어디인지 기호를 쓰시오.

(   )

[11~12] 강 주변의 모습입니다.

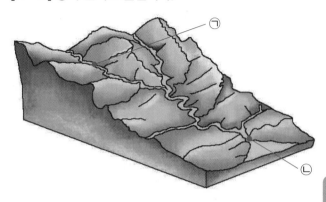

11 다음과 같은 모습을 볼 수 있는 곳은 ㉠과 ㉡ 중 어느 곳인지 기호를 쓰시오.

(   )

😊😊

12 ㉡ 부분의 특징으로 바른 것은 어느 것입니까?

(   )

① 강폭이 좁다.
② 경사가 급하다.
③ 경사가 완만하다.
④ 물이 흐르지 않는다.
⑤ 바위를 많이 볼 수 있다.

13 (   ) 안에 알맞은 말을 쓰시오.

> 강 상류에서는 바위를 많이 볼 수 있고, 강 하류에서는 (   )를 많이 볼 수 있다.

(   )

14 다음을 읽고 바르면 ○표, 바르지 않으면 ×표를 하시오.

(1) 강 상류에서는 침식 작용이 퇴적 작용보다 활발하게 일어납니다. ( )

(2) 강 하류에서는 퇴적 작용만 일어납니다. ( )

(3) 오랜 시간에 걸쳐 지표의 모습은 서서히 변합니다. ( )

15 바닷가에서 다음과 같은 지형은 바닷물의 어떤 작용 때문인지 쓰시오.

( )

16 바닷물의 퇴적 작용으로 만들어진 지형을 모두 골라 기호를 쓰시오.

ㄱ 가파른 절벽   ㄴ 구멍이 뚫린 바위
ㄷ 모래 해변   ㄹ 갯벌

( )

📝서술형

17 바닷가에서 바위에 구멍이 뚫린 지형과 모래 해변이 만들어진 방법을 비교하여 쓰시오.

_____

_____

18 다음에서 설명하는 것은 무엇입니까? ( )

• 생물이 살아가고 있는 곳이다.
• 식물이 이곳에서 양분을 얻는다.
• 다시 만들어지는 데 오랜 시간이 걸린다.

① 흙   ② 강
③ 바다   ④ 빙하
⑤ 사막

19 흙이 깎여 나가는 것을 막아 흙이 잘 보존되고 있는 곳은 어느 것인지 ○표 하시오.

(1)   (2)

( )   ( )

20 흐르는 물에 의해 흙이 깎여 나가는 것을 막을 수 있는 시설물을 만드는 과정을 순서대로 기호를 쓰시오.

ㄱ   ㄴ

ㄷ   ㄹ

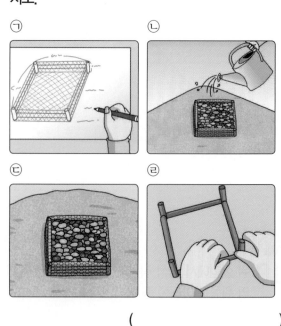

( )

1 흙 언덕 깃발 지키기 놀이를 한 후에 알게 된 사실은 무엇입니까?
( )

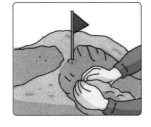

① 흙을 손으로 만지면 안 된다.
② 흙 언덕은 다시 만들 수 없다.
③ 손으로 흙 언덕을 깎는 것은 힘들다.
④ 흙을 깎으면 흙 언덕의 모습이 변한다.
⑤ 흙 언덕의 모습은 놀이가 끝난 후에도 달라지지 않았다.

[2~3] 얼음 설탕을 플라스틱 통에 넣고 가루가 보일 때까지 플라스틱 통을 흔드는 모습입니다.

2 위 실험에서 얼음 설탕과 가루가 생긴 얼음 설탕이 의미하는 것을 보 기 에서 골라 쓰시오.

보기
바위나 돌, 흙

(1) 얼음 설탕: ( )
(2) 가루가 생긴 얼음 설탕: ( )

중요

3 플라스틱 통 안에 든 얼음 설탕을 가루가 생길 때까지 흔드는 과정에 비유할 수 있는 자연 현상은 무엇입니까? ( )

① 하늘에서 비가 내린다.
② 물이 얼어 얼음이 된다.
③ 강물이 바다로 흘러간다.
④ 깊은 땅속에서 암석이 만들어진다.
⑤ 바위틈에서 나무뿌리가 자라 바위가 부서진다.

4 물이 얼었다 녹았다를 반복하면서 바위가 부서질 때의 과정입니다. ( ) 안에 알맞은 말을 쓰시오.

암석의 갈라진 틈에 물이 들어간 뒤, 기온이 낮아져 물이 얼면 부피가 ( )하여, 암석의 틈이 더 벌어지게 되어 암석이 결국 부서지게 된다.

( )

주의

5 운동장 흙과 화단 흙을 비교한 표입니다. 바르지 않은 것은 무엇인지 기호를 쓰시오.

구분	운동장 흙	화단 흙
색깔	㉠ 밝은 갈색	㉡ 어두운 갈색
알갱이의 크기	㉢ 비교적 크다.	㉣ 큰 것도 있고, 작은 것도 있다.
만졌을 때의 느낌	㉤ 거칠다.	㉥ 매우 거칠다.

( )

6 다음 실험에서 알아보려고 하는 것은 운동장 흙과 화단 흙의 어떤 차이점입니까? ( )

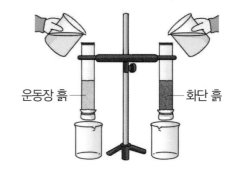

운동장 흙 ──   ── 화단 흙

① 색깔
② 흙 속의 물질
③ 물 빠짐
④ 만졌을 때의 느낌
⑤ 부식물의 종류

7 위 6번 실험 결과 물 빠짐이 빠른 흙은 어느 것인지 쓰시오.

( )

8 식물이 잘 자라는 흙의 특징은 무엇입니까?
( )

① 물 빠짐이 빠르다.
② 밝은 색깔을 띤다.
③ 알갱이 크기가 크다.
④ 물에 뜨는 물질이 많다.
⑤ 물에 뜨는 물질이 거의 없다.

9 다음에서 설명하는 것은 무엇인지 쓰시오.

• 화단 흙에 물을 부었을 때 물에 뜨는 물질
이다.
• 식물의 뿌리, 죽은 곤충, 나뭇잎 조각 등이
썩은 것이다.
• 식물이 잘 자라는 데 도움을 준다.

( )

[10~12] 흙 언덕을 만들고 페트병에 물을 담아 흙 언덕
위쪽에서 물을 흘려보낸 모습입니다.

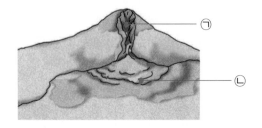

10 위 실험에서 흙 언덕의 모습을 변화시킨 원인은 무
엇인지 쓰시오.

( )

11 위 흙 언덕의 ㉠과 ㉡에서 일어난 작용을 보기에
서 골라 쓰시오.

보 기
침식 작용, 퇴적 작용

㉠: ( )
㉡: ( )

12 앞 10번 실험에서 흙 언덕을 만들어 물을 흘려보
낼 때, 흙 언덕의 변화를 크게 하기 위한 방법을 모
두 고르시오. (,)

① 경사를 급하게 만든다.
② 물을 많이 흘려보낸다.
③ 물을 조금 흘려보낸다.
④ 경사를 완만하게 만든다.
⑤ 흙 언덕에 색 모래를 더 조금 뿌린다.

13 강 주변의 모습 중 다음에서 설명하는 곳은 어디인
지 쓰시오.

• 강폭이 좁고, 경사가 급하다.
• 바위를 많이 볼 수 있다.

( )

14 강 주변의 모습에 대한 설명으로 바르지 않은 것은
무엇입니까? ( )

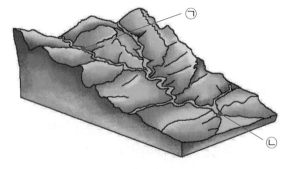

① ㉡에는 편평한 지형이 많다.
② ㉠에는 바위나 큰 돌이 많다.
③ ㉠에서는 침식 작용이 활발하다.
④ ㉡에서는 퇴적 작용이 활발하다.
⑤ 강 주변의 모습은 흐르는 강물에 의해 빠르게
변한다.

15 강 상류보다 강 하류에 모래가 많은 까닭을 설명한 것입니다. ㉠과 ㉡에 알맞은 말을 쓰시오.

> 강물은 (㉠)에 있는 바위를 깎아 운반하고, 이 과정에서 만들어진 모래가 (㉡)에 쌓인다.

㉠: (   )

㉡: (   )

16 다음과 같은 바닷가 지형은 바닷물의 어떤 작용으로 만들어진 것인지 쓰시오.

▲ 모래 해변   ▲ 갯벌

(   )

17 바닷가에서 바다 쪽으로 돌출된 부분에서 볼 수 있는 지형의 모습을 보 기 에서 모두 골라 기호를 쓰시오.

보 기
㉠ 고운 흙이 넓게 쌓인 곳
㉡ 모래가 넓게 쌓인 곳
㉢ 가파른 절벽
㉣ 구멍이 뚫린 바위

(   )

18 다음과 같은 바닷가 지형은 오랜 시간이 지나면 어떻게 변할지 바르게 예상한 것의 기호를 쓰시오.

㉠   ㉡

(   )

19 산사태로 흙이 깎여 나가지 않도록 흙을 보존하는 방법은 무엇입니까? (   )

① 나무와 풀을 심는다.
② 쓰레기를 분리배출한다.
③ 오염된 토양을 신고한다.
④ 산을 깎아 모두 도로를 만든다.
⑤ 나무를 모두 베고 흙을 단단하게 밟아준다.

20 다음과 같이 만든 시설물을 흙 위에 설치하고 물을 뿌려 보았습니다. 시설물로 인해 보존되는 것은 무엇인지 쓰시오.

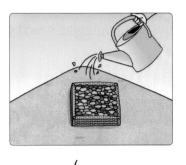

(   )

1 흙 언덕 깃발 지키기 놀이에서 흙 언덕의 모습이 달라진 까닭은 무엇입니까? (   )

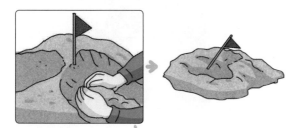

① 물이 흘렀기 때문에
② 바람이 불었기 때문에
③ 입으로 불었기 때문에
④ 손으로 흙을 깎았기 때문에
⑤ 손으로 흙을 두드렸기 때문에

[2~3] 플라스틱 통에 얼음 설탕을 넣고 흔드는 모습입니다.

2 위 실험에서 얼음 설탕을 바위나 돌이라고 한다면 실험을 통해 무엇을 알 수 있습니까? (   )

① 물이 흐르는 과정
② 식물이 자라는 과정
③ 흙이 만들어지는 과정
④ 설탕이 만들어지는 과정
⑤ 고체 알갱이가 작아지는 과정

3 위 실험에서 플라스틱 통을 흔드는 과정은 자연에서 어떤 현상과 비유할 수 있는지 모두 고르시오.
(,   )

① 흙이 뭉쳐진다.
② 바위의 크기가 다양하다.
③ 모래가 넓게 펼쳐져 있다.
④ 바위틈에서 나무뿌리가 자란다.
⑤ 바위틈에 있는 물이 얼었다 녹았다를 반복한다.

4 운동장 흙과 화단 흙의 물 빠짐을 비교하는 실험을 할 때 같게 해야 할 조건이 아닌 것은 무엇입니까?
(   )

① 흙의 양
② 물의 양
③ 흙의 종류
④ 물을 붓는 빠르기
⑤ 플라스틱 통의 크기

서술형

5 운동장 흙과 화단 흙의 물 빠짐이 다른 까닭은 무엇인지 한 가지 쓰시오.

_____

_____

6 다음에서 설명하는 물질이 많이 섞여 있는 흙은 어느 것인지 기호를 쓰시오.

> 식물의 뿌리, 죽은 곤충, 나뭇잎 조각 등이 썩은 것을 부식물이라고 한다.

(   )

7 위 6번에서 설명한 부식물의 역할은 무엇입니까?
(   )

① 흙의 색깔을 밝게 해 준다.
② 흙의 알갱이를 크게 만든다.
③ 물이 더 빠르게 빠지게 해 준다.
④ 흙에서 생물이 살 수 없게 한다.
⑤ 식물이 잘 자라는 데 도움을 준다.

[8~11] 흙 언덕을 만들고 물을 흙 언덕 위쪽에서 흘려보낸 모습입니다.

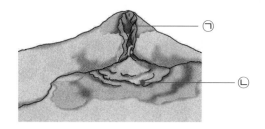

8 위 실험을 할 때 색 모래를 뿌리는 곳은 어느 곳이 알맞습니까? ( )

① 흙 언덕 위쪽
② 흙 언덕 옆쪽
③ 흙 언덕 아래쪽
④ 흙 언덕 가운데 쪽
⑤ 흙 언덕의 안쪽에 보이지 않도록

9 ㉠과 ㉡에서 흐르는 물이 어떤 작용을 했는지 각각 쓰시오.

㉠: ( )
㉡: ( )

10 위 실험에서 물을 흘려보냈을 때, 흙 언덕의 위쪽과 아래쪽의 모습이 다르게 변하는 까닭을 모두 고르시오. (,)

① 흙 언덕 위쪽은 경사가 급하기 때문에
② 흙 언덕 위쪽은 경사가 완만하기 때문에
③ 흙 언덕 아래쪽은 경사가 급하기 때문에
④ 흙 언덕 아래쪽은 경사가 완만하기 때문에
⑤ 물이 흙 언덕 위쪽에서는 느리게 흐르고, 아래쪽에서는 빠르게 흐르기 때문에

11 흙 언덕의 ㉠ 부분에서 일어난 작용이 활발하게 일어나는 곳은 어느 곳인지 쓰시오.

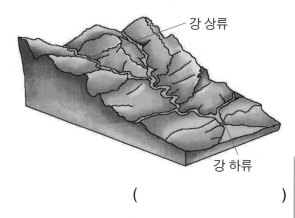

강 상류

강 하류

( )

12 강 상류와 강 하류의 특징을 바르게 선으로 연결하시오.

(1) 강 상류 •

(2) 강 하류 •

• ㉠ 강폭이 좁다.
• ㉡ 강폭이 넓다.
• ㉢ 바위가 많다.
• ㉣ 모래가 많다.

13 강 주변의 모습에 대한 설명으로 바르지 <u>않은</u> 것은 무엇입니까? ( )

① 강 하류에서는 퇴적 작용이 활발하다.
② 강 상류에서는 침식 작용이 활발하다.
③ 강물은 강 상류의 바위를 깎고 운반한다.
④ 강물은 빠르게 흘러 지표의 모습을 짧은 시간에 변화시킨다.
⑤ 바위를 깎아 운반하는 과정에서 만들어진 모래가 강 하류에 쌓인다.

14 다음 지형을 볼 수 있는 곳은 어디인지 쓰시오.

(   )

15 바닷가의 전체적인 모습 중 다음 지형을 볼 수 있는 곳은 어느 곳인지 보 기 에서 찾아 기호를 쓰시오.

▲ 모래 해변   ▲ 갯벌

보 기
㉠ 바닷가에서 바다 쪽으로 돌출된 부분
㉡ 바닷가에서 안쪽으로 들어간 부분

(   )

16 위 15번과 같은 지형을 볼 수 있는 까닭은 무엇입니까? (   )

① 파도가 치기 때문에
② 바닷물이 흐르기 때문에
③ 바닷가에 다양한 생물이 살기 때문에
④ 침식 작용이 활발하게 일어나기 때문에
⑤ 퇴적 작용이 활발하게 일어나기 때문에

17 (   ) 안에 공통으로 들어갈 말을 쓰시오.

• 바닷가에서는 바닷물의 침식 작용과 퇴적 작용으로 다양한 (   )이 만들어진다.
• 가파른 절벽은 침식 작용으로 만들어진 (   )이고, 갯벌은 퇴적 작용으로 만들어진 (   )이다.

(   )

18 흐르는 물에 의해 짧은 시간 동안 흙이 모두 떠내려가서 없어지면 어떻게 됩니까? (   )

① 바다가 넓어진다.
② 도로가 넓어진다.
③ 생물이 살 수 없다.
④ 경사진 곳이 없어진다.
⑤ 사람이 살 수 있는 곳이 많아진다.

19 도로 공사로 인해 흙이 깎여서 떠내려간 경우에 흙이 깎여 나가는 것을 막기 위해서는 어떻게 해야 합니까? (   )

① 꽃을 심는다.
② 물을 뿌려 준다.
③ 쓰레기를 줄인다.
④ 흙을 높이 쌓는다.
⑤ 흙을 고정하여 주는 구조물을 설치한다.

20 흐르는 물에 의해 흙이 깎여 나가는 것을 막을 수 있는 시설물을 여러 개 연결하여 만들었을 때 좋은 점은 무엇입니까? (   )

① 가볍다.
② 이동시키기 편하다.
③ 식물을 키우기 더 좋다.
④ 깨끗한 흙을 보존할 수 있다.
⑤ 넓은 범위의 흙을 보존할 수 있다.

[1~3] 다음 실험 과정을 보고 물음에 답하시오.

> ㉠ 흰 종이 위에 얼음 설탕을 올려놓고 모습을 관찰한다.
> ㉡ 얼음 설탕을 플라스틱 통에 $\frac{1}{3}$ 정도 넣고 뚜껑을 닫는다.
> ㉢ 플라스틱 통 안에 가루가 보일 때까지 플라스틱 통을 흔든다.
> ㉣ 흰 종이 위에 얼음 설탕을 부어 관찰하고 어떤 변화가 생겼는지 이야기한다.

1 위 실험을 통해 알 수 있는 자연 현상은 무엇입니까? (　　　)

① 얼음이 어는 과정
② 비가 내리는 과정
③ 눈이 내리는 과정
④ 바람이 부는 원리
⑤ 흙이 만들어지는 과정

2 위 실험에서 플라스틱 통에 든 얼음 설탕의 모습과 실제 자연에서 관련이 있는 모습을 보기 에서 골라 기호를 쓰시오.

> **보기**
> ㈎ 플라스틱 통을 흔들기 전
> ㈏ 플라스틱 통을 흔든 뒤

(1) 바위나 돌: (　　　　　　　)
(2) 흙: (　　　　　　　)

3 위 실험 과정 중 바위나 돌이 부서지는 것과 비슷한 작용을 하는 과정은 어느 것인지 기호를 쓰시오.
(　　　　　　　)

4 다음과 같은 현상이 나타나는 경우는 언제입니까? (　　　)

> 암석이 공기, 물, 미생물 등의 작용으로 성분이 변하거나 잘게 부서지는 현상

① 이슬비가 내릴 때
② 처마에 고드름이 생길 때
③ 강물이 바다로 흘러갈 때
④ 공사장의 소음 소리가 클 때
⑤ 바위틈에 있는 물이 얼었다 녹았다를 반복하면서 바위가 부서질 때

5 다음과 같이 꾸민 실험 장치로 알 수 있는 운동장 흙과 화단 흙의 특징은 무엇입니까? (　　　)

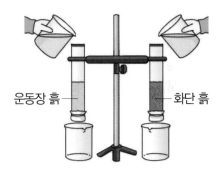

운동장 흙　　　　화단 흙

① 색깔
② 냄새
③ 알갱이의 크기
④ 만졌을 때의 느낌
⑤ 흙속에 있는 물질

🖊서술형

6 위 5번 실험을 통해 알 수 있는 운동장 흙과 화단 흙의 특징을 비교하여 한 가지 쓰시오.

_____

7 운동장 흙과 화단 흙이 든 비커 두 개에 각각 같은 양의 물을 붓고 유리 막대로 저은 뒤, 잠시 놓아두었을 때 모습을 바르게 설명한 것은 무엇입니까? ( )

① ㉠은 물에 뜬 물질이 많다.
② ㉡은 물에 뜬 물질이 거의 없다.
③ ㉠과 ㉡ 모두 비커 안에 가라앉은 물질이 없다.
④ ㉠에서는 나뭇잎 조각, 식물의 뿌리 등을 볼 수 있다.
⑤ ㉡에서는 작은 나뭇가지, 죽은 곤충 등을 볼 수 있다.

8 위 **7**번 실험에서 물에 뜬 물질의 역할은 무엇입니까? ( )

① 물 빠짐을 좋게 한다.
② 흙의 색깔을 밝게 한다.
③ 바위나 돌을 부서뜨린다.
④ 흙을 거칠거칠하게 만든다.
⑤ 식물이 잘 자라는 데 도움을 준다.

9 흙 언덕을 만들어 물을 흘려보내면서 흙 언덕의 변화를 알아보는 실험에서 흙의 이동 방향을 쉽게 보기 위해서 사용하는 것은 무엇입니까? ( )

① 흙 언덕을 낮게 쌓는다.
② 물을 천천히 흘려보낸다.
③ 흙 언덕 위쪽에 색 모래를 뿌린다.
④ 흙에 물 풀을 섞어 흙 언덕을 만든다.
⑤ 흙 언덕을 만들어 2~3일 그대로 둔다.

[10~11] 흙 언덕을 만들고 위쪽에서 물을 흘려보내고 난 후의 흙 언덕의 모습입니다.

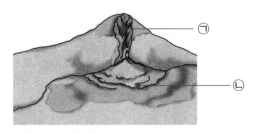

10 흙 언덕에 물을 흘려보냈을 때, ㉠과 ㉡에서 활발하게 일어나는 작용을 각각 쓰시오.

㉠: ( )
㉡: ( )

서술형
11 위와 같이 흙 언덕의 모습이 변한 까닭을 한 가지 쓰시오.

_____

_____

12 강 주변의 모습 중 ㉠에 대한 설명으로 바른 것은 무엇입니까? ( )

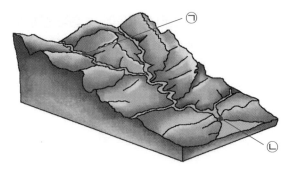

① 바위가 많다.   ② 경사가 완만하다.
③ 강폭이 넓다.   ④ 모래가 쌓여 있다.
⑤ 물의 흐름이 느리다.

13 위 **12**번 그림의 ㉡에서 많이 볼 수 있는 것은 어느 것인지 ○표 하시오.

바위, 모래

14 바닷가에서 다음 지형과 같은 작용으로 만들어진 지형을 보기 에서 골라 기호를 쓰시오.

(1)

(   )

(2)

(   )

보기
(가)

(나)

3
단원

17 오른쪽 지형에 대한 설명으로 바르지 <u>않은</u> 것은 무엇입니까?
(   )

① 강물에 의해 만들어진 지형이다.

② 침식 작용이 일어나는 곳도 있다.

③ 모래나 흙이 쌓여 있는 곳도 있다.

④ 오랜 시간에 걸쳐서 만들어진 지형이다.

⑤ 강물이 매우 빠르게 지표를 변화시켜 만들어진 지형이다.

18 흐르는 물에 의해 흙이 깎여 나가기 쉬운 곳이 <u>아닌</u> 곳은 어디입니까? (   )

① 경사가 급한 곳

② 산사태가 일어난 곳

③ 도로 공사를 하는 곳

④ 하천 공사를 하는 곳

⑤ 나무가 많이 심어진 곳

🖐서술형

15 위 14번 보기 의 (가)와 (나) 지형은 바닷물의 어떤 작용으로 만들어지는지 쓰시오.

_____

_____

19 다음과 같은 시설물이 하는 일을 한 가지 쓰시오.

16 바닷가에서 바다 쪽으로 돌출된 부분(㉠)과 안쪽으로 들어간 부분(㉡)에서 볼 수 있는 지형을 위 14번 보기 에서 골라 기호를 쓰시오.

㉠: (   )

㉡: (   )

20 흐르는 물에 의해 흙이 깎여 나가는 것을 막을 수 있는 시설물을 만들어 보는 모습으로 바르지 <u>않은</u> 것은 무엇입니까? (   )

① 가장 먼저 시설물을 설계한다.

② 만든 시설물에 물을 뿌려 본다.

③ 만든 시설물을 편평한 흙 위에 설치한다.

④ 수수깡, 시침바늘, 양파 망, 자갈 등으로 만든다.

⑤ 시설물을 여러 개 연결하면 넓은 범위의 흙을 보존할 수 있다.

1 운동장 흙과 화단 흙을 관찰하고 알갱이의 크기와 흙을 만졌을 때의 느낌을 쓰시오.

▲ 운동장 흙

▲ 화단 흙

구분	운동장 흙	화단 흙
알갱이의 크기		
만졌을 때의 느낌		
뭉쳐지는 정도		

운동장 흙과 화단 흙

운동장 흙과 화단 흙은 색깔, 알갱이의 크기, 만졌을 때의 느낌, 뭉쳐지는 정도, 물이 빠지는 정도 등이 다릅니다.

2 화단 흙에서 관찰할 수 있는 것을 두 가지 쓰고, 이와 관련지어 식물이 잘 자라는 흙의 특징을 한 가지 쓰시오.

(1) 화단 흙에서 관찰할 수 있는 것

_____

_____

(2) 식물이 잘 자라는 흙의 특징

_____

_____

식물이 잘 자라는 흙

• 식물이 잘 자라는 흙의 특징은 물에 뜬 물질과 관련이 있습니다.
• 물 빠짐이 느린 흙이 식물이 잘 자라는 흙의 특징은 아닙니다.

3 다음은 강 상류와 강 하류를 나타낸 것입니다. 강폭과 경사가 어떠한지 쓰시오.

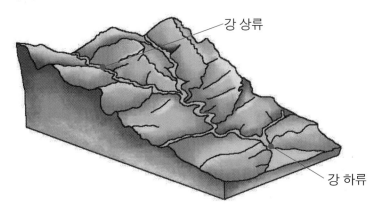

강 상류

강 하류

강 상류	
강 하류	

강 주변의 모습

• 강 상류에서 강 하류로 가면서 강폭과 경사가 변합니다.
• 강 상류에서는 퇴적 작용보다 침식 작용이 활발하게 일어나고, 강 하류에서는 침식 작용보다 퇴적 작용이 활발하게 일어납니다.

3
단원

4 바닷가에 생긴 지형을 다음과 같이 나눌 때 두 지형으로 나눈 차이점을 쓰고, 이와 같이 바닷가 주변에 다양한 지형이 생긴 원인을 쓰시오.

(가)	(나)
구멍이 뚫린 바위, 가파른 절벽	모래 해변, 갯벌

(1) (가)와 (나)의 차이점

_____

_____

(2) 바닷가 주변에 다양한 지형이 생긴 원인

_____

_____

바닷가 지형

바닷가 주변에서는 바닷물에 의해 다양한 지형이 형성되며, 삼면이 바다로 이루어진 우리나라는 다양한 모습을 볼 수 있습니다.

4. 물질의 상태

🌸 광고풍선 만들기

(1) 광고풍선 만들기 【실험】

① 비닐장갑에 유성 펜으로 우리 모둠을 알리는 그림을 그립니다.

② 비닐장갑을 페트병의 입구에 고무줄로 묶습니다.

③ 페트병을 똑바로 세워 물이 담긴 수조에 넣고, 위아래로 움직입니다.

(2) 광고풍선의 모양 비교하기

└→ 광고풍선의 손가락이 모두 펴지면서 세워집니다.

① 페트병을 물 아래로 누를 때: 광고풍선이 <u>팽팽해집니다.</u>

② 페트병을 물 위로 들어 올릴 때: 팽팽했던 광고풍선이 쭈글쭈글해지면서 꺾입니다.

🌸 나무 막대, 물, 공기를 비교해 볼까요?

(1) 나무 막대, 물, 공기 비교하기

① 나무 막대, 물, 공기를 관찰합니다. 【탐구 1】

• 나무 막대: 네모 모양입니다. 연한 갈색이고 딱딱합니다.

• 물: 투명합니다. 흘러내리고 흔들면 출렁거립니다.

• 공기: 눈에 보이지 않고 손에 잡히지 않습니다.

물은 조금씩 여러 번→
에 걸쳐 전달할 수 ┌→
있도록 합니다.

② 나무 막대, 물, 공기를 친구에게 손으로 차례대로 전달하고, 마지막에 받은 친구는 플라스틱 그릇에 넣습니다.

└→ 공기는 지퍼 백을 열어 지퍼 백 안에 담긴 공기를 전달합니다.

(2) 나무 막대, 물, 공기의 차이점

나무 막대와 물의 차이점	물과 공기의 차이점	나무 막대와 공기의 차이점
나무 막대는 손으로 잡을 수 있지만, 물은 흘러서 손으로 잡을 수 없다.	물은 만질 수 있고 눈에 보이지만, 공기는 눈에 보이지 않고 전달하는 느낌이 나지 않는다.	나무 막대는 손으로 잡을 수 있지만, 공기는 눈에 보이지 않고 손으로 잡을 수 없다.

【실험 1】 광고풍선의 모양 관찰하기

▲ 물 아래로 누를 때

▲ 물 위로 들어 올릴 때

【탐구 1】 나무 막대, 물, 공기

▲ 나무 막대

▲ 물

▲ 공기

● 나무 막대, 물, 공기를 전달하면서 관찰한 특징

• 나무 막대: 손으로 잡고 전달할 수 있습니다.
• 물: 흘러서 전달하기 어렵습니다.
• 공기: 눈에 보이지 않고 손에 잡히지 않아 전달한 것인지 알 수 없습니다.

● 우리 주위의 물체를 고체, 액체, 기체로 분류하기

고체	나무, 철, 플라스틱, 종이 등이 있다.
액체	물, 주스, 식초, 우유 등이 있다.
기체	공기, 헬륨 등이 있다.

✸ 광고 사람들에게 널리 알림.
✸ 유성 기름과 같은 성질
✸ 헬륨 공기 중에 수소 다음으로 가벼운 기체

1 비닐장갑에 우리 모둠을 알리는 그림을 그릴 때는 [ ][ ] 펜을 사용합니다.

2 우리 모둠을 알리는 그림을 그린 비닐장갑을 페트병의 입구에 묶을 때는 [ ][ ][ ]을 사용합니다.

3 광고풍선을 묶은 페트병을 물 [ ][ ]로 누르면 풍선이 팽팽해집니다.

4 광고풍선을 묶은 페트병을 물 [ ]로 들어 올리면 풍선이 쭈글쭈글해집니다.

5 나무 막대, 물, 공기 중에서 [ ][ ]는 눈에 보이지 않습니다.

6 나무 막대, 물, 공기 중에서 [ ][ ][ ] [ ]는 딱딱하고 손으로 잡을 수 있습니다.

7 나무 막대, 물, 공기 중에서 [ ]은 흘러서 전달하기 어렵습니다.

8 나무 막대, 물, 공기를 각각 전달할 때 [ ] [ ]는 눈에 보이지 않아 전달한 것인지 알 수 없습니다.

4 단원

4. 물질의 상태

🌸 나무 막대는 어떤 상태일까요?

(1) 고체 알아보기 `탐구 1`

① 나무 막대와 플라스틱 막대로 기둥을 쌓아 올리면서 관찰하기
- 나무 막대와 플라스틱 막대의 모양이나 색깔을 관찰합니다.
- 나무 막대와 플라스틱 막대를 만져 봅니다.
- 나무 막대와 플라스틱 막대가 잡기 어렵거나 단단한 성질을 지니고 있지 않다면 기둥을 쌓아 올릴 수 없습니다.

나무 막대와 플라스틱 막대의 공통점	• 손으로 잡을 수 있다. • 눈으로 볼 수 있다. • 모양과 크기가 변하지 않는다. • 비교적 단단하다. • 공간을 차지한다.

② 나무 막대와 플라스틱 막대를 여러 가지 모양의 투명한 그릇에 넣어 보면서 모양과 크기 변화 관찰하기

- 나무 막대, 플라스틱 막대: 모양과 막대가 차지하는 공간의 크기가 변하지 않습니다. `탐구 2`
  └─ 물질이 차지하는 공간의 크기는 부피입니다.
- 여러 가지 모양의 그릇에 넣어도 그릇의 모양과 관계없이 막대의 모양과 부피는 변하지 않습니다.

(2) 우리 주변에서 고체인 물체 찾기 `탐구 3`

① 고체: 담는 그릇이 바뀌어도 모양과 부피가 일정한 물질의 상태입니다.

② 고체인 물체: 페트병, 유리컵, 의자, 책상, 필통, 신발, 가방, 연필, 리코더, 캐스터네츠 등이 있습니다.

▲ 연필　　▲ 리코더　　▲ 캐스터네츠

`탐구 1` **나무 막대로 기둥 쌓아 올리기**

`탐구 2` **플라스틱**
- 플라스틱은 튼튼하고 가볍습니다. 그리고 어떤 모양과 색깔이든 쉽게 만들 수 있습니다. 이런 편리한 점 때문에 플라스틱은 생활 속에서 유용하게 쓰이고 있습니다.
- 플라스틱은 일반적인 온도에서는 모양과 크기가 일정한 고체 상태이지만, 온도가 아주 높아지면 점점 액체 상태로 변합니다.
- 아주 높은 온도에서 액체 상태로 변하는 플라스틱과 같은 고체를 '비결정성 고체'라고 합니다. 유리, 엿, 고무 등이 '비결정성 고체'에 해당합니다.

`탐구 3` **단단하지 않은 고체**
- 연필이나 책상 같은 물체는 단단합니다. 그래서 고체는 모두 단단하다고 생각하기 쉽습니다. 하지만 부드럽고 유연한 물체들 중에서도 고체가 많습니다.
- 지우개, 곰 인형, 스펀지 등은 부드럽고, 누르거나 만지면 모양이 일시적으로 변하지만, 힘을 빼면 다시 원래 모양으로 되돌아오는 고체의 성질을 가지고 있습니다.

가루 물질도 고체일까?

- 우리 주변의 가루 물질에는 밀가루, 소금, 설탕, 모래 등이 있습니다. 가루 물질은 작은 알갱이들이 모여 있는 것입니다.
- 가루 물질을 다른 그릇에 옮겨 담으면 가루의 모양이 변하는 것처럼 보입니다. 하지만 가루 알갱이 하나하나의 모양은 담는 그릇이 바뀌어도 변하지 않습니다.
- 따라서 가루 물질은 고체입니다.

▲ 밀가루

용어풀이

- **공간** 물체나 물질이 있을 수 있는 자리
- **물질** 물체를 만들 수 있는 것
- **리코더** 입으로 불어 소리를 내는 악기로, 일곱 개의 손가락 구멍이 있고, 한 개의 엄지손가락 구멍이 있음.
- **가루** 부드럽게 부수거나 간 것

개념을 확인해요

4 단원

1 나무 막대와 플라스틱 막대로 기둥을 쌓아 올릴 수 □ 습니다.

2 나무 막대와 플라스틱 막대는 □ 으로 볼 수 있고, □ 으로 잡을 수 있습니다.

3 나무 막대와 플라스틱 막대는 손으로 만지면 비교적 □□ 합니다.

4 나무 막대와 플라스틱 막대를 여러 가지 모양의 투명한 그릇에 넣으면 담는 그릇의 모양은 바뀌어도 막대의 □□ 은 바뀌지 않습니다.

5 나무 막대와 플라스틱 막대를 여러 가지 모양의 그릇에 넣어도 막대가 차지하는 □□ 의 크기는 변하지 않습니다.

6 물질이 차지하는 공간의 크기를 □□ 라고 합니다.

7 담는 그릇이 바뀌어도 모양과 부피가 일정한 물질의 상태를 □□ 라고 합니다.

8 □□ 인 물체에는 책, 연필, 가방, 색연필 등이 있습니다.

4. 물질의 상태

물은 어떤 상태일까요?

(1) 액체 알아보기

① 물과 주스를 자유롭게 관찰하기 →물과 주스는 눈으로 볼 수 있습니다.

- 물과 주스는 손으로 잡을 수 없고, 흘러내립니다.
- 물은 무색투명하지만, 주스는 노란색입니다.

② 물과 주스를 여러 가지 모양의 투명한 그릇에 차례대로 옮겨 담으면서 모양과 부피의 변화 관찰하기 실험 1

실험 방법	• 투명한 그릇 한 개에 물을 넣는다. • 유성 펜으로 물의 높이를 표시하고 그릇에 담긴 물의 모양을 관찰한다. • 다른 모양의 그릇에 물을 부은 뒤 그릇에 담긴 물의 모양을 관찰한다. →물의 모양이 이전과 달라졌습니다. • 또 다른 모양의 그릇에 물을 부은 뒤 그릇에 담긴 물의 모양을 관찰한다. →물의 모양이 이전과 달라졌습니다. • 물을 처음에 사용한 그릇에 옮겨 담고 처음 표시한 물의 높이와 비교한다. • 주스도 같은 방법으로 여러 가지 모양의 투명한 그릇에 옮겨 담으면서 주스의 모양과 부피를 관찰한다.
실험 결과	• 물의 모양: 담는 그릇의 모양에 따라 달라진다. • 물의 높이: 물을 처음에 넣었던 그릇에 옮겨 담으면 처음에 표시했던 물의 높이와 같다.

▲ 여러 가지 모양의 그릇에 담긴 같은 부피의 주스

(2) 우리 주변에서 액체 찾기

① 물과 주스는 눈으로 볼 수 있지만, 흐르는 성질이 있기 때문에 손으로 잡을 수 없습니다.

② 액체

- 담는 그릇에 따라 모양은 변하지만 부피는 변하지 않는 물질의 상태입니다.
- 물, 주스, 바닷물, 설탕물, 꿀, 알코올, 액상 세제, 식초, 간장 등이 있습니다.

실험 1 물과 주스를 다른 모양의 투명한 그릇에 차례대로 옮겨 담으면서 모양과 부피 관찰하기

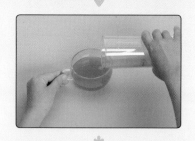

여러 가지 액체의 부피 표현 방법

개념을 확인해요

1 물과 주스는 손으로 잡을 수 ☐ 습니다.

2 물과 주스는 눈으로 볼 수 ☐ 습니다.

3 물과 주스 중 ☐ 은 무색투명하지만, ☐
☐ 는 노란색입니다.

4 물과 주스는 담는 그릇의 모양에 따라 ☐
☐ 이 변합니다.

4 단원

5 주스를 다른 모양의 그릇에 차례대로 옮겨 담은
다음 처음에 사용한 그릇에 다시 옮겨 담으면 주
스의 높이가 처음과 ☐ 습니다.

6 물과 주스는 담는 그릇이 바뀌어도 ☐
☐ 는 변하지 않습니다.

7 담는 그릇에 따라 모양은 변하지만 부피는 변하
지 않는 물질의 상태를 ☐☐ 라고 합니
다.

8 물, 주스, 바닷물, 간장, 식초 등은 ☐
☐ 입니다.

4. 물질의 상태

🌸 공기가 있는 것을 어떻게 알 수 있을까요? `탐구 1`

(1) 부풀린 풍선을 얼굴에 대 보기

  ① 실험 방법: 공기 주입기로 부풀린 풍선의 입구를 한 손으로 꼭 쥔 채 얼굴에 가까이 대고 쥐었던 손을 살짝 놓으면서 나타나는 변화를 관찰합니다.

  ② 나타나는 변화

    • 풍선 속에 있던 공기가 빠져나오면서 머리카락이 날립니다.

    • 바람이 불어 시원합니다.

    • 무엇인가 얼굴 주변으로 지나가는 느낌이 듭니다.

    • 풍선 속에 있던 공기가 빠져나오는 소리가 납니다.

(2) 물속에서 플라스틱병 누르기

  ① 실험 방법: 플라스틱병을 물이 담긴 수조 속에 넣고 손으로 누르면서 나타나는 변화를 관찰합니다.

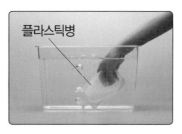
플라스틱병

  ② 나타나는 변화

    • 플라스틱병 입구에서 둥근 공기 방울이 생깁니다.

    • 공기 방울이 위로 올라와 사라집니다.

(3) 물속에서 주사기 피스톤 밀기

  ① 실험 방법: 주사기의 피스톤을 바깥으로 당긴 뒤 주사기 끝을 물이 담긴 수조 속에 넣고 피스톤을 밀면서 나타나는 변화를 관찰합니다.

주사기

  ② 나타나는 변화

    • 주사기 끝에서 둥근 공기 방울이 생깁니다.

    • 공기 방울이 위로 올라와 사라집니다.

(4) 위의 (1)~(3)의 실험을 통해 알 수 있는 사실: 공기는 눈에 보이지 않지만 우리 주변에 있습니다. →부채질을 하여 바람을 일으키는 것도 공기가 있다는 것을 확인할 수 있는 방법입니다.

(5) 공기가 들어 있는 물체: 부푼 풍선, 자동차 타이어, 자전거 타이어, 풍선 미끄럼틀, 광고 인형, 캠핌용 공기 침대, 공기베개, 구명조끼, 축구공, 튜브 등이 있습니다.

`탐구 1` **공기가 있는 것을 확인하는 여러 가지 방법**

▲ 바람에 태극기가 휘날립니다.

▲ 나뭇가지가 흔들립니다.

▲ 부풀린 풍선을 물속에 넣고 주둥이를 놓으면 공기 방울이 생깁니다.

▲ 물속에 스펀지를 넣고 손으로 움켜쥐면 공기 방울이 생깁니다.

공기의 구성

이산화 탄소(0.03 %)
아르곤(0.93 %) ─── 기타(0.04 %)
산소
(21 %)
질소
(78 %)

- 질소: 공기의 약 78%를 차지합니다.
- 산소: 공기의 약 21%를 차지합니다.
- 아르곤: 공기의 약 0.93%를 차지합니다.
- 이산화 탄소: 공기의 약 0.03%를 차지하고, 사람이 호흡할 때 나옵니다.
- 수소, 헬륨, 메테인, 네온, 수소, 일산화 탄소 등은 공기의 약 0.04%를 차지합니다.

용어풀이

- **피스톤** 주사기 안에서 왕복 운동을 하는 원통형 장치
- **수소** 색깔, 맛, 냄새가 없으며 모든 물질 가운데 가장 가벼운 기체
- **메테인** 천연가스의 주성분임.
- **일산화 탄소** 산소가 부족한 상태의 기체

개념을 확인해요

1 공기 주입기로 부풀린 풍선의 입구를 한 손으로 꼭 쥔 채 얼굴에 가까이 대고 쥐었던 손을 살짝 놓으면 ☐☐ 이 불어 시원합니다.

2 위 **1** 번의 부풀린 풍선 속에서는 ☐☐ 가 빠져나옵니다.

3 플라스틱병을 물이 담긴 수조 속에 넣고 손으로 누르면 플라스틱병 입구에서 둥근 ☐☐ 방울이 생깁니다.

4 물속에서 플라스틱병을 누르면 ☐☐ 가 있다는 것을 알 수 있습니다.

5 주사기의 피스톤을 바깥으로 당긴 뒤 주사기 끝을 물이 담긴 수조 속에 넣고 피스톤을 밀면 둥근 ☐☐ 방울이 생깁니다.

6 주사기의 피스톤을 바깥으로 당긴 뒤 주사기 끝을 물이 담긴 수조 속에 넣고 피스톤을 밀면 ☐☐ 가 있다는 것을 알 수 있습니다.

7 자동차 타이어, 튜브, 부표, 구명조끼 등은 ☐☐ 가 들어 있는 물체입니다.

8 ☐☐ 는 눈에 보이지 않지만 우리 주변에 있습니다.

4
단원

4. 물질의 상태

🌸 공기는 어떤 상태일까요?

(1) 공기가 공간을 차지하는지 알아보기

① 실험 방법

• 수조에 물을 반 정도 담은 뒤 유성 펜으로 물의 높이를 표시하고 물 위에 페트병 뚜껑을 띄웁니다.

• 바닥에 구멍이 뚫리지 않은 투명한 플라스틱 컵을 뒤집어 페트병 뚜껑을 덮은 뒤 수조 바닥까지 밀어 넣고, 페트병 뚜껑의 위치와 수조 안의 물의 높이 변화를 관찰합니다.

• 바닥까지 넣었던 플라스틱 컵을 천천히 위로 올리면서 페트병 뚜껑의 위치와 수조 안의 물의 높이 변화를 관찰합니다.

• 바닥에 구멍이 뚫린 투명한 플라스틱 컵을 이용해 위와 같은 방법으로 실험합니다.

② 실험 결과 실험1

→ 컵 안에 있는 공기가 공간을 차지하고 있기 때문에 컵 안으로 물이 들어가지 못합니다.

→ 컵 안에 있는 공기가 컵 바닥의 구멍으로 빠져 나가기 때문에 물이 컵 안으로 들어옵니다.

구분	바닥에 구멍이 뚫리지 않은 플라스틱 컵	바닥에 구멍이 뚫린 플라스틱 컵
페트병 뚜껑의 위치	페트병 뚜껑이 내려간다.	페트병 뚜껑이 그대로 있다.
수조 안의 물의 높이	물의 높이가 조금 높아진다.	물의 높이에 변화가 없다.

③ 알 수 있는 공기의 성질: 공간(부피)을 차지합니다. 탐구1

(2) 공기 옮겨 보기

① 실험 방법

• 코끼리 나팔의 비닐 끝부분을 셀로판테이프로 감쌉니다.

• 코끼리 나팔의 입구에 비닐관의 한쪽 끝을 끼운 뒤 셀로판테이프로 감쌉니다.

• 주사기의 피스톤을 당겨 놓은 뒤 주사기의 입구에 비닐관의 다른 한쪽 끝을 끼워 연결합니다.

• 당겨 놓은 피스톤을 밀거나 다시 당기면서 변화를 관찰합니다.

② 실험 결과 실험2

→ 주사기와 비닐관 안에 들어 있는 공기가 코끼리 나팔로 이동합니다.

주사기의 피스톤을 밀 때	코끼리 나팔이 펼쳐진다.
주사기의 피스톤을 당길 때	코끼리 나팔이 말린다.

→ 코끼리 나팔과 비닐관 안에 들어 있는 공기가 주사기로 이동합니다.

③ 알 수 있는 공기의 성질: 다른 곳으로 이동할 수 있습니다.

실험1 **페트병 뚜껑의 위치와 수조 안의 물의 높이**

▲ 바닥에 구멍이 뚫리지 않은 플라스틱 컵을 밀어 넣었을 때

▲ 바닥에 구멍이 뚫린 플라스틱 컵을 밀어 넣었을 때

탐구1 **공기가 공간을 차지하는 성질을 이용한 예**

다리 마사지기, 이불 압축 팩, 광고 인형, 구조용 안전 매트, 비행기 공기 부양 장치 등이 있습니다.

실험2 **코끼리 나팔의 모양 변화**

▲ 주사기의 피스톤을 밀 때

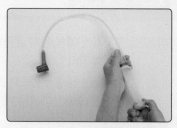

▲ 주사기의 피스톤을 당길 때

● 다른 곳으로 이동하는 공기의 성질을 이용한 예

• 펌프를 이용해 자전거 타이어에 공기를 넣습니다.
• 수족관에서 사용하는 공기 공급 장치가 있습니다.
• 부채나 선풍기는 공기를 이동시킵니다.
• 광고풍선을 불 수 있습니다.
• 비눗방울을 불 수 있습니다.

▲ 펌프

▲ 공기 공급 장치

용어풀이

★ 공간 어떤 물질이나 물체가 있을 수 있는 자리
★ 구조 어려운 처지에 빠진 사람을 구해줌.
★ 펌프 압력을 이용하여 기체를 이동시키는 기계

개념을 **확인해요**

1 물이 담긴 수조에 띄운 페트병 뚜껑을 바닥에 구멍이 뚫리지 않은 플라스틱 컵으로 덮어 밀어 넣으면 페트병 뚜껑이 내려가고, 물의 높이가 조금 ☐☐ 집니다.

2 물이 담긴 수조에 띄운 페트병 뚜껑을 바닥에 구멍이 뚫린 플라스틱 컵으로 덮어 밀어 넣으면 페트병 뚜껑이 그대로 있고, 물의 ☐☐ 도 변화가 없습니다.

3 구조용 안전 매트, 풍선 미끄럼틀, 자동차 타이어 등은 공기가 ☐☐ 을 차지하는 성질을 이용한 것입니다.

4 주사기와 코끼리 나팔을 연결한 뒤 주사기의 피스톤을 ☐ 면 코끼리 나팔이 펼쳐집니다.

5 주사기와 코끼리 나팔을 연결한 뒤 주사기의 피스톤을 ☐☐ 면 코끼리 나팔이 돌돌 말립니다.

6 공기는 둥근 풍선에 넣으면 ☐☐ 모양이 됩니다.

7 공기는 담는 그릇에 따라 모양과 ☐☐ 가 변합니다.

8 담는 그릇을 항상 가득 채우는 물질의 상태를 ☐☐ 라고 합니다.

단원

4. 물질의 상태

🌸 공기는 무게가 있을까요?

(1) 공기는 무게가 있는지 알아보기　탐구1

① 준비물: 페트병 500mL, 공기 주입 마개, 전자저울

② 실험 방법

　• 페트병 입구에 공기 주입 마개를 끼웁니다. — 페트병의 입구와 공기 주입 마개가 잘 맞았는지 확인합니다.

　• 공기 주입 마개를 끼운 페트병의 무게를 전자저울로 측정합니다.

　• 공기 주입 마개를 눌러 페트병이 팽팽해질 때까지 공기를 채웁니다. — 공기 주입 마개를 30~40회 정도 누릅니다.

　• 공기를 채운 페트병의 무게를 전자저울로 측정합니다.

③ 공기 주입 마개를 누르기 전과 누른 후의 무게 비교하기: 공기 주입 마개를 누르기 전보다 누른 후 페트병의 무게가 더 늘어났습니다.

▲ 공기 주입 마개를 누르기 전　　▲ 공기 주입 마개를 누른 후

④ 공기 주입 마개를 누르기 전보다 누른 후 페트병의 무게가 늘어난 까닭: 공기 주입 마개를 눌러 페트병에 공기를 더 넣었기 때문입니다.

(2) 실험을 통해 알 수 있는 공기의 성질

① 공기는 무게가 있습니다.

② 고체나 액체와 같이 기체도 무게가 있습니다.

🌸 고체, 액체, 기체를 이용해 장난감 만들기　실험1

① 고체, 액체, 기체 중 어떤 상태의 물질을 이용하여 장난감을 만들지 정합니다.

② 어떤 모양의 장난감을 만들지 그림으로 그려 봅니다.

③ 모둠에서 만들기로 정한 장난감을 만드는 데 필요한 준비물을 생각합니다.

탐구1　**일정한 공간에 들어 있는 공기의 무게**

• 가로, 세로, 높이가 각각 1m인 공간에 들어 있는 공기의 무게는 약 1200g입니다.

• 우리가 공부하는 교실 안에 있는 공기의 무게는 약 200kg입니다.

• 200kg은 3학년 학생 여섯 명의 무게와 비슷합니다.

실험1　**풍선 로켓 만들기**

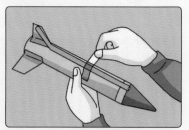

▲ 긴 휴지 심을 색종이로 꾸며 로켓 모양을 만든 뒤 로켓에 빨대를 길게 붙입니다.

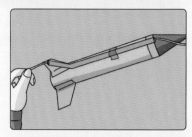

▲ 실을 7m 이상의 길이로 자른 다음 한쪽 끝을 고정하고 반대쪽 끝을 로켓에 붙인 빨대에 통과시켜 로켓을 매답니다.

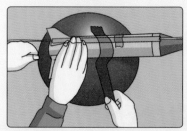

▲ 풍선에 공기를 가득 채운 뒤 풍선 입구를 손으로 쥔 채 풍선과 로켓을 셀로판테이프로 붙이고, 풍선 입구를 쥐고 있던 손을 놓으면서 로켓을 날립니다.

공기의 무게를 느끼지 못하는 까닭

- 우리 주변을 둘러싸고 있는 공기는 무게가 있지만 우리는 공기의 무게를 느끼지 못하고 있습니다.
- 공기가 누르는 힘만큼 우리 몸의 내부에서도 밖으로 밀어내기 때문입니다.
- 공기의 무게에 의한 압력을 대기압 또는 기압이라고 합니다.
- 기압은 같은 크기로 모든 방향에서 고르게 작용하기 때문에 공기의 무게를 분산해서 느낍니다.

용어풀이

☀ 무게 물체의 무거운 정도
☀ 주입 흘러 들어가도록 부어 넣음.
☀ 분산 갈라져 흩어짐.

개념을 확인해요

1 공기 주입 마개를 페트병에 끼운 뒤 공기 주입 마개를 눌러 페트병이 팽팽해질 때까지 ☐☐를 채웁니다.

2 공기를 채운 페트병의 무게를 ☐☐☐☐로 측정합니다.

3 페트병에 끼운 공기 주입 마개를 누르기 전보다 누른 후 페트병의 무게가 더 ☐☐습니다.

4 공기 주입 마개를 누르기 전보다 누른 후 페트병의 무게가 무거운 까닭은 공기 주입 마개를 눌러 페트병에 ☐☐를 더 넣었기 때문입니다.

5 고체, 액체와 같이 공기처럼 대부분의 ☐☐는 무게가 있습니다.

6 가로, 세로, 높이가 1m인 공간에 들어 있는 공기의 무게는 약 ☐☐☐☐g입니다.

7 장난감을 만들 때 ☐☐, ☐☐, ☐☐ 중 어떤 상태의 물질을 이용해 장난감을 만들지 정합니다.

8 공기를 가득 채운 풍선 입구를 쥐고 있던 손을 놓으면서 로켓을 날리는 풍선 로켓은 고체와 ☐☐ 물질을 이용해 만든 장난감입니다.

4 단원

4. 물질의 상태 **89**

비닐장갑과 페트병을 이용해 만든 광고풍선을 물이 담긴 수조에 넣고 물 아래로 누르면 팽팽해집니다.

1 다음과 같은 것을 무엇이라고 하는지 쓰시오.

( )

2 위 **1**번 물체 안에 들어 있는 것은 무엇입니까?

( )

① 물   ② 솜
③ 모래   ④ 공기
⑤ 스타이로폼 조각

3 모둠 친구들을 알리는 광고풍선을 물이 담긴 수조에 넣고 물 아래로 누르면 어떻게 되는지 쓰시오.

4 위 **3**번 광고풍선을 물 위로 들어 올리면 광고풍선은 어떻게 되는지 기호를 쓰시오.

> ㉠ 광고풍선이 팽팽해진다.
> ㉡ 광고풍선이 쭈글쭈글해지면서 꺾인다.

( )

나무 막대와 물은 눈에 보이지만, 공기는 눈에 보이지 않습니다. 나무 막대는 쉽게 잡을 수 있지만, 물과 공기는 잡을 수 없습니다.

5 나무 막대, 물, 공기를 친구들에게 전달할 때, 손으로 잡을 수 있는 것은 무엇인지 쓰시오.

( )

6 다음에서 설명하는 것은 나무 막대, 물, 공기 중 무엇인지 쓰시오.

> • 눈에 보인다.
> • 손으로 잡을 수 없다.
> • 담는 그릇에 따라 모양이 계속 변한다.

( )

7 나무 막대, 물, 공기의 차이점으로 바르지 <u>않은</u> 것은 무엇입니까? ( )

① 물은 만지면 느낄 수 있지만, 공기는 아무 느낌이 없다.
② 물은 손으로 만질 수 있지만, 공기는 손으로 잡을 수 없다.
③ 나무 막대는 모양이 변하지만, 물과 공기는 모양이 변하지 않는다.
④ 나무 막대와 물은 눈으로 볼 수 있지만, 공기는 눈에 보이지 않는다.
⑤ 나무 막대는 손으로 잡을 수 있지만, 공기는 손으로 잡을 수 없다.

고체는 담는 그릇이 바뀌어도 모양과 부피가 일정한 물질의 상태입니다.

8 나무 막대와 플라스틱 막대로 기둥을 쌓아 올릴 수 있는 까닭은 무엇인지 모두 고르시오.

(,)

① 여러 개가 있기 때문에
② 눈으로 볼 수 없기 때문에
③ 모양이 변하지 않기 때문에
④ 손으로 잡을 수 있기 때문에
⑤ 그릇에 담을 수 없기 때문에

9 여러 가지 모양의 투명한 그릇에 나무 막대를 담았을 때 알 수 있는 특징을 한 가지 쓰시오.

_____

10 다음과 같은 특징을 가진 물질의 상태를 무엇이라고 하는지 쓰시오.

> • 눈으로 볼 수 있다.
> • 손으로 잡을 수 있다.
> • 담는 그릇이 바뀌어도 모양과 부피가 일정하다.

( )

액체는 담는 그릇에 따라 모양은 변하지만 부피는 변하지 않는 물질의 상태입니다.

11 물과 주스의 공통적인 성질로 바르지 <u>않은</u> 것은 무엇입니까? ( )

① 흘러내린다.
② 무색투명하다.
③ 눈으로 볼 수 있다.
④ 손으로 잡을 수 없다.
⑤ 담는 그릇에 따라 모양이 변한다.

12 여러 가지 모양의 투명한 그릇에 같은 부피의 주스를 담은 모습입니다. 알 수 있는 사실을 한 가지 쓰시오.

13 액체에 대한 설명입니다. ㉠과 ㉡에 들어갈 말을 쓰시오.

> 액체는 담는 그릇에 따라 (㉠)은 변하지만 (㉡)는 변하지 않는 물질의 상태이다.

㉠: ( )
㉡: ( )

14 액체가 <u>아닌</u> 것은 어느 것입니까? ( )

① 물   ② 식초
③ 각설탕   ④ 바닷물
⑤ 알코올

4

단원

핵심 5

공기는 눈에 보이지 않지만, 부채를 이용해 바람을 일으키면 공기를 느낄 수 있습니다.

15 우리 주변에 공기가 있다는 것을 확인할 수 있는 방법은 무엇입니까? (   )

① 얼음이 언다.
② 물을 마신다.
③ 지구는 둥글다.
④ 깃발이 휘날린다.
⑤ 물건을 들 수 있다.

16 부풀린 풍선의 입구를 한 손으로 꼭 쥔 채 얼굴에 가까이 대고 쥐었던 손을 놓았을 때 느낄 수 있는 것은 무엇인지 쓰시오.

(   )

17 다음과 같은 실험에서 공기가 있다는 것을 알 수 있는 모습은 무엇인지 쓰시오.

18 우리 주변에 공기가 들어 있는 물체가 아닌 것은 무엇입니까? (   )

① 튜브   ② 축구공
③ 공기 침대   ④ 자동차 타이어
⑤ 음료수가 가득 든 병

핵심 6

공기는 공간을 차지합니다.

19 구멍이 뚫리지 않은 투명한 플라스틱 컵을 뒤집어 페트병 뚜껑을 덮은 뒤 수조 바닥까지 밀어 넣었을 때, 페트병 뚜껑의 위치로 바른 것의 기호를 쓰시오.

㉠   ㉡

 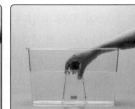

(   )

20 위 **19**번 실험 결과 수조 안의 물의 높이는 어떻게 변하는지 기호를 쓰시오.

㉠ 수조 안의 물의 높이가 조금 높아진다.
㉡ 수조 안의 물의 높이가 낮아진다.

(   )

21 위 실험을 통해 알 수 있는 공기의 성질에 대한 설명입니다. (   ) 안에 알맞은 말을 쓰시오.

공기는 (   )을 차지한다.

(   )

22 공기의 성질을 이용한 예가 다른 것은 어느 것인지 보 기 에서 골라 기호를 쓰시오.

보 기
㉠ 공기 침대   ㉡ 풍선 미끄럼틀
㉢ 부채   ㉣ 광고 인형

(   )

핵심 7

공기와 같은 기체는 다른 곳으로 이동할 수 있고, 담는 그릇에 따라 모양과 부피가 변합니다.

23 코끼리 나팔이 길게 펼쳐져 있는 모습을 볼 수 있을 때는 언제인지 기호를 쓰시오.

> ㉠ 주사기의 피스톤을 당겼을 때
> ㉡ 주사기의 피스톤을 밀었을 때

( )

24 코끼리 나팔과 비닐관 안에 들어 있는 공기가 주사기로 이동하는 경우는 어느 것인지 기호를 쓰시오.

> ㉠ 주사기의 피스톤을 당겼을 때
> ㉡ 주사기의 피스톤을 밀었을 때

( )

25 위 코끼리 나팔을 움직이는 데 이용한 공기의 성질을 쓰시오.

26 오른쪽 풍선을 가득 채운 공기는 어떤 모양입니까?

( )

① 꽃 모양
② 배 모양
③ 토끼 모양
④ 강아지 모양
⑤ 네모난 상자 모양

핵심 8

공기와 같이 대부분의 기체는 눈에 보이지 않지만, 고체나 액체와 같이 무게가 있습니다.

27 다음은 무엇을 측정하는 것인지 쓰시오.

> • 페트병 입구에 공기 주입 마개를 끼운다.
> • 공기 주입 마개를 눌러 페트병이 팽팽해지면 전자저울에 올려놓는다.

공기의 ( )

28 페트병의 무게를 <, =, >로 비교하시오.

▲ 공기 주입 마개를 10번 눌렀을 때   ▲ 공기 주입 마개를 40번 눌렀을 때

29 다음은 공기 주입 마개를 누르기 전과 누른 후의 페트병의 무게입니다. 공기 주입 마개를 누른 후의 페트병 무게는 어느 것인지 기호를 쓰시오.

㉠	㉡
46.9g	47.5g

( )

30 다음은 공기 주입 마개를 누르기 전과 누른 후의 페트병 무게를 비교한 것입니다. 이것으로 알 수 있는 사실을 쓰시오.

> 공기 주입 마개를 누르기 전보다 누른 후의 무게가 늘어났다.

4 단원

1 광고풍선을 만드는데 필요한 준비물이 <u>아닌</u> 것은 무엇입니까? (   )

① 고무줄   ② 페트병
③ 유성 펜   ④ 비닐장갑
⑤ 공기 주입기

2 부푼 지퍼 백 안에 들어 있는 물질은 무엇인지 쓰시오.

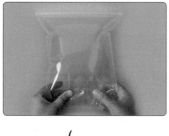

(   )

3 나무 막대, 물, 공기 중 다음에서 설명하는 것은 무엇인지 쓰시오.

• 눈에 보이지만 손으로 잡을 수 없다.
• 흘러서 전달하기 어렵다

(   )

4 나무 막대, 물, 공기 중 (   ) 안에 알맞은 말을 쓰시오.

(㉠)는(은) 손으로 잡을 수 있지만,
(㉡)는(은) 눈에 보이지 않고 손으로 잡을 수 없다.

㉠: (   )
㉡: (   )

5 다음을 읽고 내용이 바르면 ○표, 바르지 않으면 ✕표를 하시오.

(1) 나무 막대와 플라스틱 막대는 눈으로 볼 수 있고, 손으로 잡을 수 있습니다.   (   )
(2) 나무 막대를 여러 가지 모양의 그릇에 넣으면 그릇의 모양에 따라 나무 막대의 모양이 변합니다.   (   )
(3) 플라스틱 막대는 담는 그릇이 바뀌어도 부피는 변하지 않습니다.   (   )

6 우리 주변에서 고체인 물체가 <u>아닌</u> 것은 무엇입니까? (   )

① 컵   ② 물
③ 책상   ④ 의자
⑤ 가방

7 고체에 대한 설명으로 바르지 <u>않은</u> 것을 모두 고르시오. (,   )

① 눈으로 볼 수 있다.
② 대부분 크기가 크다.
③ 손으로 만질 수 있다.
④ 담는 그릇에 따라 모양이 변한다.
⑤ 담는 그릇이 바뀌어도 부피가 일정하다.

8 물을 다른 모양의 그릇에 차례대로 옮겨 담는 실험에 대한 설명으로 바른 것을 모두 고르시오.

(,)

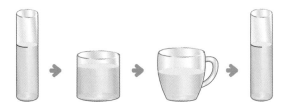

① 물은 담는 그릇에 따라 부피가 변한다.
② 물의 모양은 담는 그릇에 따라 변한다.
③ 물의 모양과 담는 그릇의 모양이 다르다.
④ 물을 처음 사용한 그릇에 옮기면 물의 높이가 처음과 같다.
⑤ 물을 처음 사용한 그릇에 옮기면 물의 높이가 처음과 달라진다.

9 다음에서 설명하는 것은 무엇인지 쓰시오.

> 담는 그릇에 따라 모양은 변하지만, 부피는 변하지 않는 물질의 상태를 말한다.

( )

10 부풀린 풍선을 얼굴에 대고 풍선 입구를 쥐었던 손을 놓았을 때의 변화로 바르지 않은 것은 무엇입니까? ( )

① 바람이 분다.
② 풍선이 터진다.
③ 머리카락이 날린다.
④ 공기를 느낄 수 있다.
⑤ 공기가 빠져나오는 소리가 난다.

11 우리 주변에서 공기를 느낄 수 있는 경우가 아닌 것은 어느 것입니까? ( )

① 부채질을 한다.
② 깃발이 휘날린다.
③ 나뭇가지가 흔들린다.
④ 바람개비가 돌아간다.
⑤ 풍선이 쭈글쭈글하다.

12 다음 실험에서 플라스틱병 입구와 주사기 끝에서 생기는 것은 무엇인지 쓰시오.

( )

13 물 위에 띄운 페트병 뚜껑을 플라스틱 컵으로 덮어 수조 바닥까지 밀어 넣을 때, 수조 안의 물의 높이가 조금 높아진 경우는 언제인지 기호를 쓰시오.

> ㉠ 바닥에 구멍이 뚫린 플라스틱 컵을 밀어 넣을 때
> ㉡ 바닥에 구멍이 뚫리지 않은 플라스틱 컵을 밀어 넣을 때

( )

14 보기의 물체들에 이용된 공기의 성질에 대한 설명입니다. ( ) 안에 알맞은 말을 쓰시오.

> **보기**
> 야영용 공기 침대, 광고 인형, 풍선 미끄럼틀

> 공기가 ( )을 차지하는 성질을 이용한 예이다.

( )

15 코끼리 나팔이 길게 펼쳐지려면 어떻게 해야 하는지 기호를 쓰시오.

> ㉠ 주사기의 피스톤을 민다.
> ㉡ 주사기의 피스톤을 당긴다.

(   )

16 풍선을 가득 채운 공기의 모양이 꽃 모양인 것은 어느 것인지 기호를 쓰시오.

㉠   ㉡   ㉢

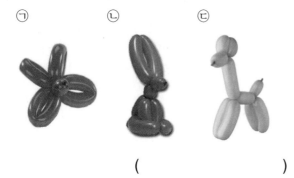

(   )

17 비눗방울을 불 때 공기가 이동하는 방향을 화살표로 표시하시오.

입 (   ) 비눗방울

18 다음 실험을 통해 알아보려는 것은 무엇입니까?

(   )

① 공기의 색깔
② 공기의 냄새
③ 공기의 무게
④ 공기의 모양
⑤ 공기의 부피

19 위 실험에서 공기 주입 마개를 누르기 전과 누른 후의 공기의 무게를 비교하여 <, =, >로 표시하시오.

| 공기 주입 마개를 누르기 전 | | 공기 주입 마개를 누른 후 |

20 (   ) 안에 공통으로 들어갈 말을 쓰시오.

> • 공기 주입 마개를 누를수록 페트병의 (   )가 무겁다.
> • 고체, 액체와 같이 기체도 (   )가 있다.

(   )

1 광고풍선이 묶인 페트병을 물 아래로 누르면 광고 풍선은 어떻게 되는지 기호를 쓰시오.

> ㉠ 광고풍선이 팽팽해진다.
> ㉡ 광고풍선이 쭈글쭈글해지면서 꺾인다.

(   )

2 나무 막대, 물, 공기를 차례대로 전달하면서 느낀 점이 바르지 <u>않은</u> 친구는 누구입니까? (   )

① 소연: 물을 전달하는 데 손에서 흘러내렸어.
② 규민: 나무 막대는 손으로 잡고 전달할 수 있었어.
③ 민지: 공기는 눈에 보이지 않아서 전달하기 어려웠어.
④ 재민: 나무 막대, 물, 공기 모두 손으로 잡을 수 있었어.
⑤ 한별: 나무 막대는 그릇에 담아도 모양이 변하지 않았어.

3 나무 막대, 물, 공기의 차이점으로 바른 것을 기호로 쓰시오.

> ㉠ 나무 막대는 손으로 잡을 수 있지만, 물은 흘러서 손으로 잡을 수 없다.
> ㉡ 물은 만지면 느낄 수 없지만, 공기는 만지면 느껴진다.
> ㉢ 나무 막대는 손으로 잡을 수 없지만, 공기는 손으로 잡을 수 있다.

(   )

4 나무 막대와 상태가 같은 물체는 무엇입니까?

(   )

① 동전   ② 주스
③ 우유   ④ 헬륨
⑤ 이산화 탄소

5 나무 막대로 기둥을 쌓아 올렸을 때 알 수 있는 나무 막대의 특징이 <u>아닌</u> 것은 무엇입니까?

(   )

① 단단하다.
② 눈으로 볼 수 있다.
③ 일정한 모양이 있다.
④ 손으로 잡을 수 있다.
⑤ 그릇의 모양이 바뀌어도 막대의 모양은 변하지 않는다.

6 다음은 여러 가지 모양의 투명한 그릇에 나무 막대를 넣은 모습입니다. 알맞은 말에 ○표 하시오.

(1) 담는 그릇의 모양이 바뀌어도 나무 막대의 크기와 모양은 (변합니다, 변하지 않습니다).

(2) 담는 그릇의 모양이 바뀌어도 나무 막대가 차지하는 공간의 크기는 (변합니다, 변하지 않습니다).

주요

7 다음에서 설명하는 것이 무엇인지 쓰시오.

> 담는 그릇이 바뀌어도 모양과 부피가 일정한 물질의 상태이다.

(   )

8 물과 주스의 공통점이 <u>아닌</u> 것은 무엇입니까?

(   )

① 액체이다.
② 눈으로 볼 수 있다.
③ 흐르는 성질이 있다.
④ 담는 그릇에 따라 부피가 변한다.
⑤ 담는 그릇에 따라 모양이 변한다.

서술형

9 액체의 특징을 한 가지 쓰시오.

_____

_____

10 물속에 플라스틱병을 넣고 누르거나, 주사기의 피스톤을 밀었을 때 공기가 있다는 것을 알 수 있는 현상은 무엇입니까? (   )

① 물이 언다.
② 공기 방울이 생긴다.
③ 물이 뿌옇게 흐려진다.
④ 물의 온도가 올라간다.
⑤ 물이 플라스틱병과 주사기 속으로 들어온다.

11 다음 물체에 공통적으로 들어 있는 것을 쓰시오.

(   )

주요

12 바닥에 구멍이 뚫리지 않은 투명한 플라스틱 컵을 뒤집어 페트병 뚜껑을 덮고 수조 바닥까지 밀어 넣었을 때, 페트병 뚜껑의 위치는 어디인지 기호를 쓰시오.

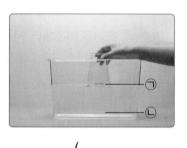

(   )

13 다음 물체에 이용된 공기의 성질에 대한 설명입니다. (   ) 안에 알맞은 말을 쓰시오.

> 공기가 (   )을 차지하는 성질을 이용한 것이다.

(   )

[14~15] 코끼리 나팔입니다. 물음에 답하시오.

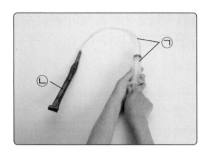

14 주사기의 피스톤을 밀면 비닐관 속 공기는 어떻게 이동하는지 기호를 쓰시오.

(   ) → (   )

15 코끼리 나팔을 움직이는 데 이용되는 공기의 성질은 무엇입니까? (   )

① 눈에 보이지 않는다.
② 손으로 잡을 수 없다.
③ 다른 곳으로 이동한다.
④ 모양과 부피가 변한다.
⑤ 일정한 공간을 차지하고 있다.

16 공기가 이동하는 성질을 이용한 경우가 <u>아닌</u> 것은 어느 것인지 기호를 쓰시오.

(   )

17 공기 주입 마개를 끼운 페트병의 무게를 측정하였을 때, 페트병의 무게가 가장 무거운 경우는 어느 것인지 기호를 쓰시오.

㉠ 공기 주입 마개를 누르지 않았을 때
㉡ 공기 주입 마개를 10번 눌렀을 때
㉢ 공기 주입 마개를 20번 눌렀을 때
㉣ 공기 주입 마개를 30번 눌렀을 때

(   )

서술형

18 위 17 번 정답을 통해 알 수 있는 공기의 성질은 무엇인지 쓰시오.

_____

19 보기 의 물질을 고체, 액체, 기체로 분류하여 쓰시오.

보기
우유, 연필, 공기

고체	액체	기체

20 여러 가지 상태의 물질을 이용해 장난감을 만들 때 가장 먼저 해야 할 일을 기호로 쓰시오.

㉠ 만들기로 한 장난감의 모양을 그려 본다.
㉡ 만들기로 정한 장난감을 만드는 데 필요한 준비물을 준비한다.
㉢ 고체, 액체, 기체 중 장난감을 만들 때 이용해야 할 물질의 상태를 정한다.

(   )

1 우리 모둠을 알리는 광고풍선을 만드는 과정을 순서대로 기호를 쓰시오.

> ㉠ 비닐장갑을 페트병의 입구에 고무줄로 묶는다.
> ㉡ 페트병을 똑바로 세워 물이 담긴 수조에 넣고, 위아래로 움직인다.
> ㉢ 비닐장갑에 유성 펜으로 우리 모둠을 알리는 그림을 그린다.

( )

2 위 **1**번에서 만든 광고풍선을 잘 보이게 하려면 어떻게 해야 하는지 기호를 쓰시오.

> ㉠ 물이 담긴 수조에 페트병을 물 아래로 누른다.
> ㉡ 물이 담긴 수조에 페트병을 물 위로 들어 올린다.

( )

3 지퍼 백에 들어 있는 물질을 바르게 관찰한 것은 어느 것입니까?
( )

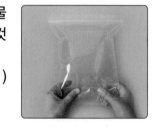

① 딱딱하다.
② 갈색이다.
③ 흘러내린다.
④ 흔들면 출렁거린다.
⑤ 눈에 보이지 않는다.

4 나무 막대를 친구에게 손으로 전달하면서 느낀 점으로 바르지 <u>않은</u> 것은 무엇입니까? ( )

① 딱딱하다.
② 눈에 보인다.
③ 전달하기가 쉽다.
④ 손으로 잡고 전달할 수 있다.
⑤ 플라스틱 그릇에 담기 어렵다.

5 플라스틱 막대로 기둥을 쌓아 올릴 수 있는 까닭이 <u>아닌</u> 것은 무엇입니까? ( )

① 단단하기 때문에
② 눈으로 볼 수 있기 때문에
③ 손으로 잡을 수 있기 때문에
④ 모양과 크기가 변하지 않기 때문에
⑤ 쉽게 모양과 크기를 바꿀 수 있기 때문에

서술형

6 여러 가지 모양의 투명한 그릇에 나무 막대를 넣었습니다. 알 수 있는 사실을 한 가지 쓰시오.

_____

_____

7 다음 물체의 공통점이 <u>아닌</u> 것은 무엇입니까?
( )

① 단단하다.
② 무게가 같다.
③ 눈으로 볼 수 있다.
④ 손으로 만질 수 있다.
⑤ 일정한 모양과 부피가 있다.

8 물을 다른 모양의 그릇에 차례대로 옮겨 담았습니다. 처음 사용한 그릇에 다시 옮겨 담으면 물의 높이는 어떻게 되는지 기호를 쓰시오.

> ㉠ 물의 높이가 처음과 같다.
> ㉡ 물의 높이가 처음보다 낮아진다.
> ㉢ 물의 높이가 처음보다 높아진다.

( )

9 다음과 같은 특징을 갖고 있지 <u>않은</u> 것은 무엇입니까? ( )

> • 흐르고, 손으로 잡을 수 없다.
> • 담는 그릇에 따라 모양은 변하지만, 부피는 변하지 않는다.

① 책상   ② 우유
③ 주스   ④ 간장
⑤ 사이다

10 공기가 있다는 것을 알 수 있는 방법은 무엇입니까? ( )

① 목욕을 한다.
② 물을 마신다.
③ 자동차가 움직인다.
④ 뛰어다니면 힘들다.
⑤ 부채질을 하면 시원하다.

11 다음에서 공통으로 나타나는 현상은 무엇입니까? ( )

> • 플라스틱병을 물이 담긴 수조 속에 넣고 눌렀을 때
> • 주사기 끝을 물이 담긴 수조 속에 넣고 피스톤을 밀었을 때

① 아무 변화가 없다.
② 공기 방울이 생긴다.
③ 물의 높이가 낮아진다.
④ 물의 높이가 높아진다.
⑤ 물이 뿌옇게 흐려진다.

12 공기가 들어 있는 물체가 <u>아닌</u> 것은 무엇입니까? ( )

① 튜브   ② 축구공
③ 부표   ④ 공기베개
⑤ 부채

13 바닥에 구멍이 뚫리지 않은 플라스틱 컵을 뒤집어 페트병 뚜껑을 덮은 뒤 수조 바닥까지 밀어 넣었을 때의 변화를 모두 고르시오. (,)

① 물의 높이가 낮아진다.
② 물의 높이 변화가 없다.
③ 페트병 뚜껑이 내려간다.
④ 물의 높이가 조금 높아진다.
⑤ 페트병 뚜껑이 그대로 있다.

14 위 실험을 통해 알 수 있는 공기의 성질을 한 가지 쓰시오.

15 코끼리 나팔을 길게 펼치거나 돌돌 말리게 하는 데 이용되는 공기의 성질은 무엇입니까? (   )

① 공기는 공간을 차지한다.
② 공기는 눈에 보이지 않는다.
③ 공기는 손으로 잡을 수 없다.
④ 공기는 다양한 모양으로 변한다.
⑤ 공기는 다른 곳으로 이동할 수 있다.

16 공기가 다른 곳으로 이동하는 성질을 이용한 예가 아닌 것은 무엇입니까? (   )

① 구조용 안전 매트
② 튜브에 공기 넣기
③ 자전거 타이어에 공기 넣기
④ 공기 주입기로 풍선 부풀리기
⑤ 빨대에 비눗물을 묻혀 비눗방울 만들기

17 기체의 성질로 바르지 않은 것은 무엇입니까?
(   )

① 손으로 잡을 수 없다.
② 다른 곳으로 이동할 수 있다.
③ 담긴 그릇을 항상 가득 채운다.
④ 담는 그릇에 따라 모양과 부피가 변한다.
⑤ 담는 그릇이 바뀌어도 모양과 부피가 변하지 않는다.

18 공기가 무게가 있는지 알아보는 실험에 대한 설명으로 바른 것은 무엇입니까? (   )

① 공기 주입 마개를 한 번만 누른다.
② 공기 주입 마개를 누르기 전에는 페트병 속에 공기가 없다.
③ 공기 주입 마개를 누르기 전과 누른 후 페트병의 무게 변화가 없다.
④ 공기 주입 마개를 여러 번 누를수록 페트병에서 공기가 빠져나온다.
⑤ 공기 주입 마개를 여러 번 누를수록 페트병에 공기가 더 많이 들어간다.

19 위 18 번 실험을 통해 알 수 있는 공기의 성질은 무엇입니까? (   )

① 공기는 이동한다.
② 공기는 무게가 있다.
③ 공기는 공간을 차지한다.
④ 공기는 눈으로 볼 수가 없다.
⑤ 공기는 담는 그릇에 따라 모양이 변한다.

20 다음과 같은 장난감에 이용된 물질의 상태를 모두 쓰시오.

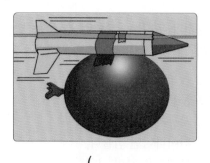

(   )

1 팽팽한 광고풍선의 모양을 보기 위해서 광고풍선이 묶인 페트병을 어떻게 해야 합니까? ( )

① 페트병을 흔든다.
② 페트병을 비스듬히 수조에 넣는다.
③ 페트병을 수조에 넣고 물 아래로 누른다.
④ 페트병을 수조에 넣고 물 위로 들어 올린다.
⑤ 페트병을 뒤집어 광고풍선부터 수조에 넣는다.

2 나무 막대, 물, 공기를 관찰한 내용으로 바르지 않은 것은 무엇입니까? ( )

① 물은 투명하다.
② 나무 막대는 딱딱하다.
③ 물은 흔들면 출렁거린다.
④ 공기는 차가운 느낌이다.
⑤ 공기는 눈에 보이지 않는다.

3 나무 막대, 물, 공기를 생각그물로 나타낸 모습입니다. 손으로 전달하면서 느낀 점을 ㉠, ㉡, ㉢에 한 가지씩 쓰시오.

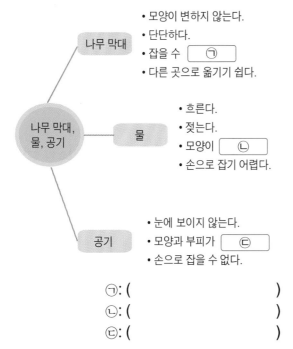

나무 막대
• 모양이 변하지 않는다.
• 단단하다.
• 잡을 수 [㉠]
• 다른 곳으로 옮기기 쉽다.

나무 막대, 물, 공기

물
• 흐른다.
• 젖는다.
• 모양이 [㉡]
• 손으로 잡기 어렵다.

공기
• 눈에 보이지 않는다.
• 모양과 부피가 [㉢]
• 손으로 잡을 수 없다.

㉠: ( )
㉡: ( )
㉢: ( )

4 물과 공기를 친구에게 손으로 차례대로 전달할 때의 차이점으로 바른 것은 무엇입니까? ( )

① 물은 잡을 수 있고, 공기는 잡을 수 없다.
② 물은 눈에 보이지 않지만, 공기는 눈에 보인다.
③ 물은 만지면 느낄 수 있지만, 공기는 아무 느낌이 없다.
④ 물은 그릇에 옮겨 담을 수 없고, 공기는 그릇에 옮겨 담을 수 있다.
⑤ 물은 손으로 잡아서 전달하면 되지만, 공기는 손으로 잡을 수 없다.

5 나무 막대로 기둥을 쌓아 올릴 수 있는 까닭은 무엇인지 모두 고르시오. (,)

① 공간을 차지한다.
② 눈으로 볼 수 없다.
③ 손으로 잡을 수 있다.
④ 우리 주변에서 볼 수 있다.
⑤ 모양과 크기가 변하지 않는다.

6 여러 가지 모양의 투명한 그릇에 나무 막대를 넣어 보는 실험으로 알 수 있는 사실을 한 가지 쓰시오.

_____

7 다음에서 설명하는 물질의 상태는 무엇인지 쓰시오.

• 일정한 모양과 부피를 가지고 있다.
• 담는 그릇이 바뀌어도 모양과 부피가 일정하다.

( )

4 단원

[8~9] 다음은 물을 다른 모양의 그릇에 차례대로 옮겨 담은 모습입니다.

서술형

8 위와 같이 물을 다른 모양의 그릇에 차례대로 옮겨 담았을 때 알 수 있는 사실은 무엇인지 한 가지 쓰시오.

_____

9 물을 처음에 담았던 그릇에 다시 옮겨 담으면 어떻게 됩니까? (   )

① 물의 부피가 처음보다 커졌다.
② 물의 부피가 처음보다 작아졌다.
③ 물의 높이가 처음보다 낮아졌다.
④ 물의 높이가 처음보다 높아졌다.
⑤ 물의 높이가 처음에 표시했던 높이와 같다.

10 다음 그림을 보고 액체의 부피가 얼마인지 쓰시오.

(1)  (2)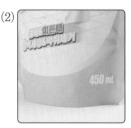

(   )mL   (   )mL

11 다음의 경우에 공통으로 알 수 있는 것은 무엇입니까? (   )

① 공기의 양을 알 수 있다.
② 공기의 변화를 알 수 있다.
③ 공기의 무게를 알 수 있다.
④ 공기의 역할을 알 수 있다.
⑤ 공기가 있다는 것을 느낄 수 있다.

12 물속에 플라스틱병을 넣고 누르거나 주사기 피스톤을 밀었을 때 어떤 현상을 통해 공기가 있다는 것을 알 수 있습니까? (   )

 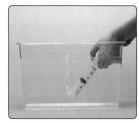

① 물이 흐려진다.
② 공기 방울이 생긴다.
③ 물의 높이가 높아진다.
④ 물의 높이가 낮아진다.
⑤ 플라스틱병과 주사기가 물에 뜬다.

13 바닥에 구멍이 뚫리지 않은 플라스틱 컵으로 페트병 뚜껑을 덮은 뒤 바닥까지 밀어 넣으면 페트병 뚜껑이 내려가는 것을 통해 알 수 있는 공기의 성질은 무엇입니까? (   )

① 공기는 무겁다.
② 공기는 가볍다.
③ 공기는 공간을 차지한다.
④ 공기는 손으로 잡을 수 없다.
⑤ 공기는 눈으로 보이지 않는다.

14 공기의 성질을 이용한 예가 다른 경우는 어느 것인지 보기 에서 골라 기호를 쓰시오.

보기
㉠ 풍선 미끄럼틀
㉡ 다리 마사지기
㉢ 휘날리는 태극기
㉣ 광고 인형

( )

15 코끼리 나팔과 주사기를 비닐관으로 연결하였습니다. 피스톤을 밀었을 때 나타나는 코끼리 나팔의 모습은 어느 것인지 기호를 쓰시오.

㉠ 　㉡

( )

16 공기 주입 마개를 끼운 페트병을 전자저울에 올려놓고 무게를 측정하였습니다. 이 실험을 통해 알아보려고 하는 것은 무엇입니까? ( )

① 공기가 이동하는 성질
② 공기를 만질 수 없는 성질
③ 공기가 무게가 있다는 성질
④ 공기가 공간이 차지하는 성질
⑤ 공기를 눈으로 볼 수 없는 성질

17 앞 16번 실험에 대한 설명으로 바른 것은 무엇입니까? ( )

① 공기 주입 마개를 누르기 전에는 페트병에 공기가 없다.
② 공기 주입 마개를 여러 번 누를수록 페트병의 무게가 더 가볍다.
③ 공기 주입 마개를 여러 번 누를수록 페트병의 무게가 더 무겁다.
④ 공기 주입 마개를 여러 번 누를수록 페트병 속의 공기가 줄어든다.
⑤ 공기 주입 마개를 누르기 전과 누른 후의 페트병 무게는 변화가 없다.

🖊️서술형
18 공기를 넣기 전의 고무보트보다 공기를 넣은 후의 고무보트가 더 무거운 까닭을 쓰시오.

19 고체, 액체, 기체 물질을 이용하여 장난감을 만드는 과정을 순서대로 기호를 쓰시오.

㉠ 어떤 상태의 물질을 이용하여 장난감을 만들지 정한다.
㉡ 어떤 모양의 장난감을 만들지 그림으로 그린다.
㉢ 만들기로 정한 장난감을 만드는 데 필요한 준비물을 준비한다.

( )

20 다음과 같은 장난감에 이용된 물질의 상태를 모두 쓰시오.

( )

 다음과 같은 물체들의 상태를 쓰고, 특징을 두 가지 쓰시오.

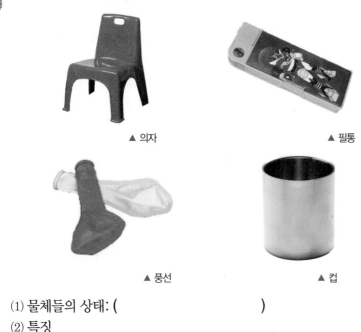

▲ 의자

▲ 필통

▲ 풍선

▲ 컵

(1) 물체들의 상태: (   )

(2) 특징

_____

_____

물질의 상태

• 고체: 담는 그릇이 바뀌어도 모양과 부피가 일정한 물질의 상태입니다.

• 액체: 담는 그릇에 따라 모양은 변하지만, 부피는 변하지 않는 물질의 상태입니다.

• 기체: 담는 그릇에 따라 모양과 부피가 변하고, 담긴 그릇을 항상 가득 채우는 물질의 상태입니다.

2 모자에 음료수를 부착해 호스로 빨아먹을 수 있는 장치입니다. 이렇게 음료수를 먹을 수 있는 까닭을 액체의 특성과 관련지어 설명하시오.

_____

_____

음료수

• 액체로 일정한 모양이 없고 담는 그릇에 따라 모양이 변합니다.

• 액체가 통과하는 곳의 모양을 생각해 봅니다.

3 코끼리 나팔이 길게 펼쳐지거나 돌돌 말릴 때 이용된 공기의 성질을 쓰고, 일상생활에서 이러한 공기의 성질을 이용한 예를 두 가지 쓰시오.

▲ 피스톤을 밀 때

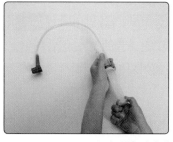
▲ 피스톤을 당길 때

(1) 공기의 성질: (   )

(2) 일상생활의 예

_____

_____

_____

_____

주사기와 코끼리 나팔을 비닐관으로 연결했을 때

주사기의 피스톤을 밀거나 당기면 주사기와 비닐관 안에 들어 있는 공기가 이동하기 때문에 코끼리 나팔이 펼쳐지거나 돌돌 말립니다.

4
단원

4 가로, 세로, 높이가 각각 1 m인 상자 안에 들어 있는 공기의 무게는 약 1200 g 정도입니다. 그렇다면 우리 집에 들어 있는 공기의 무게는 얼마인지 쓰시오.

공기의 무게

우리가 공부하는 교실 안에 있는 공기의 무게는 약 200 kg으로 3학년 학생 여섯 명의 무게와 비슷합니다.

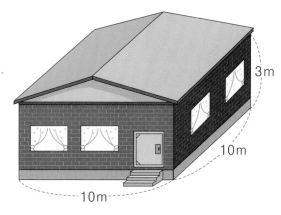

3 m

10 m

10 m

(1) 계산 방법: (   )

(2) 우리 집에 들어 있는 공기의 무게: (   )

5. 소리의 성질

•여러 가지 물체, 젓가락, 스마트 기기,
흰 칠판, 칠판 펜을 준비합니다.

🌸 명탐정! 소리의 주인공 추리하기

① 어떤 물체를 두드려 소리를 낼지 모둠별로 이야기해 봅니다.

② 물체를 두드려 소리를 내면서 녹음 장치로 녹음합니다. 탐구 1

③ 녹음한 소리를 스피커로 다른 모둠의 친구들에게 들려줍니다.

④ 소리를 듣고 어떤 물체에서 나는 소리인지 맞힙니다.

🌸 물체에서 소리가 날 때의 공통점은 무엇일까요?

(1) 소리가 나는 물체의 특징 알아보기

① 소리가 나는 스피커와 소리가 나지 않는 스피커에 손을 대 보기

구분	소리가 나지 않는 스피커에 손을 대 보기	소리가 나는 스피커에 손을 대 보기
실험 모습		
손의 느낌	떨림이 없다.	떨림이 느껴진다.

② 소리가 나지 않는 소리굽쇠와 소리가 나는 소리굽쇠를 각각 물에 대 보았을 때 나타나는 현상

•소리가 나는 소리굽쇠의 끝을 원형 수조에 담겨 있는 물의 표면에 살짝 갖다 놓으면 물이 앞으로 튑니다.

구분	소리가 나지 않는 소리굽쇠	소리가 나는 소리굽쇠
실험 모습		
나타나는 현상	아무 일도 일어나지 않는다.	물이 튀어 오른다.

(2) 물체에서 소리가 날 때의 공통점 탐구 2

① 소리를 내고 있는 물체들은 떨립니다.

② 소리가 나는 물체를 떨리지 않게 하면 더 이상 소리가 나지 않습니다.
•소리가 나고 있는 목이나 스피커에 손을 대면 떨림이 느껴집니다.

탐구 1 **소리를 녹음할 때 주의할 점**

• 주변의 다른 소리와 섞이지 않도록 주의합니다.

• 녹음 장치로 녹음기나 스마트 기기를 이용할 수 있습니다.

• 스마트 기기에 너무 가까이 대고 녹음하면 귀로 듣는 소리와 다를 수 있으므로 일정한 거리를 두어 녹음합니다.

• 물체를 이용하여 소리를 내는 방법 이외에도 인터넷을 활용하여 다양한 소리를 찾아볼 수 있습니다.

탐구 2 **물체에서 소리가 날 때의 모습**

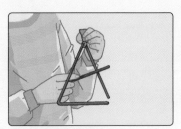

▲ 트라이앵글을 치면 떨리면서 소리가 납니다.

▲ 스피커가 떨립니다.

▲ "아~"하고 소리를 내면 목의 옆쪽보다 앞쪽에서 떨림이 심합니다.

개념을 확인해요

● 소리가 나는 물체를 소리가 나지 않게 하기
위한 방법

- 소리가 나는 물체를 떨리지 않게 하면 더 이상 소리가 나지 않습니다.
- 예로 소리가 나는 소리굽쇠를 손으로 움켜잡으면 소리가 나지 않습니다.

● 소리굽쇠

- 소리굽쇠는 특정한 진동수의 소리를 발생시키는 도구입니다.
- 균일한 재질의 강철 막대를 U자 모양으로 구부려 두 개의 곧은 강철 막대가 서로 마주 보는 모양을 하고 있으며 중앙 부분에는 자루가 달려 있습니다.
- 소리굽쇠의 한쪽 막대를 두드리면 다른 쪽 막대도 같이 진동하게 되어 각 막대에서는 같은 진동수의 소리가 발생합니다.
- 이때 소리굽쇠의 양쪽 막대에서 발생하는 두 소리가 겹쳐 소리의 세기를 크게 합니다.

용어풀이	
☀녹음	기계로 소리를 기록하고 재생하는 것
☀진동수	1초 동안 어떤 현상이 되풀이 되는 것
☀강철	철이 가진 성질이나 기능을 높인 것

1 소리의 주인공 추리하기 놀이를 할 때, 가장 먼저 어떤 물체를 두드려 ☐☐ 를 낼지 이야기합니다.

2 소리를 내면서 목에 손을 대 보면 ☐☐ 이 느껴집니다.

3 소리가 나는 스피커에 손을 대 보면 ☐☐ 이 느껴집니다.

4 소리굽쇠를 고무망치로 치면 떨림이 생겨 ☐ ☐ 가 납니다.

5
단원

5 소리가 나는 소리굽쇠를 물에 대 보았을 때 소리굽쇠의 ☐☐ 때문에 물이 튑니다.

6 종을 치면 종이 떨리면서 ☐☐ 가 납니다.

7 벌은 날기 위해 날개를 빠르게 움직여 떨림이 생기기 때문에 ☐☐ 가 납니다.

8 소리가 나는 물체를 떨리지 않게 하면 더 이상 ☐☐ 가 나지 않습니다.

5. 소리의 성질

♣ 어떻게 하면 작은 소리나 큰 소리를 낼 수 있을까요?

(1) 작은북으로 소리의 세기 비교하기 [탐구 1]

① 준비물: 작은북, 북채, 좁쌀

② 작은북을 북채로 약하게 칠 때의 소리와 세게 칠 때의 소리 비교하기

• 작은북을 약하게 칠 때: 작은 소리가 납니다.

• 작은북을 세게 칠 때: 큰 소리가 납니다. →작은북 위에 좁쌀을 올려놓은 다음 북채로 칩니다.

③ 북소리의 크기에 따라 좁쌀이 튀어 오르는 모습 비교하기

구분	작은북을 약하게 칠 때	작은북을 세게 칠 때
좁쌀이 튀어 오르는 모습		
변화	북이 작게 떨리면서 좁쌀이 낮게 튀어 오른다.	북이 크게 떨리면서 좁쌀이 높게 튀어 오른다.

작은 소리가 납니다.　　　　　　큰 소리가 납니다.

(2) 소리의 세기 [탐구 2]

① 물체가 떨리는 크기에 따라 소리의 크기는 달라집니다.

② 소리의 크고 작은 정도를 '소리의 세기'라고 합니다.

③ 물체가 크게 떨리면 큰 소리가 나고, 물체가 작게 떨리면 작은 소리가 납니다.

(3) 우리 생활에서 작은 소리를 낼 때와 큰 소리를 낼 때

① 작은 소리를 낼 때: 도서관에서 친구와 귓속말로 이야기할 때, 피아노로 조용한 곡을 연주할 때, '무궁화 꽃이 피었습니다' 놀이에서 술래에게 다가갈 때, 아기에게 자장가를 불러 줄 때 등이 있습니다.

② 큰 소리를 낼 때: 멀리 있는 친구를 부를 때, 체육 대회에서 응원할 때, 수업 시간에 친구들 앞에서 발표할 때, 야구장에서 우리 편을 성원할 때 등이 있습니다.

[탐구 1] 기타로 소리의 세기를 다르게 하는 방법

▲ 큰 소리: 기타 줄을 세게 뚱기거나, 기타 줄을 세게 칩니다.

▲ 작은 소리: 기타 줄을 약하게 뚱기거나, 기타 줄을 약하게 칩니다.

[탐구 2] 실로폰 연주

• 실로폰 연주자는 음판을 칠 때 힘을 다르게 주기도 합니다.

• 같은 음판을 힘을 다르게 하여 치면 같은 음이라도 크고 작은 소리를 만들 수 있습니다.

• 이러한 방법을 통해 음악을 풍성하게 연주할 수 있습니다.

개념을 확인해요

소리의 세기

- 소리의 세기는 음파의 진폭을 의미합니다. 이는 공기가 얼마나 크게 흔들렸는지를 나타냅니다. 크게 진동하는 물체는 주변의 공기를 크게 진동시키기 때문에 진폭이 큰 음파를 만듭니다.
- 소리를 측정하는 단위로 데시벨(dB)을 사용합니다.
- 가장 작게 들리는 소리는 0dB이고, 10배 큰 소리는 10dB, 100배 큰 소리는 20dB, 1,000배 큰 소리는 30dB이 됩니다.

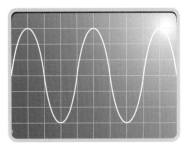

▲ 큰 소리는 진폭이 큽니다.

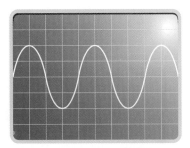

▲ 작은 소리는 진폭이 작습니다.

용어풀이

- ✦ 북채 북을 치는 조그만 방망이
- ✦ 음판 떨어서 소리는 내는 쇠붙이나 나무들의 조각
- ✦ 풍성 넉넉하게 많음.
- ✦ 진폭 진동하는 물체가 최대 범위까지 이동한 거리
- ✦ 측정 일정한 양을 기준으로 해서 같은 종류의 다른 양의 크기를 잼.

1 작은북을 북채로 약하게 치면 ☐☐ 소리가 납니다.

2 작은북을 북채로 세게 치면 ☐ 소리가 납니다.

3 작은북 위에 좁쌀을 올려놓고 북채로 약하게 치면 북이 작게 떨리면서 좁쌀이 ☐☐ 튀어 오릅니다.

4 작은북 위에 좁쌀을 올려놓고 북채로 세게 치면 북이 크게 떨리면서 좁쌀이 ☐☐ 튀어 오릅니다.

5
단원

5 물체가 떨리는 크기에 따라 소리의 ☐☐ 가 달라집니다.

6 물체가 크게 떨리면 ☐ 소리가 납니다.

7 소리의 크고 작은 정도를 소리의 ☐☐ 라고 합니다.

8 작은 소리와 큰 소리를 낼 때로 나눌 때, 체육 대회에서 응원할 때는 ☐ 소리를 낼 때입니다.

5. 소리의 성질

🌸 높은 소리와 낮은 소리를 어떻게 이용할까요?

(1) 악기를 이용해 소리의 높낮이 비교하기

① 팬 플루트를 이용해 소리의 높낮이 비교하기 **탐구 1**

긴 관을 불면 낮은 소리가 납니다.

짧은 관을 불면 높은 소리가 납니다.

② 실로폰을 이용해 소리의 높낮이 비교하기

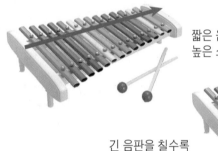
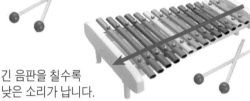

짧은 음판을 칠수록 높은 소리가 납니다.

긴 음판을 칠수록 낮은 소리가 납니다.

(2) 소리의 높낮이 **탐구 2**

① 소리의 높고 낮은 정도를 '소리의 높낮이'라고 합니다.

② 팬 플루트의 관은 길이에 따라 소리의 높낮이가 다릅니다.

③ 실로폰의 음판은 길이에 따라 소리의 높낮이가 다릅니다.

(3) 우리 생활에서 높은 소리를 이용한 예

▲ 화재경보기

▲ 구급차의 경보음

① 화재경보기는 소리로 불이 난 것을 알립니다.

② 수영장에서 안전 요원이 호루라기로 위험을 알립니다.

③ 긴급 자동차는 경보음으로 주변에 위급한 상황을 알려 빠르게 이동할 수 있도록 합니다.

④ 가수는 낮은 소리뿐만 아니라 높은 소리를 이용해 노래를 부릅니다.

탐구 1 팬 플루트

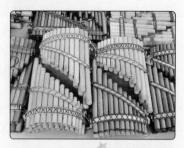

- 사람이 만든 최초의 목관악기입니다.
- 초기에는 여러 개의 관을 뗏목처럼 연결시켜 놓고 한쪽을 막고 연주하였습니다.
- 요즘은 길이와 굵기가 다른 대나무를 차례대로 연결시켜 한쪽 구멍을 코르크 마개로 막아 음의 높낮이를 조절합니다.

탐구 2 소리의 높낮이를 이용한 공연

▲ 다양한 악기를 연주하는 관현악단

▲ 여러 사람이 함께 노래를 부르는 합창단

기타로 소리의 높낮이를 다르게 하는 방법

① 높은 소리 내기

- 기타 줄의 중간을 눌러 짧게 잡고 뚱깁니다.
- 줄감개로 기타 줄을 팽팽하게 조절하여 뚱깁니다.

② 낮은 소리 내기

- 기타 줄의 길이를 길게 잡고 뚱깁니다.
- 줄감개로 기타 줄을 느슨하게 하고 뚱깁니다.

용어	풀이
★ 팬 플루트	고대 그리스에서 시작된 관악기로, 각각 길이가 다르게 만든 관을 길이의 순서대로 늘어놓고 묶은 것
★ 화재경보기	불이 났을 때 자동적으로 경보를 울리는 장치
★ 긴급	긴요하고 급함.
★ 목관악기	나무로 만든 관악기를 통틀어 이르는 말

개념을 확인해요

1 팬 플루트의 가장 짧은 관을 불면 [ ]은 소리가 납니다.

2 팬 플루트의 가장 긴 관을 불면 [ ]은 소리가 납니다.

3 실로폰을 긴 음판에서 짧은 음판 순서대로 치면 점점 [ ]은 소리가 납니다.

4 실로폰을 짧은 음판에서 긴 음판 순서대로 치면 점점 [ ]은 소리가 납니다.

5 단원

5 소리의 높고 낮은 정도를 소리의 [ ][ ] [ ]라고 합니다.

6 팬 플루트는 관의 [ ][ ], 실로폰은 음판의 [ ][ ]에 따라 소리의 높낮이가 달라집니다.

7 팬 플루트와 실로폰은 소리의 높낮이를 이용해 연주할 수 [ ]는 악기입니다.

8 우리 생활에서 건물의 화재경보기, 구급차의 경보음 등은 [ ]은 소리를 이용한 예입니다.

5. 소리의 성질

🌸 소리는 무엇을 통해 전달될까요?

(1) 책상을 두드리는 소리 들어 보기

① 실험 방법: 책상에 귀를 대고 책상을 두드리는 소리를 들어 봅니다.

② 실험 결과

• 책상을 두드리는 소리가 크게 잘 들립니다.

• 책상을 두드리는 소리가 책상을 통해 전달되었습니다.

(2) 물속에서 소리가 나는 스피커 찾기

① 실험 방법

• 물이 담긴 수조에 파란색 식용 색소를 진하게 섞습니다.

• 소리가 나는 스피커를 물속에 넣고, 플라스틱 관을 이용해 스피커를 찾아봅니다.

② 물속에서 소리가 나는 스피커를 찾을 수 있는 방법

• 플라스틱 관이 스피커에 가까워질수록 소리가 더 크게 들립니다. → 스피커의 소리가 가장 큰 곳에서 스피커를 찾을 수 있습니다.

• 스피커에서 나는 소리는 수조의 물, 플라스틱 관, 관속의 공기를 통해 전달되었습니다.

(3) 소리의 전달

① 소리는 물질을 통해 전달됩니다. → 물체의 떨림이 주변의 공기를 떨리게 하고, 그 공기의 떨림이 우리 귀까지 도달하여 소리가 전달됩니다.

② 우리가 듣는 대부분의 소리는 기체인 <u>공기를 통해 전달되고</u>, 나무나 철과 같은 고체, 물과 같은 액체를 통해서도 전달됩니다.

③ 물질의 상태에 따른 소리의 전달 탐구 1

구분	소리의 전달 예
기체	• 공기를 통해 사람 목소리가 전달된다. • 스피커에서 울리는 떨림으로 인해 촛불이 흔들린다.
액체	• 잠수부는 먼 곳에서 오는 배의 소리를 듣는다. →물을 통해 소리가 전달됩니다. • 수중 발레 선수는 수중 스피커로 음악을 들을 수 있다.
고체	• 실 전화기로 멀리 있는 친구에게 소리가 전달된다. • 땅에 귀를 대고 땅을 통해 전달되는 소리를 듣는다.

탐구 1 물질의 상태에 따른 소리의 전달

▲ 공기

▲ 철

▲ 물

● 공기를 뺄 수 있는 장치에 소리가 나는 스피커를 넣고 공기를 뺐을 경우

• 스피커의 소리가 작아집니다.
• 펌프질을 하면 통 속의 공기가 밖으로 빠져 나가면서 통 속의 공기가 점점 줄어듭니다.
• 소리를 전달할 수 있는 공기가 적어지기 때문에 소리가 잘 전달되지 않는 것입니다.

* 전달 지시, 명령 등을 다른 사람이나 물질에 전함.
* 상태 사물이나 현상이 놓여 있는 모양
* 펌프 압력을 통해 액체나 기체를 빨아올리거나 이동시키는 기계

개념을 확인해요

1 책상에 귀를 대고 책상을 두드리는 소리를 들을 때 소리는 ☐☐ 을 통해 전달됩니다.

2 식용 색소를 섞은 물이 담긴 수조에 플라스틱 관을 넣고 소리가 나는 스피커를 찾을 때, 플라스틱 관이 스피커에 가까워질수록 소리가 더 ☐ 게 들립니다.

3 소리는 ☐☐ 을 통해 전달됩니다.

4 운동장에서 친구를 부르는 소리는 ☐☐ 를 통해 전달됩니다.

5 막대기로 철봉을 두드리면 ☐ 을 통해 철봉에 귀를 대고 있던 친구에게 소리가 전달됩니다.

6 소리는 나무나 철과 같은 ☐☐ 를 통해서도 전달됩니다.

7 소리는 물과 같은 ☐☐ 를 통해서도 전달됩니다.

8 공기를 뺄 수 있는 장치에 소리가 나는 스피커를 넣고 ☐☐ 를 빼면 소리가 작아집니다.

5
단원

5. 소리의 성질

🌸 실을 이용해 소리를 전달할 수 있을까요?

(1) 실을 이용해 소리 전달하기

① 준비물: 실, 숟가락, 젓가락

② 실험 방법

• 실 중간에 숟가락을 연결합니다.

• 숟가락에 연결한 실을 귀에 걸고 젓가락으로 숟가락을 두드려 소리가 들리는지 관찰합니다.

③ 실험 결과

• 소리가 예상한 것보다 크게 들립니다.

• 실을 통해 숟가락이 울리는 소리가 선명하게 들립니다.

(2) 실 전화기 만들기

① 종이컵 바닥에 누름 못으로 구멍을 뚫습니다.

② 구멍에 실을 넣고 실의 한쪽 끝에 클립을 묶어 실이 빠지지 않도록 합니다. → 클립을 종이컵에 고정할 때 셀로판테이프를 사용하면 소리가 잘 전달되지 않을 수 있습니다.

③ 다른 종이컵도 같은 방법으로 만듭니다.

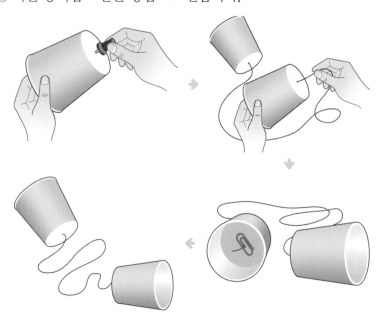

(3) 실 전화기를 이용하여 소리 전달하기 [탐구 1]

① 실 전화기는 실의 떨림으로 소리가 전달됩니다.

② 실 전화기의 한쪽 종이컵에 입을 대고 소리를 내면 실을 통해 소리가 전달되어 다른 쪽 종이컵에서 소리를 들을 수 있습니다.

[탐구 1] 실 전화기의 소리를 더 잘 들리게 하는 방법

▲ 실을 팽팽하게 합니다.

▲ 실에 물을 묻힙니다.

▲ 실을 손으로 잡지 않습니다.

▲ 실을 짧게 합니다.

▲ 실의 두께를 두껍게 합니다.

여러 명의 친구와 실 전화기를 연결하여 이야기하기

▲ 실 전화기를 여러 개 연결하면 여러 명이 함께 이야기를 주고받을 수 있습니다.

실이 아닌 재료를 사용하여 전화기 만들기

• 실 전화기를 만들 때 다양한 재료를 사용할 수 있습니다.
• 용수철, 막대풍선, 용수철, 구리선 등을 이용하여 실 전화기를 만들 수 있습니다.

용수철

막대풍선

낚싯줄

용어풀이

✳ **연결** 사물과 사물 또는 현상과 현상이 서로 이어지는 것
✳ **팽팽** 줄 따위가 늘어지지 않고 힘 있게 곧게 펴져서 튀기는 힘이 있는 모양
✳ **구리선** 구리를 가늘게 뽑아 만든 선으로, 전선에 많이 이용됨.

개념을 확인해요

1 숟가락에 연결한 실을 귀에 걸고 젓가락으로 숟가락을 두드릴 때 소리가 더 ☐ 게 들립니다.

2 실과 두 개의 ☐☐☐ 을 이용하여 실 전화기를 만듭니다.

3 실 전화기는 ☐ 의 떨림으로 소리가 전달됩니다.

4 실 전화기의 한쪽 종이컵에 입을 대고 소리를 내면 다른 쪽 종이컵에서 ☐☐ 를 들을 수 있습니다.

5
단원

5 실의 ☐☐ 가 짧을수록 소리가 더 잘 들립니다.

6 실 전화기의 실에 물을 묻히면 ☐☐ 가 더 잘 들립니다.

7 실 전화기의 실의 두께가 두꺼울수록 ☐ ☐ 가 더 잘 들립니다.

8 실 전화기의 실을 팽팽하게 할수록 ☐☐ 가 더 잘 들립니다.

5. 소리의 성질

✿ 소리가 나아가다가 물체에 부딪치면 어떻게 될까요?

(1) 텅 빈 체육관이나 동굴에서 소리를 들은 경험 이야기하기 ⑩
   ① 소리가 울렸습니다.
   ② 소리가 다시 들렸습니다.
      ┌•소리가 물체를 만나 반사되는 현상을 관찰할 수 있습니다.
(2) 여러 가지 물체를 이용해 스피커의 소리 듣기
   ① 준비물: 스피커, 스마트 기기, 플라스틱 통, 나무판, 스타이로폼판
   ② 실험 방법
      • 소리가 나는 스피커를 플라스틱 통 속에 넣고 소리를 들어 봅니다.
      • 플라스틱 통의 위쪽에서 나무판을 비스듬히 들고 있을 때 스피커에서 나오는 소리를 들어 봅니다.
      • 플라스틱 통의 위쪽에서 스타이로폼판을 비스듬히 들고 있을 때 스피커에서 나오는 소리를 들어 봅니다.

▲ 아무것도 들지 않고 소리 듣기　　▲ 나무판을 들고 소리 듣기　　▲ 스타이로폼판을 들고 소리 듣기

③ 세 가지 상황에서 소리가 크게 들리는 순서 비교하기

| 나무판을 들고 소리 듣기 | > | 스타이로폼판을 들고 소리 듣기 | > | 아무것도 들지 않고 소리 듣기 |

(3) 소리의 반사　탐구1
   ① 소리가 나아가다가 물체에 부딪쳐 되돌아오는 성질입니다.
   ② 소리는 딱딱한 물체에서는 잘 반사되지만, 부드러운 물체에서는 소리가 흡수되어 잘 반사되지 않습니다.
   ③ 목욕탕에서 소리가 울리는 것은 딱딱한 벽에 소리가 여러 방향으로 반사되어 들려오기 때문입니다.
   ④ 암벽으로 된 산에서 소리가 반사되어 메아리가 들립니다.

탐구1 우리 생활에서 소리가 반사되는 경우

• 동굴이나 산에서 소리를 내면 잠시 뒤 메아리가 들립니다.
• 소리가 벽에 반사되어 벽 반대편에서는 소리가 잘 들리지 않습니다.
• 확성기에 입을 대고 소리를 내면 확성기의 앞부분에서 소리가 반사되어 크게 들립니다.
• 도로 방음벽은 소리를 반사시켜 도로의 시끄러운 소리를 줄일 수 있습니다.
• 공연장 천장에 설치된 반사판은 공연장 전체에 소리를 골고루 전달합니다.

▲ 공연장 천장에 설치된 반사판

소리의 반사

- 소리가 한 매질에서 성질이 다른 매질로 진행할 때, 두 매질의 경계면에서 소리의 일부는 왔던 방향으로 돌아가고, 일부는 진행하는 방향이 꺾여 다른 매질 속으로 진행하고 일부는 흡수됩니다.
- 이때 원래의 매질 속으로 돌아가는 현상을 소리의 반사라고 합니다.
- 소리가 반사되거나 흡수되는 정도는 입사하는 매질의 성질에 따라 달라집니다.
- 매질이 딱딱할수록 반사가 잘 일어나고, 매질이 부드러울수록 흡수가 잘 일어납니다.

반사	일정한 방향으로 나아가던 파동이 다른 물체의 표면에 부딪쳐서 나아가던 방향을 반대로 바꾸는 현상
방음벽	한쪽의 소리가 다른 쪽으로 새어 나가거나 새어 들어오는 것을 막기 위하여 설치한 벽
매질	소리를 전달시켜 주는 물질
흡수	밖에 있는 사람이나 사물 따위를 안으로 모아들임.

1 스피커를 넣은 플라스틱 통의 위쪽에서 나무판을 들었을 때가 나무판을 들지 않았을 때보다 소리가 더 ☐ 게 들립니다.

2 스피커를 넣은 플라스틱 통의 위쪽에서 나무판을 들었을 때가 스타이로폼판을 들었을 때보다 소리가 더 ☐ 게 들립니다.

3 스피커를 넣은 플라스틱 통의 위쪽에서 아무것도 들지 않았을 때가 나무판이나 스타이로폼판을 들고 소리를 들었을 때보다 소리가 더 ☐ 게 들립니다.

4 소리가 나아가다가 물체에 부딪쳐 되돌아오는 성질을 소리의 ☐☐ 라고 합니다.

5 소리는 부드러운 물체보다 딱딱한 물체에서 더 잘 ☐☐ 됩니다.

6 목욕탕에서 소리가 울리는 것은 딱딱한 벽에 소리가 여러 방향으로 ☐☐ 되어 들려오기 때문입니다.

7 산에서 들려오는 메아리는 소리가 ☐☐ 되는 경우입니다.

8 공연장 천장에 설치된 ☐☐☐ 은 공연장 전체에 소리를 골고루 전달합니다.

5. 소리의 성질

▶ 교과서 106~109쪽

┌ 소음은 사람의 기분을 좋지 않게 만들거나 건강을
└ 해칠 수 있는 시끄러운 소리를 말합니다.

🌸 우리 주변의 소음을 어떻게 줄일까요?

(1) 소음이 생기는 경우(교과서 106쪽) 예 탐구 1
  ① 도로에서 자동차가 달리는 소리, 자동차의 경적 소리로 소음이 생깁니다.
  ② 아이들이 장난치는 소리, 확성기에서 나는 소리로 소음이 생깁니다.
  ③ 공사장의 건설 기계 소리, 땅을 뚫는 소리 등으로 소음이 생깁니다.

(2) 소음을 줄이는 방법 탐구 2

소음	소음을 줄이는 방법
자동차 소리	• 과속 방지 턱을 설치해 자동차를 느리게 달리도록 한다. • 방음벽을 설치해 소음을 도로 쪽으로 반사시킨다.
굴착기 소리	공사장 주변에 방음벽을 설치해 소음이 방음벽 밖으로 나오지 않도록 반사시킨다.
확성기 소리	확성기의 사용을 줄인다.
피아노 소리	벽에 소리가 잘 전달되지 않는 물질을 붙인다.
비행기 소리	도시에서 멀리 떨어진 장소에 공항을 짓는다.

└• 소리가 잘 전달되지 않게 하기 위해서입니다.

🌸 다양한 소리로 인형극 꾸미기

┌ 이야기 전체보다는 줄거리나 장면 중에서 인형극
│ 에 어울리는 부분을 선택하여 인형극을 꾸미도록
└ 합니다.

(1) 인형극을 꾸밀 때 생각해야 할 점
  ① 인형극으로 꾸밀 이야기를 생각해 봅니다.
  ② 인형극에 필요한 소리에는 무엇이 있는지 생각해 봅니다.
  ③ 소리를 내려면 어떤 재료와 방법을 사용해야 하는지 생각해 봅니다.
  ④ 소리의 세기와 높낮이를 조절하는 방법을 생각해 봅니다. 탐구 3

┌• 인형극에서 가장 중심이 되는 배경을 그립니다.

(2) 인형극을 만드는 과정: 친구들과 인형극의 대본을 씁니다. → 스케치북에 인형극의 배경을 그리고, 필요한 소품을 만듭니다. → 여러 가지 물체로 인형극에 필요한 소리를 만들고 연습합니다. → 친구들 앞에서 인형극을 발표합니다.

탐구 1 소음이 생기는 까닭

• 도로에서 자동차가 빨리 달리기 때문입니다.
• 공사장의 건설 기계가 움직이면서 큰 소리를 내기 때문입니다.

탐구 2 우리 주변의 소음을 줄이는 방법

• 소음의 세기를 줄여 소음을 줄일 수 있습니다.
• 소리가 잘 전달되지 않는 물질을 이용하여 소음을 줄일 수 있습니다.
• 소리가 반사되는 성질을 이용하여 소음을 줄일 수 있습니다.

▲ 소리가 반사되는 성질을 이용한 도로 방음벽

탐구 3 인형극에 필요한 소리를 내는 방법

• 바람 소리: 비닐봉지를 크게 돌려 소리를 냅니다.
• 날개를 퍼덕이는 소리: 책으로 펄럭이는 소리를 냅니다.
• 발걸음 소리: 손바닥으로 책상을 두드려서 소리를 냅니다.
• 씨가 떨어지는 소리: 콩을 바닥에 떨어뜨립니다.
• 박이 갈라지는 소리: 종이를 찢습니다.

개념을 **확인해요**

1 ☐☐ 은 건강을 해칠 수 있는 시끄러운 소리입니다.

2 도로에서 자동차가 빨리 달리기 때문에 ☐☐ 이 생깁니다.

3 공사장 주변에 방음벽을 설치하면 ☐☐ 을 줄일 수 있습니다.

4 자동차 소리를 줄이기 위해서는 ☐☐ ☐☐☐ 을 설치하여 자동차를 느리게 달리도록 합니다.

5 도로 방음벽은 소리가 ☐☐ 되는 성질을 이용하여 소음을 줄이는 경우입니다.

6 음악실은 ☐☐ 가 잘 전달되지 않는 물질을 벽에 붙여 소음을 줄입니다.

7 다양한 소리로 인형극을 꾸밀 때 가장 먼저 인형극의 ☐☐ 을 씁니다.

8 여러 가지 물체를 이용해 인형극에 필요한 소리를 낼 때 날개를 퍼덕이는 소리는 ☐ 으로 펄럭이는 소리를 냅니다.

핵심 1

소리를 내면서 목에 손을 대 보거나, 소리가 나는 스피커에 손을 대 보면 떨림이 느껴집니다.

1 스피커에 손을 대 보았을 때, 손에 떨림이 느껴지는 것은 어느 것인지 기호를 쓰시오.

ㄱ   ㄴ
▲ 소리가 나지 않는 스피커   ▲ 소리가 나는 스피커

(   )

2 소리가 나는 소리굽쇠를 물에 대 보았을 때 나타나는 현상입니다. (   ) 안에 알맞은 말을 쓰시오.

소리가 나는 소리굽쇠의 (   ) 때문에 물이 튀어 오른다.

(   )

3 소리가 나는 물체를 소리가 나지 않게 하려면 어떻게 해야 합니까? (   )

① 흔들어 본다.
② 더 세게 친다.
③ 떨리지 않게 한다.
④ 바닥에 굴려 본다.
⑤ 바닥에 내려놓는다.

핵심 2

작은북을 북채로 약하게 치면 작게 떨리고, 북채로 세게 치면 크게 떨립니다.

4 우리 생활에서 큰 소리를 낼 때는 언제입니까?
(   )

① 멀리 있는 친구를 부를 때
② 아기에게 자장가를 불러 줄 때
③ 친구에게 귓속말로 이야기할 때
④ 피아노로 조용한 곡을 연주할 때
⑤ '무궁화 꽃이 피었습니다' 놀이에서 술래에게 다가갈 때

5 작은북 위에 좁쌀을 올려놓고 북채로 치는 모습입니다. 큰 소리가 나는 것은 어느 것인지 기호를 쓰시오.

ㄱ   ㄴ

(   )

6 (   ) 안에 알맞은 말을 쓰시오.

소리의 크고 작은 정도를 소리의 (   ) 라고 한다.

(   )

7 다음을 읽고 바르면 ○표, 바르지 않으면 ×표를 하시오.

(1) 작은북을 세게 치면 좁쌀이 낮게 튀어 오릅니다.
(   )
(2) 소리가 클수록 물체가 크게 떨립니다.
(   )

5
단원

핵심 3

팬 플루트는 관의 길이에 따라 소리의 높낮이가 달라지고, 실로폰은 음판의 길이에 따라 소리의 높낮이가 달라집니다.

8 팬 플루트에서 높은 소리가 날 때는 어느 관을 불었을 때인지 기호를 쓰시오.

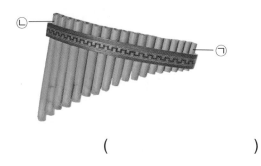

( )

9 실로폰의 음판을 차례대로 칠 때 점점 낮은 소리가 나는 경우는 어느 것인지 기호를 쓰시오.

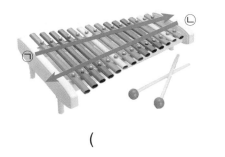

( )

10 ( ) 안에 공통으로 들어갈 말을 쓰시오.

> • 팬 플루트는 관의 ( )에 따라 소리의 높낮이가 달라진다.
> • 실로폰은 음판의 ( )에 따라 소리의 높낮이가 달라진다.

( )

11 소리의 높낮이를 이용하여 연주하는 악기는 어느 것인지 보기 에서 골라 기호를 쓰시오.

> 보기
>
> 소고, 탬버린, 리코더, 트라이앵글

( )

핵심 4

소리는 기체인 공기, 고체인 나무나 철, 액체인 물을 통해서 전달됩니다.

[12~13] 책상에 귀를 대고 책상을 두드리는 소리를 들어 보았습니다.

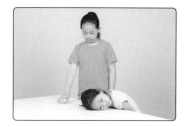

12 위 실험에서 책상을 두드리는 소리가 무엇을 통해 전달되었는지 쓰시오.

( )

13 위 실험에서 책상을 두드리는 소리를 전달하는 물질의 상태는 무엇인지 쓰시오.

( )

14 다음 그림에서 친구를 부르는 소리는 무엇을 통해 전달되는지 쓰시오.

( )

15 공기를 뺄 수 있는 장치에 소리가 나는 스피커를 넣고 공기를 빼면 소리의 크기가 어떻게 되는지 쓰시오.

핵심 5

실 전화기의 한쪽 종이컵에 입을 대고 소리를 내면 실을 통해 소리가 전달되어 다른 쪽 종이컵에서 소리를 들을 수 있습니다.

[16~17] 실 전화기를 보고 물음에 답하시오.

16 실 전화기로 친구와 이야기할 때, 실에 손을 살짝 대 보았을 때 느낌이 어떠합니까? (   )

① 실이 떨린다.
② 실이 따뜻하다.
③ 아무 변화가 없다.
④ 실의 길이가 짧아진다.
⑤ 실의 길이가 길어진다.

17 위 16 번 정답과 같은 현상은 실을 통해 무엇이 전달되기 때문인지 쓰시오.

(   )

18 실 전화기의 소리가 더 잘 들리는 경우는 어느 것인지 기호를 쓰시오.

┌─────────────────────────┐
│ ㉠ 실을 느슨하게 했을 때   │
│ ㉡ 실을 팽팽하게 했을 때   │
└─────────────────────────┘

(   )

19 실 전화기에 대한 내용을 읽고 바르면 ○표, 바르지 않으면 ✕표를 하시오.

(1) 실 전화기의 실에 물을 묻히면 소리가 잘 들리지 않습니다.   (   )
(2) 실을 손으로 잡으면 소리가 잘 들리지 않습니다.   (   )

핵심 6

소리가 나아가다가 물체에 부딪쳐 되돌아오는 성질을 소리의 반사라고 합니다. 소리는 딱딱한 물체에서는 잘 반사되지만, 부드러운 물체에서는 잘 반사되지 않습니다.

20 소리가 나아가다가 물체에 부딪쳐 되돌아오는 성질을 무엇이라고 하는지 쓰시오.

소리의 (   )

21 소리가 더 크게 들리는 경우는 어느 것인지 기호를 쓰시오.

▲ 나무판을 들고 소리를 들었을 때   ▲ 스타이로폼판을 들고 소리를 들었을 때

(   )

22 소리가 가장 작게 들리는 경우를 기호로 쓰시오.

┌──────────────────────────────┐
│ ㉠ 스피커를 넣은 플라스틱 통 위쪽에서 아   │
│   무 것도 들지 않고 소리 듣기   │
│ ㉡ 스피커를 넣은 플라스틱 통 위쪽에서 나   │
│   무판을 들고 소리 듣기   │
│ ㉢ 스피커를 넣은 플라스틱 통 위쪽에서 스   │
│   타이로폼판을 들고 소리 듣기   │
└──────────────────────────────┘

(   )

23 우리 생활에서 소리가 반사되는 경우가 **아닌** 것은 무엇입니까? (   )

① 목욕탕   ② 공연장
③ 실 전화기   ④ 도로의 방음벽
⑤ 산에서의 메아리

소리의 세기를 줄이거나, 소리가 잘 전달되지 않는 물질을 이용하거나, 소리가 반사되는 성질을 이용하여 소음을 줄일 수 있습니다.

24 소음에 대한 설명으로 바른 것은 어느 것입니까?
( )

① 즐거운 소리이다.
② 건강해지는 소리이다.
③ 우리 주변에서는 들을 수 없다.
④ 사람이 거의 없는 곳에서 들을 수 있다.
⑤ 건강을 해칠 수 있는 시끄러운 소리이다.

25 다음 장소에서 생기는 소음은 무엇입니까?
( )

① 개 짖는 소리
② 큰 음악 소리
③ 땅을 뚫는 소리
④ 자동차가 달리는 소리
⑤ 아이들이 장난치는 소리

26 소음을 줄이는 방법에 대한 설명입니다. ㉠과 ㉡에 들어갈 말을 쓰시오.

> • 소리의 세기를 줄인다.
> • 소리가 잘 (㉠)되지 않는 물질을 이용한다.
> • 소리가 (㉡)되는 성질을 이용한다.

㉠: ( )
㉡: ( )

다양한 소리로 인형극을 꾸밀 수 있습니다.

27 인형극을 만드는 과정을 순서대로 기호를 쓰시오.

> ㉠ 인형극의 대본을 쓴다.
> ㉡ 인형극에 필요한 소리를 만들고 인형극을 연습한다.
> ㉢ 인형극을 발표한다.
> ㉣ 스케치북에 인형극의 배경을 그리고, 필요한 소품을 만든다.

( )

28 다음과 같은 인형극의 대본을 보고 필요한 소리가 아닌 것은 무엇입니까? ( )

인형극 제목	흥부와 놀부
인형극 대본	(흥부가 창문을 여니 바람 소리가 들린다.) 흥부: (흥부가 걸어오는 소리와 함께) "여보, 우리 집에 제비가 날아들었소." 제비: (제비의 날갯소리가 들리며) "짹짹." 제비가 입에 물고 있던 씨앗을 던져 땅에 떨어지는 소리가 난다. 일 년이 흘러 커다란 박이 열렸다. 커다란 박이 지붕에서 떨어진다. 곧 박이 갈라진다. 흥부 부인: "여보, 박 속에 금은보화가 가득해요."

① 제비 날갯소리
② 눈길을 걷는 소리
③ 박이 떨어지는 소리
④ 박이 갈라지는 소리
⑤ 씨앗이 땅에 떨어지는 소리

29 위 대본에서 박이 갈라지는 소리는 어떻게 소리를 내면 좋을지 한 가지 쓰시오.

1 공항에서 주로 들을 수 있는 소리는 어느 것입니까? (　　　　)

① 새 소리
② 비행기 소리
③ 시냇물 소리
④ 요리하는 소리
⑤ 쉬는 시간을 알리는 종소리

2 손에 떨림이 느껴지는 경우는 어느 것인지 기호를 쓰시오.

ㄱ

ㄴ

▲ 소리가 나는 스피커에 손을 대 보기　　▲ 소리가 나지 않는 스피커에 손을 대 보기

(　　　　　　　　)

3 소리가 나는 소리굽쇠를 물에 대었을 때, 나타나는 현상은 무엇입니까? (　　　　)

① 아무 변화가 없다.
② 물이 튀어 오른다.
③ 물의 색깔이 변한다.
④ 물의 온도가 올라간다.
⑤ 물의 높이가 높아진다.

4 우리 생활에서 큰 소리를 낼 때는 언제입니까?
(　　　　)

① 북을 약하게 칠 때
② 친구와 귓속말을 할 때
③ 체육 대회에서 응원할 때
④ 아기에게 자장가를 불러 줄 때
⑤ 피아노로 조용한 곡을 연주할 때

5 소리의 크기를 비교하여 <, =, >로 비교하시오.

▲ 작은북을 약하게 칠 때　　▲ 작은북을 세게 칠 때

6 (　　　) 안에 알맞은 말을 쓰시오.

> 물체가 떨리는 크기에 따라 소리의 크기는 달라지며, 소리의 크고 작은 정도를 소리의 (　　　)라고 한다.

(　　　　　　　　)

7 팬 플루트의 관을 불어 보았을 때, 낮은 소리가 나는 곳은 어디인지 기호를 쓰시오.

(　　　　　　　　)

8 ( ) 안에 알맞은 말을 쓰시오.

> 실로폰은 음판의 길이에 따라 소리의
> ( )가 달라진다.

( )

9 소리의 높낮이를 이용하여 연주하는 악기가 <u>아닌</u> 것은 무엇입니까? ( )

① 북 ② 기타
③ 실로폰 ④ 바이올린
⑤ 팬 플루트

10 책상에 귀를 대고 책상을 두드리는 소리를 듣는 실험으로 알 수 있는 사실입니다. ( ) 안에 알맞은 말은 무엇입니까? ( )

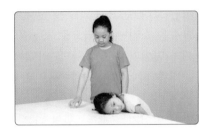

> 책상을 두드리는 소리는 ( )를 통해
> 전달된다.

① 고체 ② 액체
③ 기체 ④ 액체와 기체
⑤ 고체와 액체

11 물속에서 소리가 나는 스피커를 찾는 방법으로 바른 것을 골라 기호를 쓰시오.

> ㉠ 플라스틱 관이 스피커에 가까워질수록 소
> 리가 더 크게 들린다.
> ㉡ 플라스틱 관이 스피커에서 멀어질수록 소
> 리가 더 크게 들린다.

( )

12 공기를 뺄 수 있는 장치에 소리가 나는 스피커를 넣고 공기를 빼면 어떻게 됩니까? ( )

① 소리가 커진다.
② 소리가 작아진다.
③ 공기를 뺄 수 없다.
④ 통 안이 뿌옇게 흐려진다.
⑤ 소리가 커졌다 작아졌다 계속 변한다.

13 숟가락에 연결한 실을 귀에 걸고 젓가락으로 숟가락을 두드리는 소리를 들으면 어떻게 들리는지 기호를 쓰시오.

> ㉠ 소리가 잘 들리지 않는다.
> ㉡ 소리가 크게 잘 들린다.

( )

14 ( ) 안에 알맞은 말을 쓰시오.

> 실 전화기는 실의 떨림으로 ( )가
> 전달된다.

( )

15 소리가 크게 들리는 경우는 어느 것인지 기호를 쓰시오.

▲ 아무것도 들지 않고 소리 듣기

▲ 나무판을 들고 소리 듣기

(   )

16 소리가 가장 잘 반사되지 않을 때는 어느 것인지 기호를 쓰시오.

> ㉠ 목욕탕에서 들리는 소리
> ㉡ 동굴에서 이야기하는 소리
> ㉢ 부드러운 물체에 부딪친 소리

(   )

중요

17 다음 중 소음이 <u>아닌</u> 것은 무엇입니까?
(   )

① 자동차 경적 소리
② 아름다운 음악 소리
③ 개가 크게 짖는 소리
④ 공원에서 들리는 큰 음악 소리
⑤ 공사장에서 건설 기계가 움직이는 소리

18 공동 주택에서 소음을 줄이기 위한 방법으로 알맞지 <u>않은</u> 것은 무엇입니까? (   )

① 천천히 뛴다.
② 문을 살살 닫는다.
③ 음악 소리를 줄인다.
④ 의자를 들고 이동한다.
⑤ 바닥에 소음 방지 매트를 깐다.

19 인형극에 필요한 여러 가지 소리를 만드는 방법으로 알맞지 <u>않은</u> 것은 무엇입니까? (   )

① 바람 소리─손으로 박수를 친다.
② 발걸음 소리─손바닥으로 책상을 두드린다.
③ 씨가 떨어지는 소리─콩을 바닥에 떨어뜨린다.
④ 날개를 퍼덕이는 소리─책으로 펄럭이는 소리를 낸다.
⑤ 박이 떨어지는 소리─책의 넓은 부분을 바닥으로 세게 던진다.

응용

20 흥부와 놀부 이야기로 인형극을 만들 때 필요한 소리는 무엇입니까? (   )

① 제비 날갯소리
② 집을 짓는 소리
③ 호랑이 울음소리
④ 비가 내리는 소리
⑤ 물에 빠지는 소리

1 소리의 주인공 추리하기 놀이를 하기 위해 가장 먼저 해야 할 일은 무엇입니까? (　　　)

① 물체를 두드려 소리를 내 본다.
② 녹음한 소리를 스피커로 들려준다.
③ 한 가지 소리를 선택하여 녹음한다.
④ 어떤 물체를 두드려 소리를 낼지 이야기한다.
⑤ 소리를 듣고 어떤 물체에서 나는 소리인지 맞힌다.

서술형

2 소리를 내면서 목에 손을 대 보았을 때 손의 느낌은 어떠한지 쓰시오.

_____

3 소리가 나는 소리굽쇠는 어느 것인지 기호를 쓰시오.

ㄱ　　　　　　　　ㄴ

(　　　　　　　　)

4 앞 **3**번 정답의 소리굽쇠를 손으로 움켜잡으면 어떻게 됩니까? (　　　)

① 소리가 변한다.
② 맑은 소리가 난다.
③ 소리가 나지 않는다.
④ 소리가 점점 커진다.
⑤ 소리가 점점 작아진다.

5 큰 소리가 나는 경우는 어느 것인지 모두 골라 기호를 쓰시오.

> ㉠ 작은북을 세게 칠 때
> ㉡ 실로폰을 세게 칠 때
> ㉢ 작은북을 약하게 칠 때
> ㉣ 실로폰을 약하게 칠 때

(　　　　　　　　)

6 작은북 위에 좁쌀을 올려놓고 북채로 쳤을 때, 큰 소리가 나는 경우는 어느 것인지 기호를 쓰시오.

(　　　　　　　　)

중요

7 소리의 세기에 대한 설명으로 바른 것은 무엇입니까? (　　　)

① 소리의 크고 작은 정도이다.
② 소리의 높고 낮은 정도이다.
③ 도서관에서는 큰 소리만 난다.
④ 응원을 할 때는 작은 소리만 낸다.
⑤ 멀리 있는 친구를 부를 때는 작은 소리를 낸다.

5 단원

8 팬 플루트와 실로폰에서 낮은 소리가 나는 곳을 골라 기호를 쓰시오.

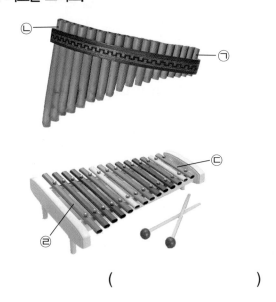

( )

9 소리의 높낮이에 대한 설명입니다. ( ) 안에 공통으로 들어갈 말을 쓰시오.

> • 팬 플루트는 관의 ( )에 따라 소리의 높낮이가 달라진다.
> • 실로폰은 음판의 ( )에 따라 소리의 높낮이가 달라진다.

( )

10 높은 소리와 낮은 소리 중 다음과 같은 상황에서 이용되는 소리는 무엇인지 쓰시오.

> • 건물의 화재경보기
> • 수영장 안전 요원의 호루라기
> • 구급차의 경보음

( )

11 물속에 있는 스피커를 찾을 때 스피커의 소리를 전달하는 것은 무엇인지 모두 고르시오.

( )

① 수조
② 스피커
③ 수조의 물
④ 플라스틱 관
⑤ 플라스틱 관 속의 공기

 중요

12 다음에서 소리를 전달하는 물질은 무엇입니까?

( )

▲ 친구가 부르는 소리가 들릴 때

① 물　　　　② 철
③ 나무　　　④ 고무
⑤ 공기

서술형

13 실 전화기로 친구와 이야기할 수 있는 까닭을 쓰시오.

_____

14 실 전화기 중 소리가 가장 잘 들리는 것은 어느 것인지 기호를 쓰시오.

ㄱ

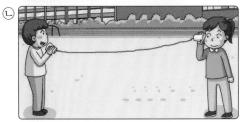
ㄴ

ㄷ

(   )

15 소리의 반사 현상이 일어나는 경우가 <u>아닌</u> 것은 어느 것인지 기호를 쓰시오.

ㄱ

ㄴ

(   )

16 다음을 읽고 바른 것에 ◯표 하시오.

> 소리는 (딱딱한 , 부드러운) 물체에서 잘 반사된다.

17 소리의 반사와 <u>관계없는</u> 것은 무엇입니까?
(   )

① 산에서 메아리 소리가 들린다.
② 실 전화기로 친구와 이야기를 한다.
③ 텅 빈 체육관에서 박수 소리가 다시 들린다.
④ 공연장 천장의 반사판으로 소리를 골고루 전달한다.
⑤ 도로에 방음벽을 설치하여 자동차 소리가 작게 들린다.

18 다음에서 설명하는 것은 무엇인지 쓰시오.

> 사람의 기분을 좋지 않게 만들거나 건강을 해칠 수 있는 시끄러운 소리이다.

(   )

19 소리의 전달을 막아 소음을 줄인 방법은 어느 것인지 보기 에서 찾아 기호를 쓰시오.

> **보기**
> ㉠ 음악실 방음벽
> ㉡ 도로 방음벽

(   )

20 소리로 인형극을 꾸밀 때 다음과 같은 방법으로 내는 소리는 무엇을 표현한 것입니까? (   )

> 책으로 펄럭이는 소리를 낸다.

① 발걸음 소리
② 코 고는 소리
③ 물에 빠지는 소리
④ 눈길을 걷는 소리
⑤ 새가 날개를 퍼덕이는 소리

1 우리 주변에서 들리는 다양한 소리 중에서 다음과 같은 소리를 들었습니다. 어떤 물체에서 나는 것이라고 추리할 수 있습니까? (   )

> 멍! 멍! 멍!

① 리코더
② 강아지
③ 비행기
④ 호랑이
⑤ 자동차 경적

2 소리가 나는 스피커와 소리가 나지 않는 스피커에 손을 대 보았을 때의 느낌으로 바른 것은 무엇입니까? (   )

▲ 소리가 나지 않는 스피커

▲ 소리가 나는 스피커

① ㉠은 손에 떨림이 느껴진다.
② ㉡은 손에 떨림이 느껴진다.
③ ㉠과 ㉡ 모두 아무 느낌이 없다.
④ ㉠이 ㉡보다 손의 떨림이 크게 느껴진다.
⑤ ㉡이 ㉠보다 손의 떨림이 작게 느껴진다.

3 소리가 나는 소리굽쇠를 물에 대 보았을 때 나타나는 현상은 무엇입니까? (   )

① 물이 언다.
② 물이 튀어 오른다.
③ 아무 변화가 없다.
④ 소리굽쇠의 떨림이 멈춘다.
⑤ 소리굽쇠의 소리가 점점 커진다.

서술형

4 다음 물체의 공통점을 한 가지 쓰시오.

▲ 소리가 나는 종

▲ 벌의 빠른 날갯짓

[5~6] 작은북 위에 좁쌀을 올려놓고 북채로 쳤을 때 튀는 모습입니다.

㉠

㉡

5 위 실험에서 좁쌀이 튀는 모습을 보고 알 수 있는 사실은 무엇입니까? (   )

① ㉠과 ㉡의 작은북 떨림은 같다.
② ㉡보다 ㉠의 작은북이 크게 떨린다.
③ ㉠과 ㉡의 작은북 소리의 세기는 같다.
④ ㉠보다 ㉡의 작은북을 세게 치고 있다.
⑤ ㉠의 작은북을 ㉡보다 빠르게 치고 있다.

6 위 작은북 중 소리의 세기가 더 큰 것은 어느 것인지 기호를 쓰시오.

(   )

7 작은 소리를 낼 때는 언제입니까? (   )

① 친구와 놀이터에서 놀 때
② 체육 시간에 응원을 할 때
③ 멀리 있는 친구를 부를 때
④ 친구들 앞에서 발표를 할 때
⑤ 아기에게 자장가를 불러 줄 때

8 팬 플루트와 실로폰입니다. 높은 소리가 나는 곳을 각각 골라 기호를 쓰시오.

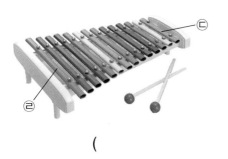

(   )

9 (   ) 안에 공통으로 들어갈 말을 쓰시오.

• 소리의 높고 낮은 정도를 (   )라고 한다.
• 팬 플루트는 관의 길이에 따라 (   )가 달라진다.
• 실로폰은 음판의 길이에 따라 (   )가 달라진다.

(   )

10 소리의 높낮이를 이용하여 연주하는 악기는 어느 것입니까? (   )

① 북   ② 장구
③ 탬버린   ④ 심벌즈
⑤ 바이올린

11 책상에 귀를 대고 책상을 두드리는 소리를 들어 보았습니다. 알맞은 말에 ○표 하시오.

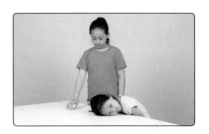

책상을 두드리는 소리는 (책상 , 공기)을/를 통해 전달되었다.

5
단원

12 다음 그림을 보고 소리를 전달하는 물질을 각각 쓰시오.

(1)

(2)

(   ) (   )

13 달에서 소리가 전달되지 않는 까닭은 무엇입니까?
(   )

① 물이 없기 때문에
② 공기가 없기 때문에
③ 기온이 매우 낮기 때문에
④ 사람이 살지 않기 때문에
⑤ 소리가 반사되는 곳이 없기 때문에

14 다음 도구가 하는 일은 무엇입니까? (   )

① 무게를 잰다.
② 소리를 전달한다.
③ 소리의 반사를 일으킨다.
④ 소리의 세기를 알 수 있다.
⑤ 소리의 높낮이를 알 수 있다.

15 실 전화기 중 소리가 가장 잘 들리는 것은 어느 것인지 기호를 쓰시오.

> ㉠ 실의 길이가 길고, 실의 두께가 얇은 것
> ㉡ 실의 길이가 길고, 실의 두께가 두꺼운 것
> ㉢ 실의 길이가 짧고, 실의 두께가 두꺼운 것

(   )

서술형

16 나무판을 들고 소리를 들을 때가 스타이로폼판을 들고 소리를 들었을 때보다 소리가 더 크게 들리는 까닭을 쓰시오.

▲ 나무판을 들고 소리 듣기   ▲ 스타이로폼판을 들고 소리 듣기

_____

_____

17 (   ) 안에 들어갈 말을 쓰시오.

> • 목욕탕에서 소리가 울리는 것은 딱딱한 벽에 소리가 (   )되어 되돌아오기 때문이다.

(   )

18 소음이 발생하는 경우가 <u>아닌</u> 것은 언제입니까?

(   )

① 개가 크게 짖을 때
② 확성기를 사용할 때
③ 도서관에서 책을 읽을 때
④ 도로에서 자동차가 달릴 때
⑤ 공사장의 건설 기계가 움직일 때

19 소리가 반사되는 성질을 이용하여 소음을 줄인 경우는 어느 것인지 기호를 쓰시오.

> ㉠ 과속 방지 턱
> ㉡ 도로 방음벽
> ㉢ 음악실 방음벽

(   )

20 다양한 소리로 인형극을 꾸미는 과정을 순서대로 기호를 쓰시오.

> ㉠ 인형극의 대본을 쓴다.
> ㉡ 인형극에 필요한 소리를 만들고 인형극을 연습한다.
> ㉢ 스케치북에 인형극의 배경을 그리고, 필요한 소품을 만든다.
> ㉣ 친구들 앞에서 인형극을 발표한다.

(   )

1 소리의 주인공 추리하기 놀이를 할 때, 가장 나중에 해야 할 일은 무엇입니까? (   )

① 소리를 녹음한다.
② 어떤 물체에서 나는 소리인지 맞힌다.
③ 여러 가지 물체를 두드려 소리를 낸다.
④ 어떤 물체를 두드려 소리를 낼지 정한다.
⑤ 녹음한 소리를 스피커로 친구들에게 들려준다.

2 오른쪽과 같이 소리를 내면서 목에 손을 대 보았을 때와 같은 느낌이 나는 경우를 골라 기호를 쓰시오.

▲ 소리가 나지 않는 스피커에 손을 대 보기   ▲ 소리가 나는 스피커에 손을 대 보기

(   )

3 위 **2**번의 정답과 소리를 내면서 목에 손을 대 보았을 때의 느낌이 같은 까닭은 무엇인지 쓰시오.

_____

4 소리가 나는 소리굽쇠를 물에 대 보았을 때, 물이 튀어 올랐습니다. 물이 튀어 오르지 않게 하기 위해서는 어떻게 해야 합니까? (   )

① 소리굽쇠를 흔든다.
② 따뜻한 물에 소리굽쇠를 넣는다.
③ 소리굽쇠를 한 번 더 망치로 친다.
④ 소리굽쇠를 손으로 강하게 잡는다.
⑤ 소리굽쇠를 물속으로 빠르게 넣는다.

5 좁쌀을 올려놓은 작은북을 북채로 세게 쳤을 때 나타나는 현상으로 바른 것을 모두 고르시오.
(,   )

① 큰 떨림이 생긴다.
② 작은 소리가 난다.
③ 아무 소리가 나지 않는다.
④ 작은북 위의 좁쌀이 높게 튀어 오른다.
⑤ 작은북 위의 좁쌀이 낮게 튀어 오른다.

6 물체가 떨리는 크기와 소리의 세기를 바르게 선으로 연결하시오.

(1) 물체의 떨림이 큰 때 •   • ㉠ 소리가 작다.

(2) 물체의 떨림이 작을 때 •   • ㉡ 소리가 크다.

7 소리의 세기에 대해 이야기하는 친구는 누구입니까? (   )

① 민성: 엄마는 말이 너무 빨라.
② 지우: 선생님은 목소리가 예뻐.
③ 아은: 내 친구는 말을 너무 잘 해.
④ 수지: 우리 반 응원 소리가 커서 좋았어.
⑤ 서윤: 언니가 연주하는 피아노 소리는 너무 아름다워.

8 높은 소리가 나는 경우를 모두 골라 기호를 쓰시오.

> ㉠ 실로폰의 긴 음판을 친다.
> ㉡ 팬 플루트의 긴 관을 분다.
> ㉢ 실로폰의 짧은 음판을 친다.
> ㉣ 팬 플루트의 짧은 관을 분다.

( )

9 소리의 높낮이를 이용하여 연주하는 악기가 아닌 것은 무엇입니까? ( )

① 기타 　　② 피아노
③ 장구 　　④ 실로폰
⑤ 바이올린

10 다음과 같은 경우에 공통으로 이용되는 소리는 높은 소리와 낮은 소리 중 무엇인지 쓰시오.

▲ 화재경보기 　　▲ 수영장 안전 요원의 호루라기

( )

11 물속에 소리가 나는 스피커를 넣고 플라스틱 관을 넣어 스피커를 찾을 수 있는 방법을 쓰시오.

_____

_____

12 오른쪽과 같이 공기를 뺄 수 있는 장치에 소리가 나는 스피커를 넣고 공기를 뺐을 때에 대한 설명으로 바른 것을 모두 고르시오.

(,)

① 소리가 커진다.
② 소리가 작아진다.
③ 소리를 전달하는 물질이 물이라는 것을 알 수 있다.
④ 공기의 양이 점점 많아져 소리가 잘 전달되지 않는다.
⑤ 공기의 양이 적어지기 때문에 소리가 잘 전달되지 않는다.

13 숟가락에 연결한 실을 귀에 걸고 젓가락으로 숟가락을 두드리는 실험입니다. 실험에 대한 설명으로 바르지 않은 것을 모두 고르시오. (,)

① 실의 떨림이 있다.
② 소리가 작게 들린다.
③ 소리가 크게 들린다.
④ 소리가 실을 통해 전달된다는 것을 알 수 있다.
⑤ 소리가 공기를 통해 전달된다는 것을 알 수 있다.

14 실 전화기에 대한 설명으로 바른 것은 무엇입니까?

( )

① 소리가 공기를 통해 전달된다.
② 소리가 전달될 때 실에서 떨림이 있다.
③ 실의 길이가 길수록 소리가 더 잘 들린다.
④ 실에 물을 묻히면 소리가 잘 들리지 않는다.
⑤ 실을 느슨하게 하고 말을 해야 소리가 잘 들린다.

15 텅 빈 체육관에서 손뼉을 치면 잠시 뒤에 그 소리가 다시 들리는 까닭은 무엇입니까? (   )

① 소리가 반사되기 때문에
② 손뼉을 치는 소리가 높기 때문에
③ 손뼉을 치는 소리가 낮기 때문에
④ 손뼉을 치는 소리가 물을 통해 전달되기 때문에
⑤ 손뼉을 치는 소리가 체육관 벽에 흡수되기 때문에

16 소리가 나는 스피커를 플라스틱 통 속에 넣고 나무판과 스타이로폼판을 들고 소리의 크기를 비교했을 때, 소리가 크게 들리는 경우를 기호로 쓰고 그 까닭을 쓰시오.

▲ 나무판을 들고 있을 때   ▲ 스타이로폼판을 들고 있을 때

(1) 소리가 크게 들리는 것: (   )
(2) 소리가 크게 들리는 까닭

_____

17 공연장 천장에 설치된 반사판의 역할은 무엇입니까? (   )

① 공연하는 소리를 두 번 들려 준다.
② 공연하는 소리의 세기를 조절해 준다.
③ 공연하는 소리의 높낮이를 조절해 준다.
④ 공연장 전체에 소리를 골고루 전달한다.
⑤ 공연하는 소리가 밖에까지 잘 들리도록 한다.

18 소음에 대한 설명으로 바르지 <u>않은</u> 것은 무엇입니까? (   )

① 건강을 해칠 수 있다.
② 시끄럽고 큰 소리이다.
③ 기분이 좋지 않은 소리이다.
④ 마음이 편안해지는 소리이다.
⑤ 도로에서 자동차가 빨리 달리면 발생한다.

19 소음을 줄일 수 있는 방법과 이용된 원리를 바르게 선으로 연결하시오.

(1) 음악실 방음벽 •   • ㉠ 소리의 전달을 막은 경우

(2) 도로 방음벽 •   • ㉡ 소리의 반사를 이용한 경우

20 다양한 소리로 인형극을 꾸밀 때 다음과 같은 방법으로 내는 소리는 무엇을 표현한 것입니까? (   )

> 손바닥으로 책상을 두드려서 소리를 낸다.

① 바람 소리
② 발걸음 소리
③ 제비 울음소리
④ 호랑이 울음소리
⑤ 날개를 퍼덕이는 소리

5
단원

1 실로폰으로 연주를 하려고 합니다. 소리의 세기와 소리의 높낮이를 조절하는 방법을 쓰시오.

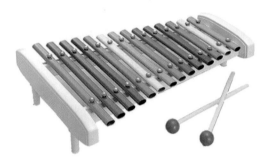

(1) 소리의 세기

_____

(2) 소리의 높낮이

_____

소리의 세기와 높낮이

소리의 크고 작은 정도를 소리의 세기라고 하고, 소리의 높고 낮은 정도를 소리의 높낮이라고 합니다.

2 건식이는 산에 올라가 큰 소리로 노래를 부르면서 손으로 목을 만졌더니 어떤 느낌이 느껴졌습니다. 또한 다른 사람들이 건식이의 노래 소리를 들었습니다. 목을 만졌을 때 어떤 느낌이 나는지, 어떤 방법으로 다른 사람들에게 노래 소리가 전달되었는지 쓰시오.

(1) 손으로 목을 만졌을 때의 느낌

_____

(2) 건식이의 노래 소리가 다른 사람들에게 전달된 방법

_____

소리의 전달

공기, 물, 나무, 철 등 여러 가지 물질을 통하여 소리가 전달되며 이때 떨림이 느껴집니다.

3 달에서 소리를 들을 수 있는지 또는 들을 수 없는지 ○로 표시하고, 들을 수 없다면 그 까닭을 쓰시오.

(1) 달에서는 소리를 들을 수 (있다   ,   없다   )

(2) 들을 수 없는 까닭

_____

_____

공기와 소리의 전달

• 공기를 뺄 수 있는 장치에 소리가 나는 스피커를 넣고 공기를 빼면 소리가 작아집니다.
• 통 속의 공기가 줄어들면 소리를 전달할 수 있는 공기가 적어지기 때문에 소리가 잘 전달되지 않습니다.

5
단원

4 소리의 성질 중 실 전화기와 소리의 반사를 생각그물로 나타낸 것입니다. 빈칸에 알맞은 말을 쓰시오.

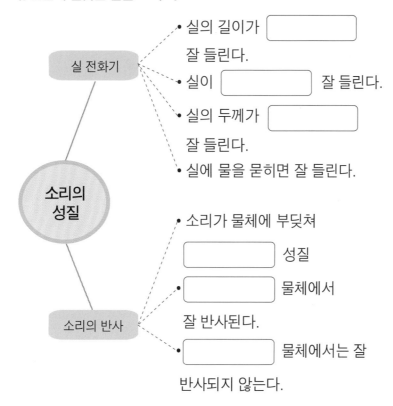

소리의 반사

소리가 나아가다가 물체에 부딪쳐 되돌아오는 성질을 소리의 반사라고 합니다.

100점
예상문제

과학 3-2

3~4
학년군

1 재미있는 나의 탐구

1 자석에 대해 궁금한 것 중에서 가장 알아보고 싶은 것을 탐구 문제로 정할 때 알맞지 <u>않은</u> 것은 어느 것입니까? ( )

① 어떤 모양의 자석이 가장 셀까?
② 고리 자석의 N극과 S극은 어디일까?
③ 자석의 힘은 얼마나 멀리까지 미칠까?
④ 자석을 여러 개로 쪼개도 자석의 가격은 같을까?
⑤ 막대자석 두 개를 길게 이어 붙이면 막대자석 한 개보다 클립이 더 많이 붙을까?

2 탐구 문제를 해결하기 위해 탐구 계획을 세우는 차례대로 기호를 쓰시오.

> ㉠ 탐구 계획 세우기
> ㉡ 탐구 문제를 해결할 방법 정하기
> ㉢ 탐구 계획 발표하기

( )

3 다음과 같은 탐구 문제를 실행해 보려고 합니다. 필요한 것을 모두 고르시오. (,)

탐구 문제	막대자석 두 개를 길게 이어 붙이면 막대자석 한 개보다 클립이 더 많이 붙을까?

① 클립   ② 물 풀
③ 비커   ④ 색종이
⑤ 막대자석

4 스스로 탐구하는 순서로 바른 것은 어느 것입니까?
( )

① 탐구 문제 정하기 → 탐구 계획 세우기 → 탐구 실행하기 → 탐구 결과 발표하기
② 탐구 계획 세우기 → 탐구 문제 정하기 → 탐구 실행하기 → 탐구 결과 발표하기
③ 탐구 문제 정하기 → 탐구 결과 발표하기 → 탐구 계획 세우기 → 탐구 실행하기
④ 탐구 결과 발표하기 → 탐구 실행하기 → 탐구 계획 세우기 → 탐구 문제 정하기
⑤ 탐구 실행하기 → 탐구 결과 발표하기 → 탐구 계획 세우기 → 탐구 문제 정하기

2 동물의 생활

5 우리 주변에서 사는 동물이 <u>아닌</u> 것은 어느 것입니까? ( )

① 개   ② 사자
③ 잠자리   ④ 참새
⑤ 고양이

6 동물을 다음과 같이 나눈 기준으로 알맞은 것은 무엇입니까? ( )

비둘기, 참새, 까치	개미, 잠자리, 사슴벌레, 메뚜기

① 먹이의 양   ② 예쁜 정도
③ 몸의 길이   ④ 다리의 개수
⑤ 더듬이의 길이

7 땅에 사는 동물의 특징으로 바른 것은 어느 것입니까? ( )

① 지렁이 – 머리에 더듬이가 있다.
② 소 – 다리 네 쌍으로 걸어 다닌다.
③ 뱀 – 몸이 머리, 가슴, 배로 구분된다.
④ 너구리 – 삽처럼 생긴 앞다리로 땅을 판다.
⑤ 공벌레 – 위험을 느끼면 몸을 둥글게 만든다.

8 땅에 사는 동물 중 이동하는 방법이 <u>다른</u> 동물은 어느 것입니까? (   )

① 개미
② 뱀
③ 다람쥐
④ 공벌레
⑤ 땅강아지

9 사막에 살고 있는 동물입니다. 이름을 쓰시오.

(1)

(2)

(   ) (   )

10 갯벌에 살고 있는 동물은 어느 것입니까?
(   )

①

▲ 물방개

②

▲ 다슬기

③

▲ 게

④

▲ 전복

⑤

▲ 수달

서술형

11 다음 동물은 공통으로 어떤 특징이 있어서 잘 날 수 있는지 두 가지 쓰시오.

> 직박구리, 박새, 나비, 잠자리

12 다음은 칫솔걸이입니다. 활용한 동물과 특징을 바르게 나타낸 것은 어느 것입니까? (   )

① 문어 – 빨판의 잘 붙는 특징
② 전복 – 껍데기의 단단한 특징
③ 오리 – 물갈퀴로 헤엄을 잘 치는 특징
④ 수리 – 먹이를 잘 잡고 놓치지 않는 특징
⑤ 홍합 – 세찬 파도에도 바위에 단단하게 붙어 있는 특징

3 지표의 변화

서술형

13 흙 언덕 깃발 지키기 놀이에서 흙 언덕의 모습이 변하게 된 까닭을 쓰시오.

14 바위나 돌이 흙이 되는 원인을 **보 기**에서 골라 기호를 쓰시오.

> **보 기**
> ㉠ 작은 알갱이가 뭉쳐져 큰 알갱이가 되는 것이다.
> ㉡ 나무뿌리가 자라면서 바위가 부서진다.
> ㉢ 물이 얼었다 녹았다를 반복하면서 바위가 부서진다.

( )

[15~16] 운동장 흙과 화단 흙의 물 빠짐을 비교하여 보았습니다.

운동장 흙 ─ ─ 화단 흙

15 일정한 시간 동안 어느 흙에서 물이 더 많이 빠졌는지 쓰시오.

( )

16 위 15번과 같은 결과가 나온 까닭은 무엇입니까?
( )

① 부드러울수록 물 빠짐이 좋기 때문에
② 잘 뭉쳐질수록 물 빠짐이 좋기 때문에
③ 알갱이가 클수록 물 빠짐이 좋기 때문에
④ 색깔이 어두울수록 물 빠짐이 좋기 때문에
⑤ 알갱이가 작을수록 물 빠짐이 좋기 때문에

17 운동장 흙과 화단 흙에 들어 있는 부식물을 비교하는 실험을 할 때 다르게 해야 하는 조건은 어느 것입니까? ( )

① 물의 양
② 흙의 양
③ 흙의 종류
④ 비커의 크기
⑤ 유리 막대로 저은 횟수

18 흙 언덕을 만들고 페트병에 든 물을 흘려보낼 때 페트병의 위치로 알맞은 것은 어느 것입니까?
( )

① 흙 언덕 위쪽에서 페트병을 최대한 낮게 한다.
② 흙 언덕 위쪽에서 페트병을 최대한 높게 한다.
③ 흙 언덕 옆쪽에서 페트병을 최대한 높게 한다.
④ 흙 언덕 옆쪽에서 페트병을 최대한 낮게 한다.
⑤ 흙 언덕 아래쪽에서 페트병을 최대한 낮게 한다.

19 강 상류의 모습을 골라 ○표 하시오.

(1) ( ) (2) ( )

20 바닷물의 침식 작용과 퇴적 작용 중 관계있는 것을 선으로 연결하시오.

(1) •   • ㉠ 퇴적 작용

(2) •

(3) •   • ㉡ 침식 작용

1 재미있는 나의 탐구

1 자석에 대해 궁금한 것 중 정한 탐구 문제로 '막대 자석을 얼마나 가까이 가져가야 쇠구슬이 움직이기 시작할까?'를 그림으로 나타낸 것으로 알맞은 것은 어느 것입니까?

ㄱ   ㄴ

ㄷ   ㄹ

(   )

2 탐구 문제를 정한 다음 탐구 계획을 세울 때 반드시 들어가야 할 내용이 <u>아닌</u> 것은 무엇입니까?
(   )

① 준비물
② 탐구 순서
③ 예상되는 결과
④ 탐구 문제를 해결할 방법
⑤ 탐구 문제를 해결하는 데 필요한 간식

3 탐구를 실행하는 태도로 바른 것을 모두 고르시오.
(,   )

① 측정은 한 번만 정확하게 한다.
② 탐구를 하여 알게 된 것을 정리한다.
③ 예상한 결과와 탐구 결과를 비교해 본다.
④ 측정한 결과는 기억했다가 나중에 기록한다.
⑤ 탐구를 조금 실행해 보고 결과를 예상하여 쓴다.

4 다음은 탐구 결과를 어떤 방법을 이용하여 발표하는 것인지 보기 에서 골라 쓰시오.

보 기

포스터, 전시회, 컴퓨터 이용

(   )

2 동물의 생활

5 주변에 사는 동물 중 다음과 같은 특징을 가진 동물은 무엇입니까? (   )

• 화단에서 볼 수 있다.
• 투명한 날개가 있어 날 수 있다.
• 다리가 세 쌍이 있다.
• 꽃에 있는 꿀을 먹는다.

① 까치   ② 공벌레
③ 참새   ④ 잠자리
⑤ 꿀벌

6 화단에서 동물을 많이 볼 수 있는 까닭으로 알맞지 <u>않는</u> 것은 무엇입니까? (   )

① 먹이가 많기 때문에
② 숨기 좋은 곳이기 때문에
③ 다른 동물의 눈에 잘 띄기 때문에
④ 동물이 쉴 수 있는 곳이기 때문에
⑤ 집을 지을 수 있는 장소를 제공하기 때문에

100점
예상
문제

7 더듬이가 있는 것과 더듬이가 없는 것으로 분류했을 때 분류가 <u>잘못된</u> 동물은 어느 것인지 쓰시오.

더듬이가 있는 것	더듬이가 없는 것
꿀벌, 사슴벌레, 거미, 개미, 잠자리, 공벌레	토끼, 다람쥐, 참새, 고양이, 개구리, 뱀

( )

8 땅에서 사는 동물 중 다리의 개수가 <u>다른</u> 동물은 어느 것입니까? ( )

①
▲ 땅강아지

②
▲ 소

③
▲ 다람쥐

④
▲ 너구리

⑤
▲ 두더지

9 낙타가 사막에서 잘 살 수 있는 특징을 모두 고르시오. (,)

① 발바닥이 넓다.
② 몸에 비해 귀가 크다.
③ 콧구멍을 여닫을 수 있다.
④ 앞다리로 땅을 잘 팔 수 있다.
⑤ 온몸이 딱딱한 껍질로 되어 있다.

10 ( ) 안에 알맞은 말을 쓰시오.

강가나 호숫가에는 수달이나 개구리 등이 살고, ( )에는 게, 조개 등이 살며, 바닷속에는 상어, 오징어 등이 산다.

( )

11 직박구리의 특징으로 바르지 <u>않은</u> 것은 어느 것입니까? ( )

① 날개가 있다.
② 다리가 한 쌍 있다.
③ 불완전 탈바꿈을 한다.
④ 몸이 깃털로 덮여 있다.
⑤ 주로 나무 위에 머무른다.

서술형
12 우리 생활에서 동물의 특징을 활용한 예를 두 가지 쓰시오.

_____

_____

3 지표의 변화

[13～14] 얼음 설탕을 이용해 흙이 만들어지는 과정을 알아보았습니다.

13 위 실험을 할 때 필요한 것을 모두 고르시오.
(,)

① 화단 흙   ② 비커
③ 얼음 설탕   ④ 알코올램프
⑤ 플라스틱 통

서술형
14 위 실험을 할 때 얼음 설탕을 플라스틱 통에 가득 채우고 흔들었더니 아무 변화도 일어나지 않았습니다. 실험 과정에서 잘못된 점은 무엇인지 쓰시오.

_____

15 다음은 바위가 무엇에 의해 부서지는 것을 나타낸 것인지 쓰시오.

(1)

(2)

(   ) (   )

서술형

16 다음과 같이 흙 언덕을 만들고 위쪽에서 물을 흘려 보내는 실험을 할 때 색 모래를 위쪽에 뿌리는 까닭을 한 가지 쓰시오.

_____

_____

17 위 16번 실험 결과로 바른 것은 어느 것입니까?

(   )

① 흙 언덕의 위쪽에서는 흙이 쌓인다.
② 흙이 깎인 곳만 있고, 쌓인 곳은 없다.
③ 색 모래가 아래쪽에서 위쪽으로 이동한다.
④ 흙 언덕의 아래쪽에서는 퇴적 작용이 활발하다.
⑤ 물을 많이 부으면 흙 언덕의 모양은 변하지 않고 웅덩이만 생긴다.

18 강 주변에 대한 설명이 바른 것은 ○표, 바르지 않은 것은 ×표를 하시오.

(1) 강 상류는 강폭이 넓습니다. (   )
(2) 강 상류에는 주로 큰 바위나 돌이 있습니다.
(   )
(3) 강 하류는 강의 경사가 완만합니다.
(   )
(4) 강 상류에는 모래가 넓게 쌓여 있습니다.
(   )

19 강의 모습을 나타낸 것입니다. 퇴적 작용이 활발한 곳은 어느 곳인지 기호를 쓰시오.

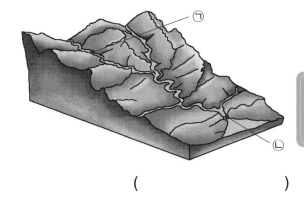

(   )

20 바닷물의 침식 작용이 활발한 곳의 바닷가 주변 모습으로 바른 것을 모두 고르시오. (,   )

① 바위에 구멍을 뚫는다.
② 가파른 절벽을 만든다.
③ 모래 해변이나 갯벌을 볼 수 있다.
④ 고운 흙이나 모래가 많이 쌓여 있다.
⑤ 바닷가 지형은 짧은 시간에 걸쳐서 만들어진다.

4 물질의 상태

[1~2] 광고풍선을 만들어 보았습니다.

1 위와 같이 광고풍선을 만들 때 필요한 준비물이 아닌 것은 어느 것입니까? (   )

① 페트병   ② 색종이
③ 고무줄   ④ 유성 펜
⑤ 비닐장갑

2 위 광고풍선을 만들 때 주의할 점으로 알맞지 않은 것은 어느 것입니까? (   )

① 유성 펜을 이용한다.
② 수조의 $\frac{2}{3}$ 만큼 물을 담는다.
③ 고무줄 대신 물 풀을 이용해도 괜찮다.
④ 모둠 친구들의 개성을 자유롭게 나타낸다.
⑤ 페트병을 수조에 넣을 때 물 표면에 수직이 되도록 넣는다.

3 나무 막대, 물, 공기 중 어느 것을 관찰한 내용인지 각각 쓰시오.

(1) 투명하고 흐릅니다.   (   )
(2) 눈에 보이지 않습니다.   (   )
(3) 손으로 잡을 수 있습니다.   (   )
(4) 흔들면 출렁거립니다.   (   )

4 여러 가지 모양의 투명한 그릇에 나무 막대를 넣어 보는 실험으로 무엇을 알 수 있는지 모두 고르시오.
(,   )

① 담긴 그릇을 항상 가득 채운다.
② 담는 그릇에 따라 모양이 변한다.
③ 담는 그릇에 따라 부피가 변한다.
④ 담는 그릇이 바뀌어도 모양이 일정하다.
⑤ 담는 그릇이 바뀌어도 부피가 일정하다.

5 모래나 소금과 같은 가루 물질의 상태를 쓰시오.

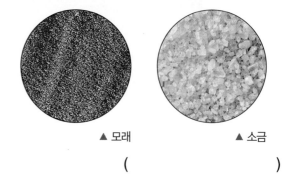

▲ 모래   ▲ 소금

(   )

6 물을 다른 모양의 그릇에 차례대로 옮겨 담는 실험에 대한 설명입니다. (   ) 안의 알맞은 말에 ○표 하시오.

> 물을 다른 모양의 그릇에 차례대로 옮겨 담으면 물의 모양은 그릇에 따라 (변하고 , 변하지 않고), 물을 처음에 사용한 그릇에 다시 옮겨 담으면 물의 높이가 처음과 (같다 , 다르다).

7 액체가 <u>아닌</u> 것은 어느 것입니까? (   )

① 얼음
② 간장
③ 주스
④ 우유
⑤ 식용유

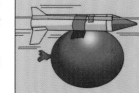

8 다음과 같은 실험 도구로 '눈에 보이지 않지만 공기가 있다.'라는 것을 알아보기 위해 어떤 실험을 할 수 있는지 한 가지 쓰시오.

> 물이 담긴 수조, 주사기

_____

9 수조에 물을 담고 물 위에 페트병 뚜껑을 띄운 다음 구멍이 뚫리지 않은 플라스틱 컵을 바닥까지 밀어 넣었을 때의 변화로 바른 것은 어느 것입니까?
(   )

구분	페트병 뚜껑의 위치	수조 안의 물의 높이
①	내려간다.	변화가 없다.
②	내려간다.	조금 높아진다.
③	내려간다.	조금 낮아진다.
④	그대로 있다.	조금 높아진다.
⑤	그대로 있다.	변화가 없다.

10 오른쪽 장난감을 만들 때 필요하지 <u>않은</u> 것은 어느 것입니까?
(   )

① 실
② 자석
③ 풍선
④ 색종이
⑤ 긴 휴지 심

11 우리 생활에서 흔히 들을 수 있는 소리가 <u>아닌</u> 것은 어느 것입니까? (   )

① 자동차 경적 소리
② 강아지가 짖는 소리
③ 부엌에서 요리하는 소리
④ 수업 시작을 알리는 소리
⑤ 호랑이가 먹이를 먹을 때 내는 소리

12 소리를 내면서 목에 손을 대 보았을 때와 느낌이 같은 경우에 ○표 하시오.

(1) 소리가 나지 않는 스피커에 손을 대 보았을 때
(   )

(2) 소리가 나는 스피커에 손을 대 보았을 때
(   )

100점 예상 문제

[13~14] 작은북 위에 좁쌀을 올려놓고 북채로 작은북을 약하게 또는 세게 쳐 보았습니다.

▲ 약하게 칠 때   ▲ 세게 칠 때

13 위 실험은 무엇을 알아보기 위한 것입니까?
(   )

① 소리의 세기
② 소리의 종류
③ 북채에 의한 소리의 전달
④ 좁쌀에 의한 소리의 전달
⑤ 좁쌀의 양과 소리의 높낮이

14 앞 13번 실험 결과입니다. ( ) 안에 알맞은 말을 쓰시오.

> 작은북을 북채로 세게 치면 북이 크게 떨리면서 좁쌀이 높게 튀어 오르고 ( ) 소리가 난다.

( )

15 팬 플루트는 어떻게 소리를 냅니까? ( )

① 막대로 쳐서
② 줄을 퉁겨서
③ 입으로 불어서
④ 손으로 문질러서
⑤ 물건을 서로 부딪쳐서

16 실로폰 소리의 높낮이를 다르게 하는 방법을 모두 골라 기호를 쓰시오.

> ㉠ 음판을 세게 친다.
> ㉡ 음판을 약하게 친다.
> ㉢ 짧은 음판을 친다.
> ㉣ 긴 음판을 친다.

( )

17 책상에 귀를 댄 채 책상을 두드리는 소리를 듣는 실험을 통해 알 수 있는 사실을 적은 것입니다. ( ) 안에 알맞은 말은 무엇입니까? ( )

> 소리는 ( )를 통해 전달된다.

① 책상　　　　② 물
③ 공기　　　　④ 손
⑤ 손가락

18 기체인 공기를 통해 소리가 전달되는 경우는 어느 것인지 모두 골라 기호를 쓰시오.

( )

19 다음은 실 전화기를 만들기 위한 준비물입니다. 빠진 것은 무엇입니까? ( )

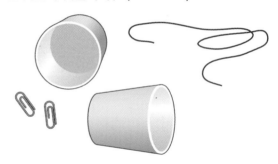

① 숟가락　　　　② 빨대
③ 젓가락　　　　④ 찰흙
⑤ 누름 못

20 도로 방음벽은 어떤 방법으로 소음을 줄인 경우입니까? ( )

① 소리를 작게 줄여서
② 소음이 나는 물체를 없애서
③ 소리가 반사되는 성질을 이용해서
④ 소리가 흡수되는 성질을 이용해서
⑤ 소리가 잘 전달되지 않는 물질을 이용해서

4 물질의 상태

1 광고풍선을 만들고 우리 모둠을 알리는 그림을 보여주기 위해서는 페트병을 어떻게 해야 하는지 쓰시오.

---

2 나무 막대, 물, 공기를 차례대로 전달하면서 관찰한 특징으로 바르지 <u>않은</u> 것은 어느 것입니까?
( )

① 물 – 전달하기 어렵다.
② 공기 – 눈에 보이지 않는다.
③ 나무 막대 – 손으로 잡을 수 있다.
④ 나무 막대 – 손으로 전달할 수 있다.
⑤ 공기 – 손에 잡히지 않아 전달하기 쉽다.

3 나무 막대와 플라스틱 막대를 관찰한 내용으로 바른 것은 어느 것입니까? ( )

① 나무 막대는 비교적 무르다.
② 나무 막대는 손으로 잡을 수 없다.
③ 나무 막대는 만지면 크기가 변한다.
④ 플라스틱 막대는 눈으로 볼 수 있다.
⑤ 플라스틱 막대는 공간을 차지하지 않는다.

4 플라스틱 막대를 여러 가지 모양의 투명한 그릇에 넣어 보면서 관찰한 내용입니다. 알맞은 말에 ○표 하시오.

> 모양에 변화가 (있고, 없고), 크기에 변화가 (있다, 없다).

서술형

5 물을 다른 모양의 그릇에 차례대로 옮겨 담으면서 물의 모양과 높이 변화를 알아보는 실험에서 주의할 점을 한 가지 쓰시오.

---

6 네모 모양의 어항에 있는 물을 둥근 모양의 어항으로 옮기면 어떻게 됩니까? ( )

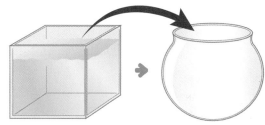

① 물의 양이 늘어난다.
② 물의 모양이 변한다.
③ 물의 종류가 변한다.
④ 물의 색깔이 변한다.
⑤ 물의 양이 많이 줄어든다.

7 피스톤을 바깥으로 당긴 주사기 끝을 물이 담긴 수조에 넣고 피스톤을 밀면 어떤 현상이 나타납니까?
( )

① 변화가 없다.
② 물이 주사기 안으로 빨려 들어온다.
③ 주사기 끝에서 공기 방울이 생긴다.
④ 공기 방울이 생겨 아래로 가라앉는다.
⑤ 물이 주사기 밖으로 세게 뿜어져 나간다.

[8~9] 다음을 보고 물음에 답하시오.

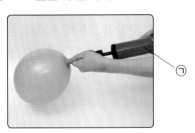

8 위 실험에서 ㉠ 도구의 이름은 무엇인지 쓰시오.

( )

서술형

9 위 실험에서 ㉠을 밀면 풍선이 부풀어 오르는 까닭을 쓰시오.

_____

_____

10 다음과 같은 실험은 무엇을 알아보기 위한 것입니까? ( )

① 공기는 무게가 있다.
② 공기는 부피가 있다.
③ 공기는 일정한 공간을 차지한다.
④ 공기에는 여러 가지 종류가 있다.
⑤ 공기의 모양은 담는 그릇에 따라 달라진다.

11 물체가 떨리는 경우가 <u>아닌</u> 것은 어느 것입니까?

( )

① 꽃에 앉아있는 벌
② 소리가 나는 스피커
③ 소리를 내고 있는 목
④ 소리를 내고 있는 종
⑤ 고무망치로 친 소리굽쇠

12 소리가 나는 소리굽쇠를 손으로 세게 움켜잡았을 때 나타나는 현상을 모두 고르시오. (,)

① 소리가 멈춘다.
② 떨림이 멈춘다.
③ 소리가 점점 커진다.
④ 소리굽쇠가 더 세게 떨린다.
⑤ 소리굽쇠의 소리가 작아졌다가 다시 커진다.

13 작은북 위에 좁쌀을 올려놓고 북채로 치면 좁쌀은 어떻게 됩니까? ( )

① 움직이지 않는다.
② 북의 가운데로 모인다.
③ 튀어 올랐다가 떨어진다.
④ 북의 가장자리로 모인다.
⑤ 빙글빙글 돌면서 한 곳으로 모인다.

14 우리 생활에서 소리의 세기를 조절하여 소리를 낼 때를 나타낸 것입니다. 작은 소리를 낼 때는 '작은', 큰 소리를 낼 때는 '큰'이라고 쓰시오.

(1) 아기에게 자장가를 불러 줄 때　　　(　　　　)

(2) 멀리서 친구를 부를 때　　　　　　(　　　　)

(3) 수업 시간에 친구들 앞에서 발표할 때

　　　　　　　　　　　　　　　　　(　　　　)

(4) 피아노로 조용한 곡을 연주할 때

　　　　　　　　　　　　　　　　　(　　　　)

15 실로폰의 소리가 점점 높아지도록 치려면 어떤 방향으로 쳐야 하는지 기호를 쓰시오.

(　　　　　　　　　)

16 다음은 어떤 공통점이 있습니까? (　　　　)

▲ 화재경보기

▲ 수영장 안전 요원의 호루라기

▲ 소방차의 경보음

▲ 구급차의 경보음

① 높은 소리를 이용한 예

② 낮은 소리를 이용한 예

③ 작은 소리를 이용한 예

④ 아름다운 소리를 이용한 예

⑤ 부드러운 소리를 이용한 예

17 수중 발레 선수들이 경기를 하는 모습입니다. 무엇을 통해 음악 소리가 전달되는 예인지 쓰시오.

(　　　　　　　　　)

18 실 전화기로 소리를 전달하는 방법에 대한 설명으로 바르지 않은 것은 어느 것입니까? (　　　　)

① 실이 떨리면서 소리를 전달한다.

② 실이 팽팽할수록 소리가 잘 들린다.

③ 실에 물을 묻히면 소리가 더 잘 들린다.

④ 실을 교차하여 네 명이 이야기할 수도 있다.

⑤ 실의 길이와 소리가 전달되는 정도는 관계없다.

19 플라스틱 통에 소리가 나는 스피커를 넣고 실험했을 때 아무 것도 들지 않고 들었을 때보다 나무판을 들고 들었을 때 더 잘 들리는 것은 소리의 어떤 성질 때문인지 쓰시오.

▲ 나무판을 들고 소리 듣기

(　　　　　　　　　)

20 우리 주변에서 들을 수 있는 소음이 아닌 것은 어느 것입니까? (　　　　)

① 자동차의 경적 소리

② 개가 크게 짖는 소리

③ 아기를 재우는 자장가 소리

④ 도로를 고치기 위해 땅을 뚫는 소리

⑤ 공사장의 건설 기계가 움직이는 소리

1 재미있는 나의 탐구

1 성욱이가 탐구 문제를 정하기 위해 과학 시간에 공부했던 내용을 떠올리며 그림으로 나타낸 것입니다. 성욱이가 궁금한 점은 무엇인가요? ( )

① 고리 자석의 N극과 S극은 어디일까?
② 자석의 힘은 얼마나 멀리까지 미칠까?
③ 동전 모양 자석의 N극과 S극은 어디일까?
④ 자석이 무거울수록 자석의 힘의 세기가 셀까?
⑤ 막대자석 두 개를 길게 이어 붙이면 막대자석 한 개보다 클립이 더 많이 붙을까?

2 탐구 문제를 정하고 실행해 보는 과정에 대한 설명입니다. 알맞은 것에 ○표 하시오.

⑴ 측정할 때마다 결과가 다르니까 (한 , 여러) 번 측정하는 것이 좋습니다.
⑵ 탐구를 실행하는 중에 결과가 나오면 (바로 , 나중에) 기록하도록 합니다.

2 동물의 생활

3 우리 주변의 나무에서 주로 볼 수 있으며 몸의 윗면 전체가 갈색이고 가슴과 배는 하얀색인 동물을 보 기 에서 골라 쓰시오.

> 보 기
> 까치, 꿀벌, 잠자리, 참새, 거미

( )

4 보 기 의 동물을 다리의 수에 따라 분류할 때 몇 가지의 무리로 분류할 수 있는지 쓰시오.

> 보 기
> 거미, 비둘기, 잠자리, 달팽이

( )

5 사는 곳이 다른 동물은 어느 것입니까? ( )

①
▲ 너구리

②
▲ 낙타

③
▲ 개미

④
▲ 공벌레

⑤
▲ 소

6 낙타의 혹에 지방이 있어서 사막에서 잘 살 수 있는 까닭은 무엇입니까? ( )

① 땀을 흘리지 않는다.
② 모래에 잘 빠지지 않는다.
③ 땅바닥의 열기를 피할 수 있다.
④ 콧구멍이 모래가 잘 들어가지 않는다.
⑤ 먹이가 없어도 며칠 동안 생활할 수 있다.

7 전복의 특징을 나타낸 것입니다. ( ) 안에 알맞은 말을 쓰시오.

> ( )을 이용하여 물속 바위에 붙어서 기어 다니고, 딱딱한 껍데기로 덮여 있다.

( )

8 날아다니는 동물에 대한 설명입니다. 바른 것에 ○표, 바르지 <u>않은</u> 것에 ×표 하시오.

(1) 까치는 몸이 깃털로 덮여 있고, 뼈 속이 비어 있습니다. ( )

(2) 나비는 날개가 세 쌍입니다. ( )

(3) 박새는 날개가 아주 얇아 빨리 날 수 있고, 다리가 세 쌍입니다. ( )

---

3 지표의 변화

9 운동장 흙과 화단 흙을 관찰하는 방법으로 바르지 <u>않은</u> 것은 어느 것입니까? ( )

① 손으로 만져 본다.

② 눈으로 색깔을 관찰한다.

③ 뭉쳐보거나 물에 넣어 본다.

④ 흰 종이에 올려놓고 관찰한다.

⑤ 알갱이의 크기는 망원경으로 관찰한다.

10 화단 흙과 운동장 흙에 물을 붓고 유리 막대로 저은 것입니다. 식물이 잘 자라는 데 도움을 주는 흙의 기호를 쓰고 그렇게 생각한 까닭을 쓰시오.

　ㄱ

　ㄴ

11 운동장에서 흙 언덕을 만들고 색 모래를 뿌린 다음 위쪽에서 물을 흘려보낸 후의 모습입니다. 흙 언덕의 위쪽과 아래쪽을 각각 표시하시오.

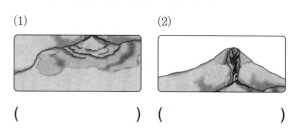

(1)　　　　　　(2)

(　　　　　　) (　　　　　　)

12 바닷가에서 볼 수 있는 지형과 관계있는 바닷물의 작용을 선으로 연결하시오.

(1) 가파른 절벽　　　　·　　　·ㄱ 퇴적 작용

(2) 갯벌　　　　·　　　·ㄴ 침식 작용

---

4 물질의 상태

서술형

13 나무 막대, 물, 공기를 손으로 차례대로 전달할 때, 나무 막대에 비해 공기를 전달하기 어려운 까닭을 한 가지 쓰시오.

_____

_____

14 물질의 상태를 바르게 선으로 연결하시오.

(1) 사이다　·　　　·ㄱ 고체

(2) 의자　·　　　·ㄴ 액체

(3) 공기　·　　　·ㄷ 기체

15 공기가 있다는 것을 알 수 있는 실험이 <u>아닌</u> 것은 어느 것입니까? (   )

① 부채를 이용하여 바람을 일으킨다.
② 물이 담긴 수조에 주사기를 넣고 피스톤을 민다.
③ 부풀린 풍선의 입구를 얼굴에 대고 손을 살짝 놓는다.
④ 물이 담긴 수조에 플라스틱병을 넣고 손으로 누른다.
⑤ 여러 가지 모양의 투명한 그릇에 같은 부피의 주스를 담는다.

16 코끼리 나팔이 펼쳐지거나 돌돌 말리는 데 이용한 공기의 성질은 무엇입니까? (   )

① 색깔이 없다.
② 냄새가 없다.
③ 눈에 보이지 않는다.
④ 다른 곳으로 이동한다.
⑤ 담는 그릇이 바뀌어도 모양과 부피가 일정하다.

5 소리의 성질

17 소리굽쇠에 대한 설명으로 바른 것을 모두 고르시오. (,   )

① 소리가 날 때 만지면 떨림이 느껴진다.
② 소리굽쇠를 물에 대면 물이 튀어 오른다.
③ 소리가 나는 소리굽쇠를 물에 대면 물이 튀어 오른다.
④ 고무망치로 소리굽쇠를 강하게 치면 소리가 멈춘다.
⑤ 소리가 나는 소리굽쇠를 손으로 강하게 움켜잡으면 소리가 더 커진다.

18 소리의 전달에 대한 설명으로 바르지 <u>않은</u> 것을 모두 골라 기호를 쓰시오.

> ㉠ 소리는 액체에서만 전달된다.
> ㉡ 소리는 물속에서는 전달되지 않는다.
> ㉢ 스피커의 음악 소리는 공기를 통해 전달된다.
> ㉣ 달에서는 소리가 전달되지 않는다.
> ㉤ 우리 주변의 소리는 고체, 액체, 기체를 통해 전달된다.

(   )

서술형

19 실 전화기를 만들 때 가장 먼저 해야 하는 것은 무엇인지 쓰시오.

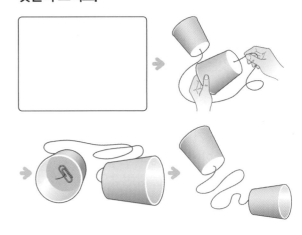

20 공연장 천장에 설치된 반사판의 역할과 관계있는 것은 무엇입니까? (   )

① 소리의 직진   ② 소리의 반사
③ 소리의 세기   ④ 소리의 굴절
⑤ 소리의 흡수

1 재미있는 나의 탐구

1 탐구 문제를 해결하기 위한 탐구 계획의 일부분입니다. 빈칸에 알맞은 것은 무엇입니까? (   )

탐구 문제	막대자석 두 개를 길게 이어 붙이면 막대자석 한 개보다 클립이 더 많이 붙을까?	
탐구 문제를 해결할 방법	다르게 해야 할 것	
	그에 따라 바뀌는 것	자석에 붙는 클립의 개수

① 자석의 개수　　② 자석의 모양
③ 자석의 색깔　　④ 자석의 무게
⑤ 클립의 개수

2 나의 탐구 결과 발표가 적절한지 스스로 평가해 보기 위한 질문으로 알맞지 않은 것은 어느 것입니까? (   )

① 알맞은 목소리와 말투로 발표했나요?
② 발표 자료를 이해하기 쉽게 만들었나요?
③ 발표할 때 입은 옷이 눈에 띄는 것이었나요?
④ 친구들의 질문에 대한 나의 대답이 적절했나요?
⑤ 탐구 결과를 쉽게 전달할 수 있는 발표 방법인가요?

2 동물의 생활

3 몸짓으로 말해요 놀이를 하는 모습입니다. 어떤 동물을 흉내 낸 것입니까?
(   )

① 토끼
② 사자
③ 문어
④ 잠자리
⑤ 비둘기

4 땅에 사는 동물 중 더 알아보고 싶은 동물을 그림으로 나타내고, 그 동물의 특징을 동물도감에서 찾아 쓴 것입니다. 잘못된 부분을 고쳐 쓰시오.

동물 이름	공벌레
동물 그림	
동물의 특징	• 몸이 여러 개의 마디로 되어 있다. • 다리가 10개이다. • 위험을 느끼면 몸을 공처럼 둥글게 만든다.

5 여러 가지 동물을 알을 낳는 것과 새끼를 낳는 것으로 분류한 것입니다. 잘못 분류한 동물의 이름을 쓰시오.

알을 낳는 것	새끼를 낳는 것
꿀벌, 개미, 비둘기, 개구리, 달팽이, 잠자리	토끼, 참새, 다람쥐, 고양이

(   )

6 땅에 사는 동물의 특징으로 바르지 않은 것은 어느 것입니까? (   )

① 공벌레-걸어 다닌다.
② 너구리-걷거나 뛰어다닌다.
③ 지렁이-몸이 원통 모양이다.
④ 두더지-배를 땅에 대고 기어 다닌다.
⑤ 땅강아지-몸이 머리, 가슴 배로 구분된다.

7 오리 발의 특징을 활용하여 만들 수 있는 것은 무엇입니까? (   )

① 방탄복   ② 물갈퀴
③ 집게 차   ④ 칫솔걸이
⑤ 개미 로봇

3 지표의 변화

[8~9] 얼음 설탕을 플라스틱 통에 넣고 뚜껑을 닫은 다음 흔들었습니다.

8 위 실험은 무엇이 만들어지는 과정을 알아보기 위한 것인지 쓰시오.

(   )

9 위 실험의 결과로 바른 것은 어느 것입니까?

(   )

① 얼음 설탕끼리 서로 붙는다.
② 얼음 설탕의 냄새가 변한다.
③ 얼음 설탕이 변하지 않는다.
④ 얼음 설탕의 색깔이 진해진다.
⑤ 얼음 설탕이 부서져서 모양이 달라지고 가루가 생겼다.

10 화단 흙과 운동장 흙에 대한 설명을 읽고 바른 것에 ○표 하시오.

⑴ 운동장 흙은 밝은 갈색입니다.   (   )
⑵ 화단 흙은 운동장 흙보다 약간 거칩니다.
(   )
⑶ 운동장 흙은 화단 흙보다 잘 뭉쳐지지 않습니다.   (   )

[11~12] 운동장에서 흙 언덕을 만들고 위쪽에서 물을 흘려 보냈습니다.

서술형

11 흙 언덕 위쪽에서 물을 흘려 보냈을 때 볼 수 있는 현상을 한 가지 쓰시오.

_____

_____

12 위 실험에서 흙 언덕 아래쪽에서 주로 일어나는 현상을 골라 기호를 쓰시오.

ㄱ 흙이 많이 깎인다.
ㄴ 흐르는 물에 의하여 운반된 흙이 쌓인다.

(   )

4 물질의 상태

13 나무 막대, 물, 공기를 친구에게 차례대로 전달하면서 다른 점을 비교한 것입니다. (   ) 안에 알맞은 말을 쓰시오.

(ㄱ   )은 눈에 보이지만 흘러서 전달하기 어렵고, (ㄴ   )는 눈에 보이지 않고 전달하는 느낌이 나지 않는다.

ㄱ: (   )

ㄴ: (   )

14 물과 같은 상태의 물질에 ○표 하시오.

> 나무 막대, 주스, 필통, 우유, 공기, 돌

15 물속에서 공기를 확인할 수 있는 방법을 모두 고르시오. (,   )

① 물에 물감을 풀어 본다.
② 물속에 돌을 넣어 본다.
③ 물에 종이로 만든 배를 띄워 본다.
④ 물속에 플라스틱병을 넣고 눌러 본다.
⑤ 주사기의 피스톤을 바깥으로 당긴 뒤 물속에 넣고 피스톤을 밀어 본다.

16 다음과 같이 공기 주입 마개를 여러 번 누른 다음 페트병의 무게를 재는 것은 공기의 어떤 성질을 알아보기 위한 것입니까? (   )

① 공기는 색깔이 없다.
② 공기는 냄새가 없다.
③ 공기는 무게가 있다.
④ 공기는 담는 그릇에 따라 모양이 변한다.
⑤ 공기는 담는 그릇에 따라 부피가 변한다.

5   소리의 성질

17 실로폰으로 소리의 세기를 비교하는 실험은 어느 것인지 기호를 쓰시오.

> ㉠ 같은 음판을 약하게 치거나 세게 친다.
> ㉡ 음판의 길이가 짧은 것과 긴 것을 차례로 친다.

(   )

18 소리가 고체를 통해 전달되는 경우는 어느 것인지 기호를 쓰시오.

㉠

㉡

㉢

㉣

(   )

19 숟가락에 연결한 실을 귀에 걸고 젓가락으로 숟가락을 두드릴 때 들리는 정도를 실을 귀에 걸지 않고 들을 때와 비교해서 쓰시오

(   )

20 도로의 방음벽은 소리가 반사되는 성질을 이용하여 소음을 줄이는 경우입니다. 음악실 방음벽은 어떤 성질을 이용한 것인지 기호를 쓰시오.

> ㉠ 소리의 세기를 줄였다.
> ㉡ 소리가 반사되는 성질을 이용했다.
> ㉢ 소리가 잘 전달되지 않는 물질을 이용했다.

(   )

메모 Memo

선생님이 강력 추천하는
개념 PLUS
단원평가

8종 검정 교과서

완벽 분석

과학

종합평가

3·2

3~4학년군

교육의 길잡이·학생의 동반자
(주)교학사

1 탐구 문제를 정하는 순서에 맞게 기호를 쓰시오.

> ㉠ 탐구 문제 점검하기
> ㉡ 궁금한 점들 중에서 가장 알아보고 싶은 것 고르기
> ㉢ 가장 알아보고 싶은 것으로부터 탐구 문제 정하기

( )

2 탐구 결과 발표 자료에 들어갈 내용으로 알맞지 <u>않은</u> 것은 어느 것입니까? ( )

① 탐구 문제
② 탐구 결과
③ 탐구한 때와 장소
④ 탐구하여 알게 된 것
⑤ 자료를 만들 때 사용한 재료의 가격

3 우리 주변의 장소와 그곳에서 볼 수 있는 동물이 바르게 짝 지어지지 <u>않은</u> 것은 어느 것입니까? ( )

① 화단-개미
② 돌 밑-참새
③ 화단-공벌레
④ 나무-직박구리
⑤ 집 주변-고양이

4 토끼를 관찰한 내용으로 바른 것을 모두 고르시오.
(,)

① 수염이 있다.
② 꼬리가 길다.
③ 몸에 비해 귀가 길다.
④ 몸이 비늘로 덮여 있다.
⑤ 뒷다리보다 앞다리가 길다.

5 다음과 같이 동물을 분류할 때 분류 기준으로 알맞은 것은 어느 것입니까? ( )

분류 기준:

그렇다. → 제비, 꿀벌, 삵, 남생이

그렇지 않다. → 뱀, 다슬기, 금붕어, 송사리

① 알을 낳는가?
② 날개가 있는가?
③ 땅에 사는가?
④ 다리가 있는가?
⑤ 더듬이가 있는가?

🔍 관련 교과서 돋보기

삵
• 몸이 털로 덮여 있고 고양이와 매우 비슷하지만 고양이보다 몸의 크기가 큽니다.
• 주로 밤에 활동하는 야행성이지만 낮에도 활동을 합니다.

6 날개가 있는 동물은 어느 것입니까? ( )

①
② (달팽이)
③
④
⑤

7 뱀에 대한 설명으로 바르지 <u>않은</u> 것은 어느 것입니까? ( )

① 몸통이 길다.
② 몸이 비늘로 덮여 있다.
③ 땅 위와 땅속을 오가며 산다.
④ 배를 땅에 대고 기어 다닌다.
⑤ 코로 냄새를 맡아 먹이를 찾는다.

8 땅에서 사는 동물 중 이동 방법이 나머지 넷과 <u>다른</u> 동물은 어느 것입니까? (   )

① 여우   ② 고양이
③ 지렁이   ④ 두더지
⑤ 땅강아지

9 땅에서 사는 동물에 대한 설명으로 바른 것은 어느 것 입니까? (   )

① 뱀–땅속에서만 산다.
② 땅강아지–뒷발로 땅을 판다.
③ 고라니–몸통으로 기어서 이동한다.
④ 개미–두 쌍의 다리를 사용하여 이동한다.
⑤ 두더지–땅속에서 살며 굴을 파고 이동한다.

> 관련 교과서 돋보기
>
> 땅에서 사는 동물
> • 개미: 세 쌍의 다리로 이동하며, 알을 낳습니다.
> • 땅강아지: 땅속에서 살며 앞발이 삽처럼 넓적합니다.
> • 고라니: 몸이 털로 덮여 있으며, 수컷은 송곳니가 깁니다.
> • 거미: 다리는 네 쌍이고 알을 낳습니다.

10 금붕어의 생김새를 관찰해 그림으로 나타낸 것입니다. ㉠은 무엇인지 쓰시오.

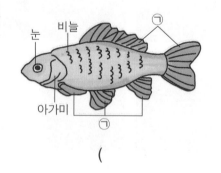

눈   비늘   ㉠
아가미   ㉠

(   )

11 조개에 대한 설명으로 바르지 <u>않은</u> 것은 어느 것입니 까? (   )

① 갯벌에서 산다.
② 바닥을 기어 다닌다.
③ 아가미로 숨을 쉰다.
④ 딱딱한 껍데기가 있다.
⑤ 몸이 비늘로 덮여 있다.

12 물에 사는 동물 중 사는 곳이 다른 하나는 어느 것입 니까? (   )

①
▲ 수달

②
▲ 고등어

③
▲ 해파리

④
▲ 오징어

⑤
▲ 상어

13 날아다니는 동물끼리 바르게 짝 지은 것은 어느 것입 니까? (   )

① 다슬기, 뱀   ② 벌, 개구리
③ 나비, 제비   ④ 잠자리, 여우
⑤ 참새, 돌고래

〈서술형〉

14 까치와 제비의 공통점을 한 가지 쓰시오.

▲ 까치

▲ 제비

_____

_____

15 날아다니는 동물에 대한 설명으로 바른 것을 모두 고르시오. (　　,　　)

① 날개가 있다.
② 물갈퀴가 있다.
③ 몸이 비교적 가볍다.
④ 주로 밤에 생활한다.
⑤ 몸이 털이나 비늘로 덮여 있다.

16 다음 동물들이 주로 사는 곳을 쓰시오.

▲ 사막여우

▲ 낙타

(　　　　　　)

17 사막에서 사는 낙타는 콧속으로 모래가 잘 들어가지 않습니다. 그 이유를 쓰시오.

🔍 관련 교과서 돋보기

낙타가 사막에서 살기에 알맞은 점
• 등에 있는 혹에 지방을 저장하기 때문에 먹이가 없어도 며칠 동안 생활할 수 있습니다.
• 콧구멍을 열고 닫을 수 있어서 모래가 콧속으로 들어가는 것을 막을 수 있습니다.
• 발바닥이 넓어서 모래가 많은 땅에서 잘 빠지지 않고 걸을 수 있습니다.

18 친구들이 설명하는 동물은 무엇인지 쓰시오.

• 승환 – 사막에서 살아.
• 경인 – 몸에 비해 큰 귀를 가지고 있기 때문에 체온 조절을 잘 할 수 있어.
• 재경 – 귓속에 털이 있기 때문에 모래바람이 불어도 귓속으로 모래가 잘 들어가지 않아.

(　　　　　　)

19 동물의 특징을 우리 생활에 활용한 예가 <u>아닌</u> 것은 어느 것입니까? (　　　)

① 지우개　　　　② 흡착식 걸이
③ 비행 로봇　　　④ 탐색구조 로봇
⑤ 물놀이용 물갈퀴

20 동물의 특징을 우리 생활에 활용한 예입니다. (　　) 안에 알맞은 동물은 어느 것인지 기호를 쓰시오.

(　　　　) 피부에는 삼각형의 작게 튀어나온 부분(돌기)이 많이 있어 물이 잘 흐르게 한다. 이 특징을 모방해 수영복을 만든다.

㉠

▲ 문어

㉡

▲ 상어

㉢

▲ 뱀

㉣

▲ 산양

(　　　　　　)

1 운동장 흙과 화단 흙을 흰 종이 위에 올려놓고 관찰할 때 필요한 실험 도구는 무엇입니까? (   )

① 물   ② 돋보기
③ 비커   ④ 플라스틱 컵
⑤ 초시계

2 운동장 흙과 화단 흙을 관찰한 결과로 바른 것을 모두 고르시오. (,   )

구분	운동장 흙	화단 흙
①	밝은 갈색이다.	어두운 갈색이다.
②	알갱이 크기가 화단 흙보다 작다.	큰 것도 있고 작은 것도 있다.
③	거칠거칠하다.	약간 부드럽다.
④	나뭇잎이나 나뭇가지가 많이 보인다.	대부분 모래만 보인다.

[3~4] 장치를 꾸미고 물 빠짐을 비교해 보았습니다.

운동장 흙 ────   ──── 화단 흙

3 위 실험을 할 때 다르게 해야 할 조건은 어느 것입니까? (   )

① 붓는 물의 양   ② 넣는 흙의 양
③ 페트병의 크기   ④ 넣는 흙의 종류
⑤ 물을 붓는 빠르기

🔍 관련 교과서 돋보기

물 빠짐 장치 꾸미기
• 페트병 윗부분의 입구를 두세 번 접은 거즈로 감싸고 고무줄로 묶습니다.
• 거즈로 입구를 감싼 페트병을 거꾸로 세워 페트병 아랫부분에 넣습니다.
• 물 빠짐 장치의 윗부분에 두 장소의 흙을 각각 넣습니다.

4 앞 3번 실험 결과 일정한 시간 동안 운동장 흙과 화단 흙 중 어느 것에서 물이 더 많이 빠졌는지 쓰시오.

(   )

5 두 개의 비커에 운동장 흙과 화단 흙을 넣고 유리 막대로 저은 뒤 잠시 놓아두었습니다. 이 실험은 무엇을 알아보기 위한 것입니까? (   )

▲ 운동장 흙   ▲ 화단 흙

① 운동장 흙과 화단 흙의 색깔 비교
② 운동장 흙과 화단 흙의 촉감 비교
③ 운동장 흙과 화단 흙의 물 빠짐 비교
④ 운동장 흙과 화단 흙의 알갱이 크기 비교
⑤ 운동장 흙과 화단 흙의 물에 뜬 물질 비교

6 위 5번 실험 결과 물에 뜬 물질의 양을 비교하여 <, =, >로 나타내시오.

운동장 흙 ◯ 화단 흙

7 필름 통에 별 모양 사탕을 $\frac{1}{4}$ 정도 넣고 가루가 생길 때까지 흔들어 보는 실험은 무엇을 알아보기 위한 것입니까?

(   )

① 별 사탕이 녹는 과정
② 흙이 만들어지는 과정
③ 돌이 만들어지는 과정
④ 흙과 별 사탕의 차이점
⑤ 바위가 만들어지는 과정

8 흐르는 물 외에 바위나 돌을 부서지게 하는 것에는 무엇이 있는지 한 가지 쓰시오.

_____

_____

[9～10] 흙 언덕 위쪽에 색 모래를 뿌리고, 흙 언덕 정상에 물을 부으면서 변화를 관찰해 보았습니다.

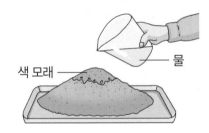

색 모래 ─── / ─── 물

9 위 실험에서 물을 부었을 때 색 모래의 이동 모습에 대한 설명으로 바른 것은 어느 것입니까? (   )

① 이동하지 않고 그대로 있다.
② 색 모래가 모두 녹아 없어진다.
③ 흙 언덕 아래쪽에서 위쪽으로 이동한다.
④ 흙 언덕 위쪽에서 아래쪽으로 이동한다.
⑤ 흙 언덕 안쪽으로 들어가 보이지 않는다.

관련 교과서 돋보기

흙 언덕 만들기
• 준비물: 흙, 사각 쟁반, 꽃삽, 색 모래, 물, 플라스틱 통 등
• 사각 쟁반에 꽃삽으로 흙을 쌓아 언덕을 만듭니다.
• 흙 언덕 위쪽에 색 모래를 뿌립니다.
• 흙 언덕 정상에 물을 붓고 색 모래의 이동 모습과 흙 언덕의 변화를 관찰합니다.

10 위 9번 실험 결과에 맞도록 선을 연결하시오.

(1) 흙 언덕의 위쪽 ·   · ㉠ 흙이 쌓인다.

· ㉡ 흙이 깎인다.

(2) 흙 언덕의 아래쪽 ·   · ㉢ 변화가 없다.

11 지표가 변화하는 모습을 바르게 설명한 친구의 이름을 쓰시오.

• 민선 – 바람에 의해 바위나 돌이 약해지고 저절로 무너져 이동하여 지표를 변화시켜.
• 철수 – 위쪽에 있는 크고 무거운 바위나 돌이 아래쪽으로 떨어지면서 지표를 변화시켜.
• 현주 – 흐르는 물이 바위나 돌, 흙 등을 깎아 낮은 곳으로 운반해 쌓아 놓아 지표를 변화시켜.

(   )

12 ㉠～㉢에 알맞은 말을 쓰시오.

흐르는 물은 바위나 돌·흙을 깎거나 부수는데, 이를 (㉠) 작용이라고 한다. (㉠) 작용으로 만들어진 돌이나 흙을 다른 곳으로 이동하는 것을 (㉡) 작용이라고 하고, 운반된 돌이나 흙이 쌓이는 것을 (㉢) 작용이라고 한다.

㉠: (   )
㉡: (   )
㉢: (   )

13 강 상류 주변의 모습으로 바르지 <u>않은</u> 것은 어느 것입니까? (   )

① 강폭이 좁다.
② 경사가 급하다.
③ 경사가 완만하다.
④ 주변에 산이 많다.
⑤ 큰 바위나 돌이 많다.

14 강 상류에서 하류로 갈수록 둥근 모양의 돌이 많은 까닭을 쓰시오.

_____

_____

15 강 주변의 모습을 나타낸 것입니다. 퇴적 작용보다 침식 작용이 더 활발하게 일어나는 곳을 기호로 쓰시오.

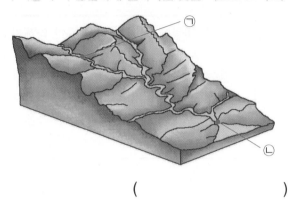

(   )

16 강 상류와 강 하류에서 주로 일어나는, 흐르는 물의 작용을 선으로 연결하시오.

(1) 강 상류 •　　• ㉠ 퇴적 작용

(2) 강 하류 •　　• ㉡ 침식 작용

17 바닷가에 여러 가지 지형이 생긴 까닭은 무엇입니까?
(   )

① 많은 동물에 의해 바위가 깎였기 때문이다.
② 사람들이 모래 놀이를 많이 했기 때문이다.
③ 바닷가 주변에 바람이 세게 불기 때문이다.
④ 바닷물이 얼었다 녹기를 반복했기 때문이다.
⑤ 바닷물에 의해 바위나 돌이 깎이고, 모래가 쌓이기 때문이다.

🔍 관련 교과서 돋보기

파도에 의한 바닷가 지형의 변화를 알아보는 실험
• 준비물: 사각 수조, 모래, 물, 비커, 플라스틱 판, 면장갑 등
• 사각 수조 한쪽에 모래를 비스듬히 쌓고 물을 반쯤 채웁니다.
• 플라스틱 판을 이용하여 물결을 만듭니다.
• 실험 결과: 수조 속에 물결이 칠 때 쌓여 있던 모래 지형이 깎이고 깎인 모래는 물 안쪽으로 밀려들어가 쌓입니다.

18 바닷가 주변의 오른쪽과 같은 지형에 대한 설명으로 바른 것은 어느 것입니까? (   )

① 모래가 쌓여서 만들어진 것이다.
② 새들의 분비물이 쌓여 만들어진 것이다.
③ 파도에 의해 돌이 운반되어 만들어진 것이다.
④ 바닷물에 의해 깎여서 절벽이 만들어진 것이다.
⑤ 바람에 의해 흙이나 모래 같은 작은 알갱이들이 쌓여서 만들어진 것이다.

19 바닷가 주변의 지형 중 갯벌은 침식 작용과 퇴적 작용 중 어떤 작용으로 만들어진 것인지 쓰시오.

(   )

20 바닷가 주변의 지형에 대한 설명으로 바르지 않은 것은 어느 것입니까? (   )

㉠ 　㉡

㉢ 　㉣

① ㉠ 지형은 시간이 지나면 가운데 구멍이 더 커질 것이다.
② ㉢ 지형은 바닷물의 퇴적 작용으로 모래가 쌓인 것이다.
③ ㉠ 지형은 바닷물의 퇴적 작용으로 가운데 구멍이 뚫린 것이다.
④ ㉡ 지형은 바닷물이 바위와 만나는 부분을 계속 깎아 절벽이 된 것이다.
⑤ ㉢ 지형과 ㉣ 지형은 바닷물이 고운 흙이나 가는 모래를 운반하고 쌓아서 만들어진 것이다.

1 칠교판의 나뭇조각을 이용해 쌓아 올릴 수 있는 까닭을 모두 고르시오. (,   )

① 나뭇조각이 단단하기 때문에
② 나뭇조각이 흘러내리기 때문에
③ 나뭇조각이 물렁물렁하기 때문에
④ 나뭇조각의 색깔이 변하지 않기 때문에
⑤ 나뭇조각의 모양과 부피가 변하지 않기 때문에

> 관련 교과서 돋보기
>
> 나뭇조각과 플라스틱 조각 관찰하기
> • 단단합니다.
> • 손으로 잡을 수 있으며 눈에 보입니다.
> • 모양이 있고 쌓을 수 있습니다.
> • 색깔이 다양합니다.(플라스틱 조각)

2 연필과 책의 공통적인 특징은 무엇입니까? (   )

① 손으로 잡을 수 없다.
② 쌓아 올리면 책은 모양이 변한다.
③ 담는 그릇을 바꾸면 부피가 변한다.
④ 쌓아 올리면 연필은 부피가 변한다.
⑤ 눈으로 볼 수 있고, 손이나 도구로 잡을 수 있다.

3 쌓기나무를 여러 가지 모양의 투명한 그릇에 넣어 보는 실험으로 무엇을 알 수 있습니까? (   )

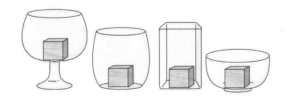

① 쌓기나무는 매우 단단하다.
② 쌓기나무는 투명한 물체이다.
③ 쌓기나무는 담는 그릇에 따라 색깔이 변한다.
④ 쌓기나무는 담는 그릇의 모양에 따라 부피가 변한다.
⑤ 쌓기나무는 여러 가지 모양의 그릇에 옮겨 담아도 모양과 부피가 변하지 않는다.

4 (   ) 안에 알맞은 말을 쓰시오.

> 물질이 차지하는 공간의 크기를 (㉠)(이)라고 하는데, 담는 그릇이 바뀌어도 (㉠)와/과 (㉡)이 일정한 성질을 가지고 있는 물질의 상태를 고체라고 한다.

㉠: (   )
㉡: (   )

5 물과 주스를 관찰한 내용입니다. 바르지 않은 것은 어느 것입니까? (   )

① 물과 주스 모두 흘러내린다.
② 물과 주스 모두 눈으로 볼 수 없다.
③ 물과 주스 모두 손으로 잡을 수 없다.
④ 물은 무색투명하지만 주스는 색깔이 있다.
⑤ 물과 주스를 모양이 둥근 그릇에 담으면 둥근 모양으로 변한다.

[6~7] 물을 여러 가지 모양의 그릇에 차례대로 옮겨 담으면서 관찰하여 보았습니다.

6 위 실험에서 차례대로 옮겨 담으면서 첫 번째 그릇에 물을 다시 옮겨 담았을 때의 물의 높이와 처음 물의 높이를 비교하면 어떠한지 쓰시오.

(   )

> 서술형

7 위 실험으로 알 수 있는 물의 특징을 한 가지 쓰시오.

_____

_____

8 부풀린 풍선의 입구를 손등에 가까이 가져가 쥐었던 손을 살짝 놓았더니 손등이 시원해졌습니다. 풍선 속에 무엇이 있음을 알 수 있습니까?

(   )

9 풍선 안에 들어 있는 공기에 대한 설명으로 바르지 <u>않은</u> 것은 어느 것입니까? (   )

① 공기는 풍선 안에 고르게 들어 있다.
② 풍선의 입구를 열면 공기가 빠져 나온다.
③ 풍선의 모양에 따라 공기의 모양도 변한다.
④ 풍선에 들어갈 수 있는 공기의 양은 모두 같다.
⑤ 풍선 안에 들어 있는 공기의 모양은 풍선의 모양과 같다.

[10~11] 물에 페트병 뚜껑을 띄운 뒤, 구멍이 뚫리지 않은 투명한 플라스틱 컵으로 덮고 밀어 넣어 보았습니다.

페트병 뚜껑 / 구멍이 뚫리지 않은 컵 / 물

10 위 실험의 결과가 다음과 같을 때 (   ) 안의 알맞은 말에 ○표 하시오.

> 구멍이 뚫리지 않은 컵을 수조 바닥까지 밀어 넣으면 페트병 뚜껑은 (수조 바닥 , 물 위에 그대로)에 위치해 있다.

🔍 관련 교과서 돋보기

기체가 공간을 차지하는지 알아보는 실험에서 유의할 점
• 수조에 물을 채울 때에는 플라스틱 컵을 수조 바닥까지 눌렀을 때 컵이 완전히 잠기지 않을 정도로 채웁니다.
• 바닥에 구멍이 뚫리지 않은 플라스틱 컵을 물속으로 밀어 넣을 때 컵 안의 공기가 새지 않도록 천천히 밀어 넣습니다.

11 앞 10번에서 플라스틱 컵을 수조 바닥까지 밀어 넣었을 때 수조 안 물의 높이가 조금 높아지는 까닭은 무엇입니까? (   )

① 페트병 뚜껑이 물을 밀어 내기 때문에
② 플라스틱 컵이 물을 빨아들이기 때문에
③ 플라스틱 컵 안의 공기가 물을 밀어 내기 때문에
④ 플라스틱 컵이 물에 잠기면 물이 증발하기 때문에
⑤ 페트병 뚜껑이 물에 잠기면 무게가 늘어나기 때문에

12 다음과 같이 만들어 주사기의 피스톤을 밀거나 당길 때 스타이로폼 공의 변화를 선으로 연결하시오.

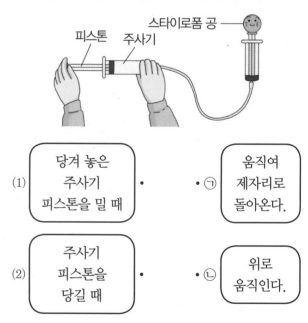

피스톤 / 주사기 / 스타이로폼 공

(1) 당겨 놓은 주사기 피스톤을 밀 때 •   •⊙ 움직여 제자리로 돌아온다.

(2) 주사기 피스톤을 당길 때 •   •ⓒ 위로 움직인다.

13 위 12번에서 피스톤을 밀거나 당기면 스타이로폼 공이 움직이는 까닭은 무엇입니까? (   )

① 비닐관으로 물이 이동하기 때문에
② 비닐관으로 고체가 이동하기 때문에
③ 비닐관으로 공기가 이동하기 때문에
④ 주사기 피스톤에 힘이 가해져 스타이로폼 공의 온도가 높아졌기 때문에
⑤ 주사기 피스톤에 힘이 가해져 스타이로폼 공의 무게가 무거워졌기 때문에

14 ( ) 안에 알맞은 말을 쓰시오.

> 담는 그릇에 따라 모양이 변하고, 담긴 공간을 항상 가득 채우는 물질의 상태를 ( )(이)라고 한다.

( )

[15~17] 페트병의 입구에 공기 주입 마개를 끼우고 공기의 무게를 측정해 보았습니다.

공기 주입 마개
페트병
전자저울

15 실험에서 공기 주입 마개를 끼운 페트병의 무게를 늘어나게 하는 방법으로 알맞은 것은 어느 것입니까? ( )

① 페트병을 냉동실에 얼린다.
② 페트병을 뜨거운 물에 담근다.
③ 페트병을 오랜 시간 그대로 놓아둔다.
④ 페트병을 두 손으로 눌러 찌그러지게 한다.
⑤ 공기 주입 마개를 여러 번 눌러 공기를 넣는다.

🔍 관련 교과서 돋보기

전자저울 사용 방법
• 전자저울을 평평한 곳에 놓고 저울의 수평을 맞추는 공기 방울이 원 안의 한가운데 오도록 합니다.
• 전원 단추를 눌러 전자저울을 작동합니다.
• 영점 단추를 눌러 영점을 맞춥니다.
• 물체를 전자저울에 올려놓고 무게를 잽니다.

16 위 15번 실험에 대한 설명이 바르면 ○표, 바르지 않으면 ×표 하시오.

(1) 페트병 안에 공기가 많이 들어갈수록 페트병의 무게가 줄어든다. ( )
(2) 페트병 입구에 끼운 공기 주입 마개를 여러 번 누를수록 페트병의 무게가 늘어난다. ( )

17 앞 15번 실험에서 공기 주입 마개를 끼운 페트병의 무게를 재었을 때 가장 무거운 것은 어느 것입니까?

( )

① 공기 주입 마개를 열 번 눌렀을 때
② 공기 주입 마개를 스무 번 눌렀을 때
③ 공기 주입 마개를 열다섯 번 눌렀을 때
④ 공기 주입 마개를 스물다섯 번 눌렀을 때
⑤ 공기 주입 마개를 누르는 횟수와 상관없이 무게는 항상 같다.

18 다음은 무엇에 따라 물체를 분류한 것입니까?

( )

물, 주스, 우유	구명조끼 속의 공기, 에어 캡 속의 공기, 풍선 놀이 기구 속의 공기

① 기체와 고체 ② 고체와 액체
③ 액체와 기체 ④ 고체와 기체
⑤ 액체와 고체

19 다음 물질들을 상태에 따라 분류하시오.

㉠ 유리 어항	㉡ 간장
㉢ 열쇠	㉣ 비눗방울 안에 있는 공기
㉤ 공기	㉥ 꿀

(1) 고체: ( )
(2) 액체: ( )
(3) 기체: ( )

20 다음 중 기체인 것은 어느 것입니까? ( )

① 얼음
② 주스
③ 우유
④ 버터
⑤ 선풍기에서 나오는 바람

1 물체에서 소리가 날 때의 공통된 특징으로 바른 것은 어느 것입니까? (   )

▲ 목에 손을 대고 소리를 낼 때   ▲ 소리가 나는 스피커에 손을 댈 때

① 아무런 느낌이 나지 않는다.
② 손에서 떨림을 느낄 수 있다.
③ 손에서 차가움을 느낄 수 있다.
④ 손에서 뜨거움을 느낄 수 있다.
⑤ 손에서 전기가 흐르는 것을 느낄 수 있다.

🔍 관련 교과서 돋보기

물체에서 소리가 날 때의 공통된 특징

구분	소리가 나지 않을 때	소리가 날 때
목에 손을 댈 때	아무런 느낌이 없다.	떨림이 느껴진다.
스피커에 손을 댈 때	아무런 느낌이 없다.	떨림이 느껴진다.

2 소리가 나는 소리굽쇠를 물에 대 보면 물이 튀어 오르는 까닭을 ●보기●에서 골라 기호를 쓰시오.

●보기●
㉠ 소리굽쇠의 온도가 높기 때문에
㉡ 소리굽쇠의 떨림이 물에 전달되었기 때문에
㉢ 소리굽쇠에 전기가 흐르기 때문에

(   )

3 소리가 나는 물체의 특징으로 바르면 ○표, 바르지 않으면 ×표 하시오.

(1) 소리가 나는 물체는 공통적으로 떨리는 현상이 있다. (   )
(2) 물체의 떨림과 소리는 관계없다. (   )

4 (   ) 안에 알맞은 말을 쓰시오.

물체를 세게 치면 물체의 표면이 크게 떨리면서 큰 소리가 나고, 물체를 약하게 치면 물체의 표면이 작게 떨리면서 작은 소리가 난다. 소리의 크고 작은 정도를 (   )(이)라고 한다.

(   )

5 캐스터네츠를 이용해 소리의 세기를 비교하는 실험을 할 때 다르게 해야 할 조건은 무엇입니까? (   )

① 캐스터네츠의 크기
② 캐스터네츠의 색깔
③ 캐스터네츠를 부딪치는 세기
④ 캐스터네츠를 부딪치는 횟수
⑤ 캐스터네츠를 부딪치는 빠르기

●서술형●
6 작은북에 좁쌀을 올려놓고 북채로 쳐 보았습니다. 북채로 치는 세기에 따라 좁쌀이 튕기는 정도를 비교해서 쓰시오.

▲ 약하게 칠 때   ▲ 세게 칠 때

_____
_____

7 다음 소리를 높은 소리와 낮은 소리로 구분하여 쓰시오.

(1)
▲ 뱃고동

(2)
▲ 화재 비상벨

( ) ( )

8 ( ) 안의 알맞은 말에 ○표 하시오.

> 높은 소리가 날 때는 실로폰 음판의 길이가 (짧고 , 길고), 낮은 소리가 날 때는 실포폰 음판의 길이가 (짧다 , 길다).

9 소리의 높낮이를 연주할 수 있는 악기를 모두 고르시오. (,)

① 징
② 작은북
③ 실로폰
④ 팬 플루트
⑤ 트라이앵글

관련 교과서 돋보기

팬 플루트

• 긴 관을 불면 낮은 소리가 납니다.
• 짧은 관을 불면 높은 소리가 납니다.

10 책상과 책상 사이에 나무 막대를 놓고 한 친구가 책상을 두드릴 때, 한쪽 귀를 막은 다른 친구에게 소리를 전달한 물질을 쓰시오.

( )

11 위 **10**번 정답 물질의 상태는 무엇인지 쓰시오.

( )

12 소리의 전달에 대한 설명으로 바르지 <u>않은</u> 것은 어느 것입니까? ( )

① 소리는 액체를 통해서만 전달된다.
② 북을 치면 공기를 통해 소리가 전달된다.
③ 우주에서는 공기가 없기 때문에 소리를 들을 수 없다.
④ 물속에서 자갈 두 개를 부딪쳐도 물 밖에서 소리가 들린다.
⑤ 책상에 귀를 대고 책상을 살짝 두드리면 소리가 크게 들린다.

13 실 전화기를 만드는 과정입니다. 순서대로 기호를 쓰시오.

> ㉠ 한 개의 종이컵 구멍에 실을 넣고, 실의 반대쪽을 나머지 종이컵 구멍에 넣는다.
> ㉡ 두 개의 종이컵 바닥에 누름 못으로 구멍을 뚫는다.
> ㉢ 각 실의 끝을 클립으로 묶어 실이 빠지지 않도록 한다.

( )

14 실 전화기를 만들어 전화 놀이를 할 때 소리를 전달하기 위해 사용한 것은 무엇인지 쓰시오.

(   )

15 실 전화기의 소리를 더 잘 들리게 하는 방법으로 바르지 않은 것은 어느 것입니까? (   )

① 실에 물을 묻힌다.
② 실을 팽팽하게 한다.
③ 실의 길이를 길게 한다.
④ 실의 두께를 두껍게 한다.
⑤ 실을 손으로 잡지 않는다.

[16~17] 스피커를 플라스틱 통에 넣고 스마트 기기로 스피커에서 소리가 나게 하였습니다.

▲ 나무판이 없을 때   ▲ 나무판을 비스듬히 들었을 때

16 위 실험에서 소리가 더 크게 들리는 것은 어느 것인지 기호를 쓰시오.

(   )

17 위 16번에서 나무판의 역할은 무엇입니까? (   )

① 소리의 떨림을 흡수한다.
② 소리를 더 빨리 전달한다.
③ 소리의 떨림을 더 작게 해 준다.
④ 소리의 높이를 더 높게 해 준다.
⑤ 소리가 나무판에서 반사되어 귀에 전달되게 한다.

18 다음에서 설명하는 것은 무엇인지 쓰시오.

• 소리가 퍼져 나아가다가 물체에 부딪쳐 되돌아오는 성질이다.
• 이와 같은 현상은 스펀지나 솜과 같은 부드러운 물체보다 나무판이나 플라스틱판과 같은 단단한 물체에서 잘 나타난다.

(   )

🔍 관련 교과서 돋보기

소리가 반사되는 경우
• 산이나 절벽 등에 부딪쳐 되돌아오는 소리를 듣는 메아리
• 목욕탕에서 사방의 벽에 부딪쳐 반사되어 울리는 목소리
• 텅 빈 체육관이나 동굴에서 울리는 소리
• 야외 공연장 천장의 반사판에 반사된 소리

19 소음에 대한 설명으로 바르지 않은 것은 어느 것입니까? (   )

① 시끄러운 소리이다.
② 듣기 좋은 소리이다.
③ 기분이 좋지 않은 소리이다.
④ 건강을 해칠 수 있는 소리이다.
⑤ 사람의 기분을 좋지 않게 만드는 소리이다.

20 소리의 세기를 줄여 소음을 줄이는 경우는 어느 것입니까? (   )

① 도로에 방음벽을 설치하는 경우
② 공사장에 방음벽을 설치하는 경우
③ 자동차의 경적 소리를 줄이는 경우
④ 공연장 천장에 반사판을 설치하는 경우
⑤ 음악실에서 스피커의 크기를 크게 하는 경우

1 탐구를 실행하기 전에 미리 확인해야 할 일을 잘못 말한 친구의 이름을 쓰시오.

> • 상근 – 준비물을 준비해야 해.
> • 선희 – 탐구를 실행하기 전에 탐구 계획서는 참고하지 않아.
> • 진오 – 실험 결과를 기록할 수 있도록 『실험 관찰』을 준비해야지.

(   )

2 스스로 탐구하는 방법을 순서 없이 나타낸 것입니다. 탐구 결과를 발표한 다음 해야 하는 것은 무엇인지 기호를 쓰시오.

> ㉠ 탐구 실행하기
> ㉡ 탐구 문제 정하기
> ㉢ 궁금한 점 생각하기
> ㉣ 탐구 계획 세우기
> ㉤ 발표 자료 만들기
> ㉥ 발표하기
> ㉦ 새로운 탐구하기

(   )

3 우리 주변에서 다음과 같은 동물을 공통적으로 볼 수 있는 장소는 어느 곳입니까? (   )

▲ 공벌레   ▲ 나비   ▲ 개미

① 나무   ② 화단
③ 연못   ④ 돌 밑
⑤ 교실 안

4 동물과 동물의 특징을 선으로 연결하시오.

(1) 거미 •

(2) 참새 •

(3) 달팽이 •

• ㉠ 몸이 깃털로 덮여 있다.

• ㉡ 미끄러지듯이 움직인다.

• ㉢ 다리는 네 쌍이고 걸어 다닌다.

서술형

5 다음과 같이 동물을 분류할 때 분류 기준을 한 가지 쓰시오.

분류 기준:	
잠자리, 꿀벌, 개미, 메뚜기, 사슴벌레, 달팽이, 공벌레, 개미	비둘기, 참새, 뱀, 금붕어, 송사리, 개구리, 거미, 다람쥐

관련 교과서 돋보기

분류 기준
• 동물을 분류할 때 '부리가 있나요?', '몸이 비늘로 덮여 있나요?', '물속에 사는 동물인가요?', '새끼를 낳는 동물인가요?' 등은 분류 기준으로 알맞습니다.
• 동물을 분류할 때 '길다', '짧다', '크다', '작다'는 분류 기준으로 알맞지 않습니다. 분류하는 사람마다 결과가 다르게 나올 수 있기 때문입니다.

6 날개가 있는 동물과 없는 동물로 분류할 때 날개가 있는 동물끼리 짝 지은 것은 어느 것입니까? (   )

① 닭, 달팽이   ② 지렁이, 벌
③ 참새, 개구리   ④ 금붕어, 고양이
⑤ 잠자리, 장수풍뎅이

서술형

7 오른쪽 동물은 땅에서 사는 동물입니다. 이름을 쓰고 특징을 두 가지 쓰시오.

이름	
특징	

8 땅에서 사는 작은 동물을 자세히 관찰하기 위해 필요한 도구를 한 가지 쓰시오.

( )

9 다음에서 설명하는 동물은 무엇입니까? ( )

- 주로 땅속에서 산다.
- 몸이 머리, 가슴, 배로 구분된다.
- 다리가 세 쌍이고, 걷거나 날기도 하며, 앞다리로 땅을 팔 수 있다.

① 거미   ② 공벌레
③ 두더지   ④ 땅강아지
⑤ 귀뚜라미

10 물에서 사는 동물의 특징으로 바르지 않은 것은 어느 것입니까? ( )

① 붕어는 아가미로 숨을 쉰다.
② 개구리는 물과 땅을 오가며 생활한다.
③ 물에 사는 동물은 모두 지느러미가 있다.
④ 다슬기는 물속 바위에 붙어서 기어 다닌다.
⑤ 물방개는 털이 나 있는 뒷다리로 헤엄을 친다.

🔍 **관련 교과서 돋보기**

물에 사는 동물의 생활 방식
- 고등어, 오징어, 붕어 등은 지느러미로 헤엄쳐서 이동합니다.
- 자라, 개구리 등은 물갈퀴가 있는 발로 헤엄쳐서 이동합니다.
- 다슬기, 소라 등은 바위나 바닥을 기어서 이동합니다.

11 물에서 사는 동물의 특징에 맞도록 ●보기●에서 알맞은 동물을 찾아 기호를 쓰시오.

●보기●

㉠ 게   ㉡ 수달
㉢ 오징어   ㉣ 붕어

⑴ 아가미로 숨을 쉬고, 다리가 열 개이다. ( )
⑵ 갯벌에 살고 집게 다리가 한 쌍이며, 네 쌍의 다리로 걸어 다닌다. ( )
⑶ 땅과 물을 오가며 살고, 몸에 털이 있으며 발가락에 물갈퀴가 있다. ( )

12 붕어와 상어의 공통점으로 바르지 않은 것은 어느 것입니까? ( )

① 물속에서 산다.
② 아가미로 숨을 쉰다.
③ 몸이 피부로 덮여 있다.
④ 몸이 부드러운 곡선 형태이다.
⑤ 지느러미를 이용하여 헤엄을 친다.

서술형

13 다음 동물들이 이동하는 방법을 쓰시오.

▲ 수리

▲ 벌

▲ 나비

▲ 딱새

14 까치와 나비를 비교한 것으로 바르지 <u>않은</u> 것은 어느 것입니까? (   )

▲ 까치

▲ 나비

① 까치는 몸이 가볍다.
② 나비는 날개가 두 장이다.
③ 나비는 다리가 세 쌍이다.
④ 까치는 몸이 깃털로 덮여 있다.
⑤ 까치와 나비는 모두 날개가 있다.

15 매미에 대한 설명 중 바르지 <u>않은</u> 것을 골라 기호를 쓰시오.

> ㉠ 곤충이다.
> ㉡ 나무에서 수액을 먹는다.
> ㉢ 날개는 두 쌍이고, 다리는 세 쌍이다.
> ㉣ 몸이 비교적 무거워 나무에만 매달려 있다.

(   )

16 사막 환경에 대한 설명으로 바른 것을 모두 고르시오.
(,   )

① 물이 부족하다.
② 먹이가 풍부하다.
③ 낮과 밤에 매우 덥다.
④ 비가 많이 내려 매우 습하다.
⑤ 모래바람이 심하게 불기도 한다.

17 낙타가 사막에서 살기에 알맞은 점을 나타낸 것입니다. (   ) 안에 알맞은 말을 쓰시오.

> 낙타의 혹에는 (   )이/가 들어 있어서 며칠 동안 먹이가 없어도 생활할 수 있다.

(   )

18 북극곰에 대한 설명으로 바른 것을 모두 고르시오.
(,   )

① 몸이 털로 덮여 있다.
② 몸에 비해 귀가 작다.
③ 땅속에서 겨울잠을 잔다.
④ 온몸이 딱딱한 껍데기로 덮여 있다.
⑤ 이빨이 길고 무리를 지어 서로 몸을 바짝 맞대 추위를 견딘다.

19 우리 생활 속에서 잠자리 날개의 특징을 모방한 예는 무엇입니까? (   )

① 드론
② 접착테이프
③ 전신 수영복
④ 휴대 전화 거치대
⑤ 에어컨 실외기 날개

> 🔍 **관련 교과서 돋보기**
>
> 우리 생활 속에서 동물의 특징을 모방한 예
> • 접착테이프: 도마뱀붙이 발바닥의 특징을 모방
> • 전신 수영복: 상어 피부의 특징을 모방
> • 휴대 전화 거치대: 문어 빨판의 특징을 모방
> • 에어컨 실외기 날개: 혹등고래의 지느러미에 난 혹의 특징을 모방
> • 집게 차: 수리 발의 특징을 모방

20 에어컨 실외기 날개는 어떤 동물의 지느러미 특징을 우리 생활에 활용한 것입니까? (   )

① 붕어   ② 오징어
③ 피라미   ④ 돌고래
⑤ 혹등고래

1 운동장 흙과 화단 흙을 관찰하는 모습으로 바르지 않은 것은 어느 것입니까? (   )

① 맛을 본다.
② 물에 넣어 본다.
③ 손으로 만져 본다.
④ 눈으로 색깔을 관찰한다.
⑤ 돋보기로 알갱이를 자세히 관찰한다.

2 운동장 흙과 화단 흙 중 무엇에 대한 설명인지 쓰시오.

> • 색깔: 어두운 갈색이다.
> • 알갱이 크기: 큰 것도 있고 작은 것도 있다.
> • 만졌을 때의 느낌: 약간 부드럽다.

(   )

[3~4] 흙의 물 빠짐을 비교하는 실험을 하였습니다.

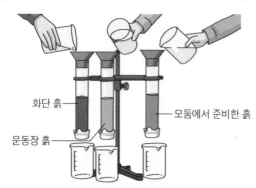

화단 흙
모둠에서 준비한 흙
운동장 흙

3 위 실험에서 같게 해야 할 조건이 <u>아닌</u> 것은 어느 것입니까? (   )

① 물의 양   ② 흙의 양
③ 흙의 종류   ④ 물을 붓는 빠르기
⑤ 거즈의 종류

🔍 관련 교과서 돋보기

흙의 물 빠짐 비교 실험 장치
• 플라스틱 통 밑부분을 거즈로 감싸고 고무줄로 묶습니다.
• 플라스틱 통에 운동장 흙과 화단 흙, 모둠에서 준비한 흙을 절반 정도 채운 뒤 스탠드에 고정하고 비커를 각각의 플라스틱 통 밑에 놓습니다.
• 플라스틱 통에 같은 양의 물을 동시에 붓고 어느 흙에서 물이 가장 빨리 빠져나오는지 관찰합니다.

서술형

4 앞 3번 실험의 물 빠짐 결과입니다. 각각 250 mL씩 물을 동시에 붓고 30초 동안 빠진 물의 양이 다른 까닭은 무엇인지 운동장 흙과 화단 흙을 비교하여 쓰시오.

> 운동장 흙 > 모둠에서 준비한 흙 > 화단 흙

_____

_____

5 같은 양의 운동장 흙과 화단 흙을 플라스틱 통에 넣고 물을 붓고 뚜껑을 닫은 다음 통을 흔든 뒤 놓아두었습니다. 일정한 시간이 지난 뒤 화단 흙의 모습은 어느 것인지 기호를 쓰시오.

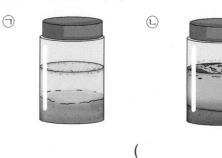

㉠   ㉡

(   )

🔍 관련 교과서 돋보기

화단 흙에 뜬 물질
• 화단 흙에서 물에 뜬 물질은 대체로 식물 뿌리나 나뭇잎 조각, 죽은 곤충과 같은 부식물입니다.
• 부식물은 식물이나 동물의 일부가 오랜 시간에 걸쳐 썩어서 흙의 일부가 된 것인데, 식물이 잘 자라게 하는 거름 역할을 합니다.

6 식물이 잘 자라는 흙에 대한 설명으로 바른 것은 어느 것입니까? (   )

① 물 빠짐이 좋다.
② 만졌을 때 거칠거칠하다.
③ 색깔이 밝고 습기가 많다.
④ 알갱이의 크기가 비교적 크다.
⑤ 식물 뿌리나 죽은 벌레, 나무 조각 등 물에 뜨는 물질이 많다.

7 다음은 무엇이 만들어지는 과정을 알아보기 위한 대체 실험인지 쓰시오.

> • 소금 덩어리를 투명한 플라스틱 통에 $\frac{1}{4}$ 정도 넣고 뚜껑을 닫는다.
> • 통 안에 가루가 보일 때까지 통을 세게 흔든다.
> • 흰 종이 위에 소금을 부어 어떤 변화가 생겼는지 관찰한다.

( )

8 위 **7**번 실험을 하기 전과 후의 소금 알갱이의 모습을 골라 기호를 쓰시오.

> ㉠ 알갱이의 크기가 작고 가루가 생겼다.
> ㉡ 알갱이의 크기가 크고 가루가 거의 없다.

(1) 플라스틱 통을 흔들기 전: ( )
(2) 플라스틱 통을 흔든 뒤: ( )

9 다음은 무엇에 의해 바위가 부서진 것을 나타낸 것입니까? ( )

① 물 ② 바람
③ 바닷물 ④ 나무뿌리
⑤ 동물의 이동

🔍 관련 교과서 돋보기

바위나 돌을 부서지게 하는 것
• 바위틈에서 물이 얼었다 녹기를 반복하여 부서집니다.
• 바위틈의 나무뿌리가 자라면서 부서집니다.
• 강한 바람, 비, 기온의 변화 때문에 부서집니다.
• 바위와 돌이 서로 부딪쳐 부서집니다.
• 사람들의 필요로 인해 땅을 개발하면서 부서집니다.

[10~12] 흙 언덕에 물을 흘려보낸 후 변화된 모습을 관찰해 보았습니다.

10 흙 언덕의 모습이 어떻게 변하는지 쉽게 알아보기 위해 사용한 실험 재료를 모두 고르시오. (,)

① 물 ② 색 모래
③ 종이컵 ④ 사각 쟁반
⑤ 색 자갈

11 위 실험에서 흙 언덕 위에서 구멍 뚫린 종이컵에 물을 부었을 때, 흙이 깎인 곳과 흙이 쌓인 곳은 어디인지 위쪽과 아래쪽으로 구분하여 쓰시오.

(1) 흙이 깎인 곳: ( )
(2) 흙이 쌓인 곳: ( )

서술형
12 위 실험에서 흐르는 물이 어떤 작용을 했는지 한 가지 쓰시오.

_____
_____

13 흐르는 물의 작용이 <u>아닌</u> 것은 어느 것입니까? ( )

① 지표의 모습을 변화시킨다.
② 바위나 돌, 흙을 깎기도 한다.
③ 모래나 흙을 다른 곳으로 운반한다.
④ 모래나 흙을 낮은 곳에 쌓아 놓는다.
⑤ 짧은 시간 동안 침식 작용, 운반 작용, 퇴적 작용이 모두 일어난다.

14 강 상류에서 흐르는 물에 의해 일어나는 작용을 바르게 설명한 것은 어느 것입니까? (   )

① 운반 작용만 일어난다.
② 퇴적 작용만 일어난다.
③ 퇴적 작용이 침식 작용보다 활발하게 일어난다.
④ 침식 작용이 퇴적 작용보다 활발하게 일어난다.
⑤ 침식 작용, 운반 작용, 퇴적 작용이 모두 일어나지만 퇴적 작용이 가장 활발하다.

15 바위나 큰 돌을 많이 볼 수 있는 곳은 강 주변 어느 곳인지 기호를 쓰시오.

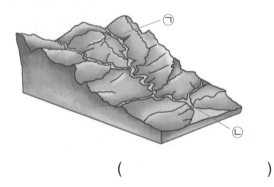

(   )

16 강 상류의 모습에는 '상류', 강 하류의 모습에는 '하류'라고 쓰시오.

(1)　　　　　　　　(2)

(   ) (   )

17 강 주변의 모습에 대한 설명으로 바르면 ○표, 바르지 <u>않으면</u> ×표를 하시오.

⑴ 강 상류에서는 침식 작용만 일어난다. (   )
⑵ 강 하류에서는 침식 작용보다 퇴적 작용이 활발하게 일어난다. (   )
⑶ 흐르는 강물은 빠르게 지표를 변화시킨다. (   )

18 다음과 같은 바닷가 지형의 공통점을 한 가지 쓰시오.

가운데 구멍이 뚫린 바위, 해안가의 절벽

_____

_____

19 바닷물의 퇴적 작용으로 이루어진 지형을 골라 ○표 하시오.

(1)　　　　　　　　(2)

(   ) (   )

20 바닷가에서 볼 수 있는 다음과 같은 지형에 대한 설명으로 바른 것은 어느 것입니까? (   )

㉠　　　　　　　　㉡

① ㉠은 흙으로 되어 있고, ㉡은 돌로 되어 있다.
② ㉠은 공기에 의해, ㉡은 파도에 의해 만들어졌다.
③ ㉠은 짧은 시간에, ㉡은 오랜 시간에 걸쳐 만들어진 것이다.
④ ㉠은 침식 작용으로, ㉡은 퇴적 작용으로 만들어진 지형이다.
⑤ ㉠은 바닷가의 어디에서나, ㉡은 바닷가의 특정 지역에서만 볼 수 있다.

1 플라스틱 블록와 쌓기나무의 특징을 찾아 선으로 연결하시오.

(1) 플라스틱 블록 •

(2) 쌓기나무 •

• ㉠ 눈으로 볼 수 없다.

• ㉡ 손으로 잡을 수 있다.

• ㉢ 흘러내린다.

• ㉣ 담는 그릇에 따라 모양이 변한다.

🔍 관련 교과서 돋보기

플라스틱 블록과 쌓기나무의 공통점
• 단단합니다.
• 손으로 잡을 수 있습니다.
• 눈으로 볼 수 있습니다.
• 담는 그릇이 달라져도 모양과 부피가 변하지 않습니다.

〈서술형〉
2 플라스틱 조각을 여러 가지 모양의 투명한 그릇에 넣어 보았을 때 플라스틱 조각은 어떻게 되는지 쓰시오.

_____

_____

3 고체에 대한 설명으로 바르지 <u>않은</u> 것을 모두 고르시오. (,   )

① 눈으로 볼 수 있다.
② 손으로 만질 수 없다.
③ 다른 그릇에 옮겨 담을 수 없다.
④ 여러 가지 모양의 그릇에 넣어도 부피가 변하지 않는다.
⑤ 여러 가지 모양의 그릇에 넣어도 모양이 변하지 않는다.

4 고체가 <u>아닌</u> 것은 어느 것입니까? (   )

① 우유   ② 지우개
③ 쇠구슬   ④ 주사위
⑤ 나무젓가락

〈서술형〉
5 주스를 모양이 다른 그릇에 옮겨 담은 뒤 다시 처음 담았던 그릇에 옮겨 담으면 주스의 높이가 어떻게 되는지 처음과 비교하여 쓰시오.

_____

_____

6 위 **5**번 실험에서 주스 대신 사용했을 때 결과가 다른 것은 어느 것입니까? (   )

① 우유   ② 간장
③ 연필   ④ 설탕물
⑤ 식용유

7 우유와 간장의 공통점을 모두 골라 기호를 쓰시오.

㉠ 흘러내린다.
㉡ 무색투명하다.
㉢ 눈으로 볼 수 있다.
㉣ 손으로 잡을 수 있다.

(   )

8 식용유를 액체라고 할 수 있는 까닭은 무엇입니까?
( )

① 손으로 잡을 수 있기 때문에
② 담는 그릇의 가격에 따라 모양과 부피가 변하기 때문에
③ 담는 그릇의 색깔에 따라 모양과 부피가 변하기 때문에
④ 담는 그릇의 모양에 따라 모양은 달라지지만 부피는 변하지 않기 때문에
⑤ 담는 그릇의 크기에 따라 부피는 달라지지만 모양은 변하지 않기 때문에

9 물이 담긴 수조에 띄운 페트병 뚜껑을 구멍이 뚫리지 않은 플라스틱 컵으로 덮고 밀어 넣었을 때의 변화를 모두 고르시오. (,)

① 페트병 뚜껑이 내려간다.
② 페트병 뚜껑이 올라간다.
③ 물의 높이에 변화가 없다.
④ 물의 높이가 조금 높아진다.
⑤ 플라스틱 컵 안의 물의 높이가 점점 높아진다.

10 공기가 공간을 차지하는 성질을 이용한 예가 아닌 것을 ●보기●에서 골라 쓰시오.

─●보기●─
튜브, 부채, 공기베개, 별 모양 풍선, 축구공

( )

●서술형●
11 구멍 뚫린 페트병의 구멍을 막고 풍선 입구를 페트병에 끼운 후 공기 주입기로 풍선에 공기를 넣으면 어떻게 되는지 쓰고, 이 실험으로 알 수 있는 공기의 성질을 쓰시오.

(1) 결과: _____

(2) 공기의 성질: _____

🔍 관련 교과서 돋보기

공기가 공간을 차지하는지 알아보기
• 실험 방법 1: 셀로판테이프로 페트병의 구멍을 막고 풍선을 끼운 후 공기를 넣습니다. → 풍선이 부풀어 오르지 않습니다.
• 실험 방법 2: 구멍 뚫린 페트병에 풍선을 끼운 후 공기를 넣습니다. → 풍선이 부풀어 오릅니다.

12 위 11번에서 페트병에 붙은 셀로판테이프를 떼고 공기 주입기로 풍선에 공기를 넣으면 어떻게 됩니까?
( )

① 풍선이 부풀어 오른다.
② 풍선의 색깔이 변한다.
③ 풍선이 부풀어 오르지 않는다.
④ 페트병에 공기가 가득차고 페트병이 커진다.
⑤ 페트병에 공기가 가득차고 페트병에 물방울이 맺힌다.

13 주사기 두 개를 비닐관으로 연결하고 한쪽 피스톤 끝에 스타이로폼 공을 붙인 다음 당겨 놓은 피스톤을 밀 때 공기의 이동 방향을 화살표로 나타내시오.

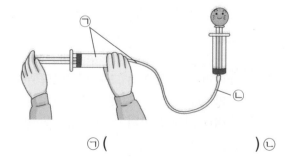

㉠ ( ) ㉡

14 공기 주입기를 계속 누르면 자전거 타이어가 팽팽해집니다. 그 이유를 쓰시오.

_____

_____

[15~17] 페트병 입구에 공기 주입 마개를 끼우고 공기 주입 마개를 누르는 횟수를 다르게 한 후 페트병의 무게를 쟀습니다.

15 실험 과정 순서대로 기호를 쓰시오.

> ㉠ 페트병에 공기 주입 마개를 끼운다.
> ㉡ 공기를 더 넣은 페트병의 무게를 전자저울로 측정한다.
> ㉢ 공기 주입 마개를 눌러 페트병이 팽팽해질 때까지 공기를 더 넣는다.
> ㉣ 공기 주입 마개를 끼운 페트병의 무게를 전자저울로 측정한다.

(   )

관련 교과서 돋보기

공기 주입 마개
• 동그란 부분을 눌러 페트병 안에 외부의 공기를 넣을 때 사용하는 장치입니다.
• 동그란 부분과 페트병에 끼우는 부분 사이에 있는 밸브는 페트병 안에 있는 공기가 밖으로 빠져나가지 않도록 합니다.

16 위 15번에서 공기 주입 마개를 누르기 전과 누른 후의 무게를 측정한 것입니다. 누른 후의 무게로 알맞지 <u>않</u>은 것은 어느 것입니까? (   )

공기 주입 마개를 누르기 전 무게(g)	공기 주입 마개를 누른 후 무게(g)
61.2	

① 60
② 61.4
③ 61.6
④ 61.9
⑤ 62.1

17 앞 15번 실험에서 페트병의 무게가 가장 무거운 경우를 ◦보기◦에서 골라 기호를 쓰시오.

> ◦보기◦
> ㉠ 공기 주입 마개를 열 번 눌렀을 때
> ㉡ 공기 주입 마개를 누르지 않았을 때
> ㉢ 공기 주입 마개를 스무 번 눌렀을 때

(   )

18 공기의 무게에 대한 설명입니다. (   ) 안에 알맞은 수는 어느 것입니까? (   )

> 공기와 같은 기체는 무게가 있다. 학교 교실 안에 있는 공기의 무게는 약 (   ) kg 정도이다.

① 50
② 100
③ 150
④ 200
⑤ 500

19 여러 가지 물질을 눈에 보이는 것과 보이지 않는 것으로 분류할 때 다른 하나는 어느 것입니까? (   )

① 필통
② 연필
③ 주스
④ 구명조끼 속의 공기
⑤ 우유

20 우리 주변의 물질을 상태에 따라 기체와 액체로 분류한 것입니다. 잘못 분류한 것을 찾아 쓰시오.

기체	액체
비눗방울 안에 있는 공기, 바람, 선풍기 바람	물, 우유, 얼음, 식용유, 간장

(   )

1 다음과 같이 장치하고 스피커에서 음악이 나올 때와 나오지 않을 때를 비교해 보았습니다. 음악이 나오는 경우에 ○표 하시오.

(1)　　　　　　　　(2)

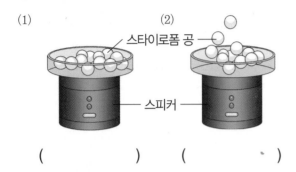

스타이로폼 공

스피커

(　　　　　)　　(　　　　　)

🔍 관련 교과서 돋보기

소리를 내는 물체의 특징 알아보기
• 준비물: 스피커, 플라스틱 컵 뚜껑, 스타이로폼 공, 스마트 기기
• 실험 방법: 스피커 위에 플라스틱 컵 뚜껑을 뒤집어 놓고 그 뚜껑 위에 스타이로폼 공을 올려놓습니다. 스피커에서 음악이 나오지 않을 때와 나올 때 스타이로폼 공의 움직임을 비교합니다.
• 실험 결과: 음악이 나오지 않을 때는 스타이로폼 공이 가만히 있고, 음악이 나올 때는 스타이로폼 공이 통통 튑니다.

2 손을 대 보았을 때의 느낌에 맞도록 ( ) 안의 알맞은 말에 ○표 하시오.

소리가 나지 않는 트라이앵글은 떨림이 (느껴지고 , 느껴지지 않고), 소리가 나는 트라이앵글은 떨림이 (느껴진다 , 느껴지지 않는다).

3 소리가 나는 물체의 공통점으로 바른 것은 어느 것입니까? (　　　)

① 물체가 떨린다.
② 모두 소리가 작다.
③ 모두 한 가지 소리만 난다.
④ 물체의 크기가 대부분 크다.
⑤ 물체의 색깔에 따라 소리의 크기가 다르다.

4 작은 소리를 낼 때는 언제인지 모두 고르시오.
(　　 , 　　)

① 자장가를 부를 때
② 노래를 크게 부를 때
③ 수업 시간에 발표할 때
④ 멀리 있는 친구를 부를 때
⑤ 도서관에서 친구와 이야기할 때

서술형
5 작은북 위에 스타이로폼 공을 올려놓고 북채로 쳤습니다. 더 세게 친 경우를 기호로 쓰고 그렇게 생각하는 까닭을 쓰시오.

㉠　　　　　　　　㉡

_____

_____

6 소리의 세기에 대한 설명이 바른 것은 어느 것입니까? (　　　)

① 친구와 속삭일 때는 높은 소리를 낸다.
② 종을 강하게 흔들면 크게 떨려서 큰 소리가 난다.
③ 금속 그릇을 고무망치로 약하게 치면 큰 소리가 난다.
④ 금속 그릇을 고무망치로 강하게 치면 작은 소리가 난다.
⑤ 작은북 위에 좁쌀을 올려놓고 북채로 세게 쳐도 좁쌀은 움직이지 않는다.

7 소리의 높낮이에 대한 설명으로 바르지 <u>않은</u> 것은 어느 것입니까? (   )

① 붐웨커의 길이가 길수록 낮은 소리가 난다.
② 붐웨커의 길이가 짧을수록 높은 소리가 난다.
③ 구급차는 소리의 높낮이를 달리해 위급한 상황을 알린다.
④ 합창을 할 때에는 높은 소리와 낮은 소리로 노래를 부른다.
⑤ 탬버린은 소리의 높낮이를 다르게 하여 음악을 연주하는 악기이다.

8 소리의 높낮이에 대한 설명입니다. (   ) 안에 알맞은 말을 쓰시오.

> 실로폰의 짧은 음판을 치면 (㉠   ) 소리가 나고, 긴 음판을 치면 (㉡   ) 소리가 난다.

㉠: (   )
㉡: (   )

9 우리 생활에서 소리의 높낮이를 이용하는 경우가 <u>아닌</u> 것은 어느 것입니까? (   )

① 관현악단이 연주를 할 때
② 소방차가 경보음을 울리며 달릴 때
③ 도서관에서 친구와 만나 속삭일 때
④ 구급차가 경보음을 울리며 달릴 때
⑤ 여러 명의 합창단원이 합창을 할 때

10 공기를 뺄 수 있는 장치 안에 스피커를 넣고 뚜껑을 닫은 뒤, 공기를 빼고 스피커에서 소리가 나게 하면 어떻게 들리는지 쓰시오.

11 물이 담긴 수조 안에서 자갈 두 개를 부딪칠 때 자갈을 부딪치는 소리는 무엇을 통해 물 밖의 나에게 전달되는지 쓰시오.

관련 교과서 돋보기

물속에서 나는 소리 듣기
• 준비물: 물이 담긴 수조, 자갈 두 개, 수건 등
• 자갈 두 개를 너무 세게 부딪치면 자갈이 깨지거나 손이 다칠 수 있으므로 주의합니다.
• 자갈을 부딪칠 때 수조 안의 물이 튀지 않도록 주의합니다.

12 나뭇가지에 앉아 있는 새 소리는 무엇을 통해 전달되는지 ◦보기◦에서 골라 기호를 쓰시오.

보기
㉠ 공기   ㉡ 나뭇가지   ㉢ 물

(   )

13 실 전화기의 소리가 더 잘 들리는 경우에 ○표 하시오.

(1)    (   )

(2)    (   )

14 실 전화기를 만들어 놀이를 할 때 실 전화기의 실을 손으로 잡으면 어떤 현상이 나타나는지 쓰시오.

_____

_____

15 다음과 같은 풍선 전화기를 만들 때 필요 없는 것은 어느 것입니까? (   )

① 가위   ② 실
③ 종이컵   ④ 공기 주입기
⑤ 막대풍선

> **관련 교과서 돋보기**
>
> 풍선 전화기 만들기
> • 종이컵 바닥에 동그라미를 그린 뒤 가위로 오립니다.
> • 공기 주입기로 막대풍선에 공기를 넣습니다.
> • 막대풍선을 종이컵의 구멍에 넣어 종이컵 두 개를 연결합니다.

16 (   ) 안에 알맞은 말은 무엇입니까? (   )

> 소리가 나아가다가 물체에 부딪쳐 되돌아오는 성질을 (   )(이)라고 한다.

① 소리의 세기   ② 소리의 흡수
③ 소리의 굴절   ④ 소리의 반사
⑤ 소리의 높낮이

17 플라스틱 원통에 소리가 나는 스피커를 넣고 원통 위쪽에 나무판을 대고 소리를 들어 보았습니다. 나무판 대신 스타이로폼 판을 댔을 때 소리가 어떻게 달라집니까? (   )

스피커

① 소리의 변화가 없다.
② 소리가 들리지 않는다.
③ 소리가 더 작게 들린다.
④ 소리가 더 크게 들린다.
⑤ 소리의 높낮이가 달라진다.

18 소리가 반사되어 나타나는 현상이 아닌 것은 어느 것입니까? (   )

① 동굴에서 소리가 울린다.
② 목욕탕에서 소리가 울린다.
③ 실 전화기를 만들어 소리를 전달한다.
④ 암벽으로 된 산에서 소리를 지르면 메아리가 들린다.
⑤ 도로에 방음벽을 설치하여 주택가로 전달되는 소음을 줄인다.

19 학교에서 소음을 줄이기 위해 실천할 수 있는 방법으로 알맞은 것을 모두 골라 기호를 쓰시오.

> ㉠ 사용하지 않는 전등을 끈다.
> ㉡ 복도에서 친구를 큰 소리로 부르지 않는다.
> ㉢ 의자와 책상을 옮길 때에는 살짝 들어서 옮긴다.
> ㉣ 급식실에서 큰 소리로 이야기하며 식사한다.

(   )

20 소리의 성질을 이용하여 소음을 줄일 수 있는 방법으로 가장 알맞은 것은 어느 것입니까? (   )

① 소음을 일으키는 물체를 더 많이 놓는다.
② 주택가 옆 큰 도로변에 방음벽을 설치한다.
③ 소음을 발생시키는 물체의 떨림을 더 크게 한다.
④ 주변에서 소리를 잘 전달하는 물질을 모두 없앤다.
⑤ 소음이 잘 들리지 않도록 음악을 크게 틀어 놓는다.

1 ( ) 안에 공통으로 알맞은 말을 쓰시오.

> 탐구 계획을 세울 때 먼저 탐구 문제를 해결할 수 있는 (   ) 방법을 생각하고, (   )에서 다르게 해야 할 것과 같게 해야 할 것, 다르게 한 것에 따라 바뀌는 것을 생각한다.

(   )

2 탐구를 바르게 실행했는지 확인하는 내용으로 알맞지 않은 것은 어느 것입니까? (   )

① 탐구 결과를 정확히 기록했나요?
② 탐구 계획대로 탐구를 실행했나요?
③ 안전에 주의하여 탐구를 실행했나요?
④ 흥미와 호기심을 가질 수 있는 내용인가요?
⑤ 탐구하여 알게 된 것이 탐구 문제에 대한 답이 되었나요?

3 우리 주변에서 살고 있는 동물과 동물이 사는 곳을 바르게 짝 지은 것은 어느 것입니까? (   )

① 개–나무
② 개미–화단
③ 참새–교실 안
④ 잠자리–돌 밑
⑤ 공벌레–건물 벽

4 몸의 크기에 비해 눈이 크고, 얇고 투명한 날개가 있는 동물은 어느 것입니까? (   )

①
▲ 잠자리
②
▲ 거미
③
▲ 토끼
④
▲ 개구리
⑤
▲ 공벌레

5 동물을 특징에 따라 분류하려고 할 때 분류 기준으로 알맞은 것을 ●보기●에서 골라 기호를 쓰시오.

> ─●보기●─
> ㉠ 얼마나 예쁜가?
> ㉡ 알을 낳는가?
> ㉢ 물속에서 사는가?
> ㉣ 크기가 작고 귀여운가?

(   )

6 여러 가지 동물을 다리의 개수에 따라 바르게 분류한 것은 어느 것입니까? (   )

구분	두 개	네 개	여섯 개
①	나비	거미	공벌레
②	지렁이	박쥐	잠자리
③	직박구리	개구리	나비
④	비둘기	도마뱀	지네
⑤	사마귀	개구리	달팽이

🔍 관련 교과서 돋보기

동물의 다리 개수
• 다리가 없는 동물: 지렁이, 뱀 등
• 두 개: 직박구리, 비둘기, 참새 등
• 네 개: 박쥐, 개구리, 도마뱀, 개, 고양이 등
• 여섯 개: 잠자리, 사마귀, 나비, 개미 등
• 여덟 개: 거미 등
• 여섯 개 이상: 공벌레, 지네 등

7 다음에서 설명하는 동물은 무엇입니까? (   )

> • 다리는 세 쌍이고, 걸어 다니며 날기도 한다.
> • 앞다리로 땅을 팔 수 있다.
> • 몸은 머리, 가슴, 배로 구분된다.

① 뱀
② 공벌레
③ 달팽이
④ 지렁이
⑤ 땅강아지

서술형

8 다음 두 동물은 어떻게 이동하는지 쓰시오.

▲ 고라니　　　　　▲ 여우

---

9 땅에 사는 동물의 특징으로 바른 것은 어느 것입니까? (　　　　)

① 날개가 있다.
② 아가미로 숨을 쉰다.
③ 모두 다리를 가지고 있다.
④ 지느러미를 이용하여 움직인다.
⑤ 다리가 없는 동물은 기어서 이동한다.

10 붕어가 물속에서 빨리 헤엄쳐 이동할 수 있는 까닭은 무엇입니까? (　　　　)

① 몸 색깔이 화려하기 때문에
② 몸이 부드러운 곡선 형태이기 때문에
③ 물속에서 빨리 숨을 쉴 수 없기 때문에
④ 물속에서 물체를 잘 볼 수 없기 때문에
⑤ 물속에서 돌이나 바위를 피해 움직이기 때문에

11 바닷속에서 사는 동물은 어느 것입니까? (　　　　)

① 수달　　　　　　② 붕어
③ 상어　　　　　　④ 물방개
⑤ 다슬기

🔍 관련 교과서 돋보기

물에서 사는 동물
• 강가나 호숫가: 수달, 도롱뇽, 개구리 등
• 강이나 호수의 물속: 다슬기, 피라미, 물방개, 물자라, 붕어, 미꾸리 등
• 갯벌: 조개, 게, 갯지렁이 등
• 바닷속: 가오리, 오징어, 고등어, 상어, 전복 등

12 바닷속에 사는 가오리가 이동하는 방법으로 바른 것은 어느 것입니까? (　　　　)

① 다리를 이용하여 걸어 다닌다.
② 날개를 이용하여 헤엄쳐 이동한다.
③ 지느러미를 이용하여 헤엄쳐 이동한다.
④ 물갈퀴가 있는 발을 이용하여 헤엄쳐 이동한다.
⑤ 배 발을 이용하여 물속 바위에 붙어서 기어 다닌다.

13 잠자리는 날아다니는 동물입니다. 잠자리를 바르게 관찰한 것은 어느 것입니까? (　　　　)

① 네 쌍의 날개가 있다.
② 두 쌍의 다리가 있다.
③ 몸이 머리, 배로 구분된다.
④ 앉을 때 날개를 붙여서 접는다.
⑤ 날다가 공중에서 멈추거나 빨리 날 수 있다.

14 나비와 잠자리의 공통점으로 바른 것은 어느 것입니까? (　　　　)

▲ 나비　　　　　▲ 잠자리

① 지느러미가 있다.
② 날개가 두 쌍이다.
③ 몸이 깃털로 덮여 있다.
④ 야행성으로 빛에 모여들며 그 주위를 맴돈다.
⑤ 수컷이 소리를 내고, 나무에서 수액을 먹는다.

15 날아다니는 동물에 대한 설명으로 바른 것은 어느 것입니까? (   )

① 모두 부리가 있다.
② 모두 날개가 있다.
③ 모두 날개가 두 개다.
④ 모두 뼈 속이 비어 있다.
⑤ 모두 몸이 깃털로 덮여 있다.

16 사막 환경의 특징으로 바르지 <u>않은</u> 것은 어느 것입니까? (   )

① 매우 건조하다.
② 생물이 살 수 없다.
③ 물과 먹이가 부족하다.
④ 모래바람이 불기도 한다.
⑤ 비가 거의 내리지 않는다.

17 낙타에 대한 설명으로 바른 것은 어느 것입니까?
(   )

① 등에 뿔이 있다.
② 몸에 비해 귀가 커서 소리를 잘 듣는다.
③ 발바닥이 넓어서 모래에 발이 잘 빠지지 않는다.
④ 삽처럼 생긴 앞다리로 땅속에 굴을 파고 걸어 다닌다.
⑤ 서 있거나 이동할 때 한 번에 두 발씩 번갈아가며 들어 올려 이동한다.

🔍 **관련 교과서 돋보기**

사막에서 사는 동물
• 낙타: 등에 있는 혹에 지방을 저장하고 콧구멍을 열고 닫을 수 있어서 모래 먼지가 콧속으로 들어가는 것을 막을 수 있습니다.
• 사막여우: 몸에 비해 큰 귀로 체온 조절을 하며, 몸이 털로 덮여 있습니다. 꼬리는 길고 도톰합니다.
• 사막 도마뱀: 꼬리가 길며 몸에 뾰족한 뿔들이 있습니다. 발바닥과 피부로 물을 흡수할 수 있습니다.

서술형

18 사막여우와 북극여우의 다른 점을 한 가지 쓰시오.

▲ 사막여우   ▲ 북극여우

_____

_____

_____

19 뱀의 특징을 모방하여 만들 수 있는 로봇으로 알맞은 것은 어느 것입니까? (   )

① 물체를 잘 고정시키는 로봇
② 물체를 잡으면 놓치지 않는 로봇
③ 언덕을 올라갈 수 있게 만든 로봇
④ 공중에서 멈추거나 빠르게 날아다니는 로봇
⑤ 모든 방향으로 움직이며 물속을 탐사하는 로봇

20 우리 생활에서 다음과 같은 특징을 활용한 예는 어느 것입니까? (   )

산양의 발바닥은 절벽에서 잘 미끄러지지 않는다.

① 수영복   ② 집게 차
③ 흡착판   ④ 고속 열차
⑤ 등산화 밑창

1 돋보기로 흙을 관찰한 것입니다. 바르게 선으로 연결 하시오.

(1)    •

• ㉠ 화단 흙

(2)    •

• ㉡ 운동장 흙

2 화단 흙을 바르게 관찰한 친구의 이름을 쓰시오.

- 찬호 – 밝은 갈색이고 알갱이의 크기가 다양해.
- 선자 – 약간 부드럽고 흙속에 식물뿌리나 나뭇 잎 조각과 같은 물질이 섞여 있어.
- 병현 – 알갱이가 크고 손으로 만졌을 때의 느 낌이 거칠거칠해.

(   )

[3~4] 운동장 흙과 화단 흙의 특징을 알아보는 실험 장치입 니다.

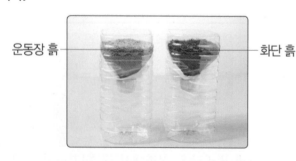

운동장 흙 ———   ——— 화단 흙

3 위 실험 장치를 통해 알아보려고 하는 흙의 특징은 무 엇입니까? (   )

① 색깔   ② 뭉쳐지는 정도
③ 물 빠짐   ④ 물에 뜨는 물질
⑤ 만졌을 때의 느낌

서술형

4 앞 **3**번 실험을 하는 방법입니다. 바르지 <u>않은</u> 부분에 밑줄을 긋고 바르게 고쳐 쓰시오.

- ㉠ 거즈를 두세 번 접어 페트병 윗부분의 입구를 감싸고 고무줄로 묶는다.
- ㉡ 페트병 윗부분을 거꾸로 세워 페트병 아랫부 분에 넣는다.
- ㉢ 장치의 윗부분에 운동장 흙과 화단 흙을 각각 $\frac{1}{3}$ 정도 넣는다.
- ㉣ 두 장치의 흙에 각각 같은 양의 물을 운동장 흙에 먼저 붓고 난 다음 화단 흙에 붓는다.

_____

_____

5 두 개의 유리컵에 운동장 흙과 화단 흙을 넣고 물을 부은 뒤 유리 막대로 젓고 잠시 놓아두는 실험을 통해 무엇을 알 수 있습니까? (   )

① 화단 흙에 부식물이 더 많다.
② 운동장 흙이 알갱이의 크기가 더 크다.
③ 식물이 더 잘 자라는 흙은 운동장 흙이다.
④ 운동장 흙과 화단 흙 모두 물에 뜨는 물질이 많다.
⑤ 운동장 흙에 식물의 뿌리, 죽은 동물, 나뭇잎 등이 많이 있다.

6 부식물에 대한 설명으로 바른 것을 모두 골라 기호를 쓰시오.

- ㉠ 식물이 잘 자라는 데 도움을 준다.
- ㉡ 화단 흙보다 운동장 흙에 더 많다.
- ㉢ 플라스틱 통에 흙을 넣고 물을 부었을 때 물 에 가라앉는 물질이다.
- ㉣ 식물이나 동물의 일부가 오랜 시간에 걸쳐 썩 어서 흙의 일부가 된 것이다.

(   )

7 플라스틱 통에 과자를 넣고 세게 흔들었을 때 변화된 모습으로 바른 것은 어느 것입니까? (　　　)

① 알갱이의 색깔이 변한다.
② 알갱이가 변하지 않는다.
③ 알갱이가 모두 가루가 되어 없어진다.
④ 가루가 뭉쳐져 다시 큰 알갱이가 된다.
⑤ 알갱이의 크기가 작아지고 가루가 생긴다.

관련 교과서 돋보기

흙이 만들어지는 과정 모형실험 하기
• 실험 준비물: 투명한 플라스틱 통, 과자
• 실험 과정: 플라스틱 통에 과자를 넣고 세게 흔듭니다.
• 실험 결과: 플라스틱 통을 흔들기 전에는 과자 알갱이의 크기가 크고, 플라스틱 통을 세게 흔든 후에는 알갱이의 크기가 작아지고 가루도 많이 생겼습니다.

8 바위나 돌이 흙이 되는 모습에 대한 설명으로 바르지 않은 것은 어느 것입니까? (　　　)

① 오랜 시간에 걸쳐 만들어진다.
② 커다란 바위가 높은 기온에 의해 바로 흙이 된다.
③ 바위틈에서 나무뿌리가 자라면서 바위가 부서진다.
④ 바위틈에 스며든 물이 얼었다 녹기를 반복하면서 바위가 부서진다.
⑤ 바위나 돌이 부서진 알갱이에 생물이 썩어 생긴 물질들이 섞여 흙이 된다.

[9~10] 사각 쟁반에 흙 언덕을 만든 뒤 흙 언덕 위에 색 모래를 뿌리고, 흙 언덕 위쪽에 물을 부었습니다.

9 위 실험에서 흙이 깎인 곳의 기호를 쓰시오.

(　　　　　)

10 앞 9번 실험에서 흙 언덕의 모습이 변한 까닭을 모두 고르시오. (　　,　　)

① 색 모래를 뿌렸기 때문에
② 흙 언덕을 모래로 쌓았기 때문에
③ 흙 언덕의 경사가 완만하기 때문에
④ 흐르는 물이 위쪽의 흙을 깎았기 때문에
⑤ 흐르는 물이 깎은 흙을 아래쪽에 쌓았기 때문에

11 (　　　) 안에 공통으로 알맞은 말을 쓰시오.

• 땅의 표면을 (　　　)(이)라고 한다.
• 흐르는 물은 (　　　)을/를 깎아 돌이나 흙 등을 낮은 곳으로 운반하여 쌓아 놓는다.

(　　　　　)

12 흐르는 물의 작용에 대한 설명으로 바른 것을 모두 고르시오. (　　,　　)

① 지표의 모습을 변화시킨다.
② 흙이나 바위가 깎이지 않게 보호한다.
③ 낮은 곳에 있는 흙을 모두 높은 곳으로 운반한다.
④ 높은 곳의 바위나 돌을 깎아 낮은 곳으로 운반해 쌓아 놓는다.
⑤ 낮은 곳에 있는 커다란 바위와 돌을 모두 깎아 바로 흙으로 만든다.

13 강 상류의 폭과 경사에 대한 설명을 바르게 나타낸 것은 어느 것입니까? (　　　)

구분	강 상류의 폭	강 상류의 경사
①	좁다.	급하다.
②	좁다.	완만하다.
③	넓다.	급하다.
④	넓다.	완만하다.

[14~15] 강 주변의 모습을 보고 물음에 답하시오.

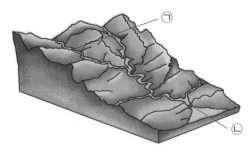

14 강 주변 ㉠과 ㉡ 중 침식 작용보다 퇴적 작용이 활발하게 일어나는 곳을 쓰시오.

( )

15 위 ㉠과 ㉡의 모습을 설명한 것으로 바르지 <u>않은</u> 것은 어느 것입니까? ( )

① ㉠은 강폭이 좁다.
② ㉡은 강폭이 넓다.
③ ㉠은 ㉡보다 강의 경사가 완만하다.
④ ㉠에서는 계곡이나 산을 볼 수 있다.
⑤ ㉡에서는 넓은 평야나 들을 볼 수 있다.

16 강 상류와 강 하류에서 활발하게 일어나는 흐르는 물의 작용은 어느 것입니까? ( )

구분	강 상류	강 하류
①	침식 작용	침식 작용
②	침식 작용	퇴적 작용
③	퇴적 작용	침식 작용
④	퇴적 작용	운반 작용
⑤	운반 작용	퇴적 작용

🔍 관련 교과서 돋보기

흐르는 물의 작용과 강 주변 지형 모습의 특징
• 강 상류: 강폭이 좁고, 강의 경사가 급해 퇴적 작용보다 침식 작용이 활발하게 일어납니다.
• 강 하류: 강폭이 넓고, 강의 경사가 완만해 침식 작용보다 퇴적 작용이 활발하게 일어납니다.

17 바닷가의 지형이 다르게 나타나는 까닭으로 바른 것은 어느 것입니까? ( )

① 태풍의 세기가 다르기 때문에
② 해일이 일어나는 장소가 다르기 때문에
③ 사람이 많이 오는 정도가 다르기 때문에
④ 비가 많이 오는 지역과 적게 오는 지역이 다르기 때문에
⑤ 침식 작용과 퇴적 작용이 오랜 시간에 걸쳐서 반복되었기 때문에

18 다음과 같은 바닷가 지형은 바닷물의 어떤 작용으로 만들어지는지 쓰시오.

( )

19 바닷가 지형과 바닷물의 작용을 바르게 선으로 연결하시오.

(1) 절벽 •   • ㉠ 퇴적 작용

(2) 갯벌 •   • ㉡ 침식 작용

20 바닷가 지형이 시간이 지날수록 변하는 까닭을 바르게 말한 친구의 이름을 쓰시오.

• 영희 – 지형에 따라 햇빛이 비치는 정도가 다르기 때문이야.
• 경인 – 지형의 위치에 따라 바람의 세기가 다르기 때문이야.
• 대은 – 바닷물에 의해 침식 작용과 퇴적 작용이 일어나기 때문이야.

( )

1 칠교판의 나뭇조각과 플라스틱 조각을 관찰한 내용 중 바르지 <u>않은</u> 것은 어느 것입니까? (   )

① 나뭇조각과 플라스틱 조각 모두 단단하다.
② 나뭇조각과 플라스틱 조각 모두 공간을 차지한다.
③ 나뭇조각과 플라스틱 조각 모두 눈으로 볼 수 있다.
④ 나뭇조각과 플라스틱 조각 모두 손으로 잡을 수 있다.
⑤ 나뭇조각과 플라스틱 조각 모두 담는 그릇에 따라 모양과 부피가 변한다.

◦서술형◦

2 연필과 구슬의 공통점을 한 가지 쓰시오.

_____

_____

3 플라스틱 주사위를 여러 가지 모양의 투명한 그릇에 넣어 보았습니다. 어떤 변화가 있는지 ◦보기◦에서 모두 골라 기호를 쓰시오.

┌─◦보기◦─────────────────┐
│ ㉠ 모양이 변한다. │
│ ㉡ 부피가 변한다. │
│ ㉢ 모양이 변하지 않는다. │
│ ㉣ 부피가 변하지 않는다. │
└──────────────────────┘

(   )

4 위 **3**번 정답과 같은 성질을 갖는 물질의 상태를 무엇이라고 하는지 쓰시오.

(   )

[5~6] 실험을 보고 물음에 답하시오.

┌──────────────────────────┐
│ ⑺ 투명한 그릇에 물을 담고 유성 펜으로 물의 높이를 │
│   표시한 뒤 물의 모양을 관찰한다. │
│ ⑻ 물을 나머지 두 그릇에 차례대로 옮겨 담으면서 물 │
│   의 모양을 관찰한다. │
│ ⑼ 첫 번째 그릇에 물을 다시 옮겨 담고 처음 표시한 │
│   물의 높이와 비교한다. │
└──────────────────────────┘

5 위 실험 과정 ⑻에서 물을 다른 모양의 그릇에 옮겨 담을 때 변하는 것은 무엇입니까? (   )

① 물의 양   ② 물의 모양
③ 물의 무게   ④ 물의 색깔
⑤ 물의 부피

6 위 실험 ⑼의 결과가 다음과 같을 때 이것을 통해 알 수 있는 사실은 무엇입니까? (   )

① 물은 담는 그릇이 클 때만 모양이 변한다.
② 물은 담는 그릇이 달라지면 색깔이 변한다.
③ 물은 담는 그릇의 색깔에 따라 모양이 변한다.
④ 물은 담는 그릇이 달라져도 모양이 변하지 않는다.
⑤ 물은 담는 그릇이 달라져도 부피가 변하지 않는다.

7 물질의 상태가 나머지와 다른 하나를 ◦보기◦에서 골라 기호를 쓰시오.

┌─◦보기◦──────────────────┐
│ ㉠ 책   ㉡ 플라스틱 블록 │
│ ㉢ 연필   ㉣ 쌓기나무 │
│ ㉤ 가방   ㉥ 주스 │
└──────────────────────┘

(   )

•서술형•

8 빈 페트병의 입구 부분을 물이 담긴 수조에 넣고 페트병을 손으로 누르는 실험을 통해 알 수 있는 사실을 한 가지 쓰시오.

🔍 관련 교과서 돋보기

우리 주변에 공기가 있는지 알아보기
• 빈 페트병의 입구를 손등에 가까이 가져가 누릅니다.
• 부풀린 풍선의 입구를 손등에 가까이 가져가 쥐었던 손을 살짝 놓습니다.
• 부풀린 풍선의 입구를 물이 담긴 수조에 넣고 물속에서 풍선의 입구를 쥐었던 손을 놓습니다.

9 공기 주입기로 풍선에 공기를 넣었습니다. 풍선 안에 들어 있는 공기에 대한 설명으로 바른 것을 모두 고르시오. (,   )

① 눈에 잘 보인다.
② 풍선을 가득 채운다.
③ 손으로 잡을 수 있다.
④ 고체와 같은 상태이다.
⑤ 모양이나 부피가 일정하지 않다.

[10~11] 물에 페트병 뚜껑을 띄운 뒤, 바닥에 구멍이 뚫린 투명한 컵으로 덮고 밀어 넣었습니다.

10 위 실험에서 플라스틱 컵을 밀어 넣을 때 나타나는 현상으로 바른 것은 어느 것입니까? (   )

① 컵 안으로 공기가 들어간다.
② 컵 안에서 물이 빠져나온다.
③ 수조 안 물의 높이가 점점 낮아진다.
④ 수조 안 물의 높이가 점점 높아진다.
⑤ 페트병 뚜껑의 위치는 변하지 않는다.

•서술형•

11 앞 10번 실험을 바닥에 구멍이 뚫리지 않은 컵으로 했을 때의 결과를 쓰시오.

페트병 뚜껑의 위치	
수조 안 물의 높이	
수조 안 물의 높이가 변하는 까닭	

[12~13] 주사기 두 개를 비닐관으로 연결하고 한쪽 주사기 피스톤에 스타이로폼 공을 붙였습니다.

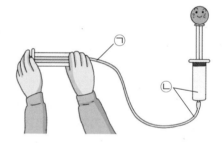

12 밀었던 피스톤을 주사기 밖으로 당길 때 비닐관 속 공기가 이동하는 방향을 화살표로 나타내시오.

㉠ (   ) ㉡

13 위 실험에서 스타이로폼 공을 움직이는 데 이용한 공기의 성질은 무엇입니까? (   )

① 공기는 색깔이 없다.
② 공기는 냄새가 없다.
③ 공기는 눈에 보이지 않는다.
④ 공기는 모양이 변하지 않는다.
⑤ 공기는 다른 곳으로 이동할 수 있다.

14 우리 주변에서 공기가 이동하는 성질을 이용한 예가 <u>아닌</u> 것은 어느 것입니까? (   )

① 선풍기 바람
② 이불 압축 팩
③ 비눗방울 불기
④ 응원용 막대풍선
⑤ 공기 주입기로 자전거 타이어에 공기 넣기

[15~16] 페트병에 공기 주입 마개를 끼우고 공기 주입 마개를 여러 번 누른 후 페트병의 무게를 측정해 보았습니다.

15 오른쪽 실험에서 공기 주입 마개를 끼운 페트병의 무게를 측정할 때 사용하는 실험 기구의 이름을 쓰시오.

(   )

16 위 실험에서 공기 주입 마개를 누르는 횟수를 다르게 한 후 무게를 측정한 결과입니다. 이 결과를 통해 알 수 있는 사실은 무엇입니까? (   )

열 번 눌렀을 때	서른 번 눌렀을 때
47.2g	47.8g

① 공기는 이동한다.
② 공기는 무게가 없다.
③ 공기는 무게가 있다.
④ 공기는 공간을 차지한다.
⑤ 공기는 손으로 잡을 수 있다.

🔍 **관련 교과서 돋보기**

페트병 안에 공기 넣기
• 공기 주입 마개의 둥근 부분을 손으로 누르면 밖에 있던 공기가 페트병 안으로 이동합니다.
• 공기 주입 마개를 누를 때에는 전자저울에서 내려놓고 같은 세기로 누릅니다.
• 공기 주입 마개를 가볍게 뒤로 젖히면 압축된 공기를 뺄 수 있습니다.

17 공기에 대한 설명으로 바르지 않은 것을 ◦보기◦에서 골라 기호를 쓰시오.

┌─보기─┐
㉠ 공기는 무게가 있다.
㉡ 공기는 눈에 보이지 않는다.
㉢ 공기의 무게는 측정할 수 없다.
└──────┘

(   )

18 ◦보기◦의 물질을 기준에 따라 분류하여 쓰시오.

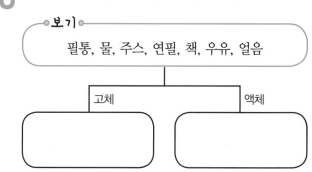

19 ◦보기◦의 물체들을 상태에 따라 분류한 것입니다. 잘못 분류한 것은 어느 것인지 쓰시오.

┌─보기─┐
돌, 막대풍선 속의 공기, 간장,
식용유, 나무, 우유, 공속의 공기,
플라스틱 조각, 팽팽한 풍선 속 공기
└──────┘
↓

고체	돌, 식용유, 나무, 플라스틱 조각
액체	간장, 우유
기체	막대풍선 속의 공기, 공속의 공기, 팽팽한 풍선 속 공기

(   )

20 기체 상태의 물질은 어느 것입니까? (   )

① 버터   ② 얼음
③ 유리컵   ④ 우유
⑤ 선풍기 바람

·서술형·

1 소리가 나지 않는 소리굽쇠와 소리가 나는 소리굽쇠를 물에 각각 댔을 때 나타나는 현상을 쓰시오.

구분	소리가 나지 않는 소리굽쇠	소리가 나는 소리굽쇠
나타나는 현상		

2 소리가 나는 소리굽쇠를 손으로 세게 잡았을 때 어떤 현상이 나타납니까? (   )

① 소리가 멈춘다.
② 소리굽쇠가 뜨거워진다.
③ 소리의 크기가 더 커진다.
④ 소리굽쇠의 색깔이 변한다.
⑤ 소리굽쇠가 더 많이 떨린다.

3 떨림이 느껴지지 않는 물체는 어느 것입니까?
(   )

① 울리고 있는 종
② 소리가 나는 스피커
③ 쇠막대로 친 트라이앵글
④ 보관함에 들어 있는 기타
⑤ 날고 있는 벌의 빠른 날개짓

4 작은북 위에 팥을 올려놓고 북채로 칠 때 팥이 더 많이 튀어 오르는 것은 어느 것인지 < 또는 >로 표시하시오.

북채로
세게 칠 때   ◯   북채로
약하게 칠 때

5 소리의 크고 작은 정도를 무엇이라고 하는지 쓰시오.
(   )

6 소리의 세기에 대해 <u>잘못</u> 말한 친구의 이름을 쓰시오.

• 진오─북 소리가 작을수록 떨림이 커.
• 철우─물체의 떨림이 클수록 큰 소리가 나.
• 진희─물체가 작게 떨리면 작은 소리가 나.
• 하린─목에 손을 대고 큰 소리를 내면 떨림이 크게 느껴져.

(   )

7 플라스틱 빨대의 길이를 각각 다르게 자른 뒤에 한쪽 끝을 고무찰흙으로 막은 것입니다. 높은 소리가 나는 것부터 순서대로 기호를 쓰시오.

(   )

🔍 관련 교과서 돋보기

빨대를 이용해 소리의 높낮이 비교하기
• 준비물: 플라스틱 빨대, 고무찰흙, 자, 가위, 유성 펜
• 만드는 방법: 플라스틱 빨대를 4 cm, 7 cm, 10 cm 길이로 자르고, 자른 빨대의 한쪽 끝을 고무찰흙으로 막습니다.
• 플라스틱 빨대를 부는 방법: 플라스틱 빨대의 입구 부분을 입술 아래쪽에 살짝 대고 바람을 불어 바람이 빨대에 들어가도록 합니다.
• 실험 결과: 높은 소리가 날 때는 플라스틱 빨대의 길이가 짧고, 낮은 소리가 날 때는 플라스틱 빨대의 길이가 깁니다.

8 팬 플루트에서 낮은 소리가 나는 것은 ⊙과 ⓒ 중 어느 것인지 쓰시오.

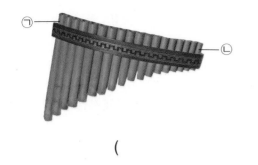

(   )

9 소리의 높낮이에 대한 설명이 바른 것은 어느 것입니까? (   )

① 소리의 크고 작은 정도이다.
② 실로폰을 세게 치면 낮은 소리가 난다.
③ 실로폰을 약하게 치면 낮은 소리가 난다.
④ 실로폰 음판의 길이가 길수록 낮은 소리가 난다.
⑤ 실로폰 음판의 길이가 짧을수록 낮은 소리가 난다.

10 기체인 공기를 통해서 소리가 전달되는 경우는 어느 것인지 ◦보기◦에서 골라 기호를 쓰시오.

┌─◦보기◦─────────────────────┐
⊙ 철봉에 귀를 대고 철봉을 두드리는 소리를 듣는 경우
ⓒ 운동장에서 친구가 부르는 소리를 듣는 경우
ⓒ 실 전화기로 친구와 이야기를 하는 경우
ⓔ 수중발레 선수들이 물속에서 음악을 듣는 경우
└───────────────────────────┘

(   )

서술형

11 달에서는 서로 크게 말을 해도 소리가 들리지 않습니다. 소리가 전달되지 않는 까닭을 쓰시오.

_____

_____

12 소리의 전달에 대한 설명으로 바른 것은 어느 것입니까? (   )

① 소리는 액체에서만 전달된다.
② 소리는 고체에서만 전달된다.
③ 물속에서는 소리가 전달되지 않는다.
④ 공기가 없는 곳에서도 소리는 전달된다.
⑤ 친구들과 나누는 이야기 소리와 텔레비전 소리는 공기를 통해 전달된다

13 실 전화기를 만들 때 필요 없는 것은 어느 것입니까?
(   )

① 실   ② 풀
③ 클립   ④ 누름 못
⑤ 종이컵

14 실 전화기를 통해 소리가 들리는 까닭은 무엇입니까?
(   )

① 종이컵이 작기 때문에
② 말을 할 때 종이컵이 떨리기 때문에
③ 실이 떨리면서 소리를 전달하기 때문에
④ 클립이 떨리면서 소리를 전달하기 때문에
⑤ 말하는 소리가 공기를 통해 전달되기 때문에

🔍 관련 교과서 돋보기

실 전화기
• 최대한 실을 팽팽하게 할수록 소리를 잘 전달합니다.
• 실의 길이가 짧을수록 소리를 잘 전달합니다.
• 실의 굵기가 굵을수록 소리를 잘 전달합니다.
• 실에 물을 묻혔을 때 소리를 잘 전달합니다.

서술형

15 풍선 전화기를 만들어 친구와 이야기를 주고받을 때 어떻게 하면 소리가 잘 전달되는지 한 가지 쓰시오.

_____

_____

16 다음과 같이 스피커를 플라스틱 통에 넣고 소리를 들어 보았을 때 다른 점은 무엇입니까? (   )

▲ 나무판이 없을 때

▲ 나무판을 비스듬히 들었을 때

① 소리의 세기
② 소리가 낮은 정도
③ 소리의 종류
④ 소리가 높은 정도
⑤ 소리의 길이

관련 교과서 돋보기

소리가 물체에 부딪쳤을 때 나타나는 현상 관찰하기
• 준비물: 스피커, 플라스틱 통, 스마트 기기, 나무판
• 스피커를 플라스틱 통에 넣습니다.
• 스마트 기기로 스피커에 소리가 나게 한 뒤 소리를 듣습니다.
• 플라스틱 통의 위쪽에서 나무판을 비스듬히 들고 소리를 듣습니다.
• 나무판이 없을 때와 비스듬히 들고 소리를 들을 때 소리의 세기를 비교합니다.

17 소리의 반사에 대한 설명으로 바른 것은 ○표, 바르지 않은 것은 ×표 하시오.

⑴ 소리의 높고 낮은 정도를 소리의 반사라고 한다. (   )

⑵ 단단한 물체에 부딪치면 반사가 잘된다. (   )

⑶ 부드러운 물체에 부딪치면 반사가 잘 안 된다. (   )

⑷ 소리는 모든 물체에서 반사되는 정도가 같다. (   )

서술형

18 음악 공연장 천장에 반사판을 사용하는 까닭은 무엇인지 쓰시오.

_____

_____

19 주택가 주변 큰 도로에 설치한 방음벽의 역할은 무엇입니까? (   )

① 소리를 반사해 소음을 줄인다.
② 소리가 잘 전달되도록 돕는다.
③ 작은 소리를 큰 소리로 바꾸어 준다.
④ 소리의 반사가 잘 일어나지 않도록 한다.
⑤ 낮은 소리를 높은 소리로 바꾸는 역할을 한다.

20 집에서 나는 소음을 줄이는 방법으로 알맞지 않은 것은 어느 것입니까? (   )

① 문을 세게 닫지 않는다.
② 청소기는 조용한 밤 시간에 사용한다.
③ 층간 소음을 방지하기 위해 매트를 깐다.
④ 실내에서는 실내화를 신어 소음을 줄인다.
⑤ 텔레비전을 볼 때 너무 큰 소리로 보지 않는다.

1 ㉡㉢㉠   2 ⑤   3 ②   4 ①, ③   5 ④   6 ①
7 ⑤   8 ③   9 ⑤   10 지느러미   11 ⑤   12 ①
13 ③   14 예 날개가 있다. 부리가 있다. 몸이 깃털
로 덮여 있다.   15 ①, ③   16 사막   17 예 콧구멍
을 열고 닫을 수 있기 때문이다.   18 사막여우   19
①   20 ㉡

● 풀이 ●

1 궁금한 점들 중에서 가장 알아보고 싶은 것 한 가지
를 골라 탐구 문제로 정하고, 탐구 문제가 적절한지,
스스로 해결할 수 있는 문제인지 점검합니다.

2 탐구 결과 발표 자료에는 탐구 문제, 탐구한 사람,
탐구한 때와 장소, 준비물, 탐구 순서, 탐구 결과, 탐
구하여 알게 된 것 등이 들어가도록 합니다.

3 참새, 직박구리 등은 나무에서 볼 수 있습니다.

4 토끼는 몸이 털로 덮여 있고 꼬리가 짧으며 앞다리보
다 뒷다리가 깁니다.

7 뱀은 혀로 냄새를 맡아 먹이를 찾습니다.

8 땅에서 사는 동물 중 다리가 있는 동물은 걷거나 뛰어
서 이동하고, 다리가 없는 동물은 기어서 이동합니다.

9 뱀과 개미는 땅 위와 땅속을 오가며 사는 동물입니
다. 땅강아지는 앞발이 삽처럼 넓적하여 앞발로 땅을
팝니다.

10 금붕어는 지느러미를 이용해 헤엄쳐 다닙니다.

11 조개는 갯벌에서 사는 동물입니다. 갯벌은 바닷물이
들어오면 물에 잠기고, 바닷물이 빠져나가면 드러나
는 땅입니다.

12 수달은 강가나 호숫가에서 땅과 물을 오가며 살고,
고등어, 해파리, 오징어, 상어는 바닷속에서 삽니다.

13 나비는 날아다니는 곤충이고, 제비는 날아다니는 새
입니다.

14 까치와 제비는 날아다니는 동물로 날개가 있으며 몸
이 깃털로 덮여 있습니다. 다리가 한 쌍이고 부리가
있습니다.

16 사막여우, 낙타, 사막 딱정벌레, 가시 도마뱀은 건조
하고 더운 사막에 사는 동물입니다.

17 낙타는 콧구멍을 열고 닫을 수 있기 때문에 모래바람
이 불어도 콧속으로 모래가 잘 들어가지 않습니다.

18 사막여우는 사막에서 생활하기 알맞게 귓속에 많은

털이 있고 몸에 비해 귀가 큽니다.

19 흡착식 걸이는 문어 빨판, 비행 로봇은 벌의 특징,
탐색구조 로봇은 뱀의 특징, 물놀이용 물갈퀴는 오리
와 개구리 발을 모방하여 만든 것입니다.

20 상어의 피부에는 작게 튀어나온 부분이 많이 있습니
다. 이 구조를 활용하여 물속에서 물의 저항을 줄여
빠르게 수영할 수 있는 수영복을 만듭니다.

1 ②   2 ①, ③   3 ④   4 운동장 흙   5 ⑤   6
<   7 ②   8 예 바람에 바위가 깎이거나 부서진다.
바위틈에 스며든 물이 얼었다 녹기를 반복하면서 바
위가 부서진다.   9 ④   10 (1) ㉡ (2) ㉠   11 현주
12 ㉠ 침식 ㉡ 운반 ㉢ 퇴적   13 ③   14 예 강 상
류의 큰 바위나 돌이 침식되어 하류로 운반되면서 모
난 부분이 깎여 쌓였기 때문이다.   15 ㉠   16 (1)
㉡ (2) ㉠   17 ⑤   18 ④   19 퇴적 작용   20 ③

● 풀이 ●

2 운동장 흙은 밝은 갈색이고 거칠거칠하며 주로 모래
나 흙 알갱이만 보입니다. 화단 흙보다 알갱이 크기
가 큽니다.

4 운동장 흙은 화단 흙보다 일정한 시간 동안 물이 더 많
이 빠집니다.

5 화단 흙에는 운동장 흙보다 물에 뜬 물질이 많습니
다. 이때 물에 뜬 물질은 대부분 부식물입니다.

6 화단 흙에는 운동장 흙보다 물에 뜨는 물질이 더 많
이 섞여 있습니다.

7 별 사탕을 흔들어 알갱이가 작아지는 모습을 관찰하
면서 자연에서 흙이 만들어지는 과정을 알아보는 실
험입니다.

9 흐르는 물에 의해 색 모래는 흙 언덕 위쪽에서 아래
쪽으로 이동합니다.

10 흐르는 물이 흙 언덕 위쪽의 흙을 깎고 운반해 아래
쪽에 쌓이게 합니다.

12 땅의 표면을 지표라고 합니다. 지표는 흐르는 물의
침식 작용, 운반 작용, 퇴적 작용으로 다양한 모습이
됩니다.

13 강의 상류는 강폭이 좁고 경사가 급하며 큰 바위나 돌

이 많습니다.

14 강 상류에서는 퇴적 작용보다 침식 작용이 활발하게 일어나고, 강 상류에서 침식된 알갱이는 강 중류나 하류로 운반되면서 모난 부분이 깎입니다.

16 강 상류에서는 퇴적 작용보다 침식 작용이, 강 하류에서는 침식 작용보다 퇴적 작용이 더 활발하게 일어납니다.

17 바닷가에서는 파도나 바닷물에 의해 지표가 깎이고, 깎인 물질이 운반되어 쌓이면서 지형이 변합니다.

18 바닷가 주변의 절벽은 바닷물에 의해 깎여서 만들어진 것입니다.

19 갯벌은 모래와 흙이 쌓여서 생긴 지형으로 퇴적 작용에 의해 만들어졌습니다.

20 ㉠ 지형은 바닷물의 침식 작용으로 가운데 구멍이 뚫린 것입니다.

1회　　4. 물질의 상태　　7~9쪽

1 ①, ⑤　**2** ⑤　**3** ⑤　**4** ㉠ 부피 ㉡ 모양　**5** ②
6 같다.　**7** ⑩ 담는 그릇에 따라 모양은 변하지만, 부피는 변하지 않는다.　**8** 공기　**9** ④　**10** 수조 바닥　**11** ③　**12** (1) ㉡ (2) ㉠　**13** ③　**14** 기체
15 ⑤　**16** (1) × (2) ○　**17** ④　**18** ③　**19** (1) 고체 ㉠, ㉢ (2) 액체 ㉡, ㉤ (3) 기체 ㉣, ㉥　**20** ⑤

• 풀이 •

1 칠교판의 나뭇조각은 일정한 모양과 부피를 가지고 있는 고체이기 때문에 쌓아 올릴 수 있습니다.

2 연필과 책의 물질의 상태는 고체로, 눈으로 볼 수 있고 손이나 도구로 잡을 수 있습니다. 또한 다른 그릇에 옮겨 담아도 원래의 모양과 부피가 변하지 않습니다.

3 쌓기나무는 고체입니다. 고체는 담는 그릇이 달라져도 모양과 부피가 변하지 않는 물질의 상태를 말합니다.

5 물과 주스 모두 눈으로 볼 수 있습니다.

6 옮겨 담는 그릇에 따라 물의 모양은 변하지만 물의 부피는 변하지 않습니다.

7 처음에 사용한 그릇에 물을 다시 옮겨 담았을 때 물의 높이가 처음과 같은 것을 통해 담는 그릇이 달라져도 물의 부피는 변하지 않는다는 것을 알 수 있습니다.

9 풍선의 모양에 따라 풍선 안에 들어갈 수 있는 공기의 양은 다릅니다.

10 바닥에 구멍이 뚫리지 않은 컵의 경우 페트병 뚜껑은 내려가고, 바닥에 구멍이 뚫린 컵의 경우 페트병 뚜껑은 물 위에 그대로 있습니다.

11 바닥에 구멍이 뚫리지 않은 컵의 경우 컵 안에 있는 공기가 공간을 차지하고 있기 때문에 컵 안의 공기가 물을 밀어 내 수조 안 물의 높이가 조금 높아집니다.

12 당겨 놓은 주사기의 피스톤을 밀면 주사기와 비닐관 안에 들어 있는 공기가 스타이로폼 공을 붙인 주사기로 이동하기 때문에 스타이로폼 공이 움직입니다.

14 공기가 차지하는 공간의 모양은 담는 그릇의 모양에 따라 달라집니다. 또 공기는 담긴 그릇을 항상 가득 채우므로 공기의 부피는 담긴 그릇의 부피와 같습니다.

15 공기 주입 마개를 여러 번 누르면 공기가 페트병 안으로 많이 들어가기 때문에 페트병의 무게가 늘어납니다.

17 공기 주입 마개를 많이 누르면 페트병에 공기가 많이 들어가 누르기 전보다 무게가 늘어납니다.

18 물, 주스, 우유는 액체이고 구명조끼 속의 공기, 에어 캡 속의 공기, 풍선 놀이 기구 속의 공기는 기체입니다.

19 물질은 상태에 따라 고체, 액체, 기체로 분류할 수 있습니다.

20 얼음과 버터는 고체이고, 주스와 우유는 액체입니다.

1회　　5. 소리의 성질　　10~12쪽

1 ②　**2** ㉡　**3** (1) ○ (2) ×　**4** 소리의 세기　**5** ③　**6** ⑩ 작은북을 약하게 칠 때는 좁쌀이 낮게 튕기다가 세게 칠수록 좁쌀이 더 높게 튕긴다.　**7** (1) 낮은 소리 (2) 높은 소리　**8** 짧고, 길다　**9** ③, ④　**10** 나무 (막대)　**11** 고체　**12** ①　**13** ㉡㉠㉢
14 실　**15** ③　**16** ㉡　**17** ⑤　**18** 소리의 반사
19 ②　**20** ③

• 풀이 •

1 목에 손을 대고 소리를 내거나 소리가 나는 스피커에 손을 대면 손에서 떨림을 느낄 수 있습니다.

2 소리가 나는 소리굽쇠의 떨림 때문에 물이 튀어 오릅니다.

3 소리는 물체의 떨림으로 생기므로 물체를 여러 가지 방법으로 떨리게 하면 소리를 낼 수 있습니다.

5 캐스터네츠를 세게 부딪치면 큰 소리가 나고 약하게 부딪치면 작은 소리가 납니다.

6 물체를 치는 세기에 따라 떨리는 정도가 달라지기 때문에 작은북 위에 올려놓은 좁쌀의 튕기는 정도가 달라집니다.

7 불이 난 것을 알리는 화재 비상벨, 위급한 환자가 타고 있는 것을 알리는 구급차 소리, 수영장에서 안전요원이 부는 호루라기 소리 등이 높은 소리를 이용하는 예입니다.

8 실로폰 음판의 길이가 짧을수록 높은 소리가 나고, 실로폰 음판의 길이가 길수록 낮은 소리가 납니다.

10 소리는 대부분 기체인 공기를 통해서 전달됩니다. 그리고 고체나 액체를 통해서도 전달됩니다.

11 책상과 책상 사이에 나무 막대를 놓으면 나무 막대를 통해 책상을 두드리는 소리가 전달됩니다. 나무는 고체입니다.

12 소리는 공기와 같은 기체, 실이나 나무와 같은 고체, 물과 같은 액체 물질을 통해 전달됩니다.

13 종이컵 바닥에 구멍을 뚫고 실을 넣어 클립으로 고정하면 실 전화기를 만들 수 있습니다.

14 소리가 고체인 실을 통해 전달되는 성질을 이용하여 실 전화기를 만듭니다.

15 실의 길이를 짧게 하면 길게 할 때보다 소리가 더 잘 들립니다.

16 나무판을 비스듬히 들고 나무판이 기울어진 쪽으로 소리를 들으면 나무판이 없을 때보다 소리가 더 크게 들립니다.

17 소리가 나아가다가 물체에 부딪쳐 되돌아오는 성질을 소리의 반사라고 하는데 나무판이 소리의 반사를 돕는 역할을 해줍니다.

18 스펀지나 솜과 같은 부드러운 물체에 소리가 부딪치면 반사가 잘 안 되어 되돌아오는 소리가 잘 들리지 않습니다.

19 사람이 들었을 때 기분이 좋지 않거나 건강을 해칠 수 있는 시끄러운 소리를 소음이라고 합니다.

20 도로나 공사장에 방음벽을 설치하는 것은 소리를 반사시켜 소음을 줄이는 경우입니다.

---

1 선희   **2** ⓐ   **3** ②   **4** (1) ⓒ (2) ⓙ (3) ⓛ   **5** 예 더듬이가 있는 것과 없는 것   **6** ⑤   **7** ※ 풀이 참조   **8** 예 돋보기, 확대경   **9** ④   **10** ③   **11** (1) ⓒ (2) ⓙ (3) ⓛ   **12** ③   **13** 예 날개로 날아다닌다.   **14** ②   **15** ⓔ   **16** ①, ⑤   **17** 지방   **18** ①, ②   **19** ①   **20** ⑤

풀이

1 탐구 계획서를 살펴보고 탐구 순서를 확인합니다.

2 하나의 탐구 문제를 정해 해결하면 새로운 탐구 문제를 정해 다시 탐구합니다.

3 공벌레, 나비, 개미는 먹이가 많고 숨기 좋은 화단에서 볼 수 있습니다.

4 거미는 다리가 네 쌍이고, 참새는 몸이 깃털로 덮여 있으며, 달팽이는 미끄러지듯이 움직입니다.

5 잠자리, 꿀벌, 개미, 메뚜기, 사슴벌레, 달팽이, 공벌레, 개미는 더듬이가 있는 동물입니다.

7 다람쥐는 갈색 털로 덮인 몸에 짙은 갈색의 줄무늬가 있고, 털이 풍성한 꼬리로 몸의 균형을 잡습니다.

이름	다람쥐
특징	예 • 두 쌍의 다리로 나무를 탄다. • 몸이 털로 덮여 있다. • 다리로 걷거나 뛰어서 이동한다.

9 땅강아지의 앞다리는 단단한 삽날 모양으로 되어 있고, 끝은 톱날처럼 되어 있습니다.

10 다슬기, 물방개, 게 등은 물에 살지만 지느러미가 없습니다.

12 붕어와 상어는 몸이 비늘로 덮여 있습니다.

13 수리와 딱새는 날아다니는 새이고, 벌과 나비는 날아다니는 곤충입니다.

14 나비는 날개가 두 쌍입니다.

15 매미는 나무 사이를 날아다닙니다. 매미의 날개는 얇은 막처럼 생겼습니다.

16 사막은 먹이가 부족하고 비가 거의 내리지 않아 매우 건조하며, 낮에는 덥고 밤에는 매우 춥습니다.

18 북극곰은 몸이 털로 덮여 있고 몸에 비해 귀가 작으며 몸집이 큽니다. 얼음 위를 이동하며 먹이를 찾습니다.

정답과 풀이

19 드론은 잠자리 날개의 특징을 모방하여 생활 속에서 활용한 예입니다.

20 혹등고래는 지느러미에 혹이 있어서 방향을 바꿀 때 생기는 소용돌이를 줄여 줍니다. 이 특징을 활용한 에어컨 실외기 날개는 다른 날개에 비해 소비 전력과 소음이 적습니다.

2회　　　　**3. 지표의 변화**　　　　16~18쪽

1 ①　**2** 화단 흙　**3** ③　**4** ⑩ 운동장 흙은 화단 흙보다 알갱이의 크기가 크기 때문이다.　**5** ⓒ　**6** ⑤　**7** 흙　**8** (1) ⓒ (2) ㉠　**9** ④　**10** ②, ⑤　**11** (1) 위쪽 (2) 아래쪽　**12** ⑩ 흙 언덕 위쪽의 흙을 깎아 아래쪽으로 옮겨 쌓았다.　**13** ⑤　**14** ④　**15** ㉠　**16** (1) 상류 (2) 하류　**17** (1) × (2) ○ (3) ×　**18** ⑩ 바닷물에 의해 깎여서 만들어졌다. 바닷물의 침식 작용으로 만들어졌다.　**19** (2) ○　**20** ④

·풀이·

2 화단 흙은 어두운 갈색이고 약간 부드럽습니다. 화단 흙에는 식물뿌리나 나뭇잎 조각과 같은 물질이 섞여 있습니다.

4 흙의 알갱이 크기가 클수록 물이 더 빠르게 빠지고, 흙의 알갱이 크기가 작을수록 물이 더 느리게 빠집니다.

5 운동장 흙은 물에 뜬 물질이 거의 없지만 화단 흙은 물에 뜬 물질이 많습니다.

6 식물이 잘 자라는 흙에는 식물 뿌리나 죽은 벌레, 나무 조각 등 물에 뜨는 물질이 많습니다.

7 소금 덩어리가 작게 부서져 소금 가루가 됩니다. 이 실험은 흙이 만들어지는 과정을 알아보는 실험입니다.

8 처음에 소금 덩어리는 알갱이 크기가 크고 뾰족한 부분이 있지만, 통에 넣고 흔들면 소금 덩어리가 작게 부서져서 뾰족한 부분이 없어지고 소금 가루가 만들어집니다.

9 바위틈에서 나무뿌리가 자라면서 바위가 부서진 모습입니다.

11 경사가 급한 흙 언덕 위쪽의 흙을 깎아 경사가 완만한 흙 언덕 아래쪽으로 옮겨 쌓았습니다.

12 흙 언덕 위쪽에서는 침식 작용, 흙 언덕 아래쪽에서는 퇴적 작용이 일어났습니다.

13 흐르는 물은 오랜 시간 동안 바위나 돌, 흙 등을 깎아 낮은 곳으로 운반해 쌓아 놓습니다.

14 강 상류에서는 침식 작용, 운반 작용, 퇴적 작용이 모두 일어나지만 침식 작용이 가장 활발하게 일어납니다.

15 강 상류에서는 바위나 큰 돌을 많이 볼 수 있습니다.

17 (1) 강 상류에서는 퇴적 작용보다 침식 작용이 활발하게 일어나며, (3) 흐르는 강물은 오랜 시간에 걸쳐 지표의 모습을 서서히 변화시킵니다.

18 바닷가 주변의 가운데 구멍이 뚫린 바위와 절벽은 바닷물에 의해 깎여서 만들어진 것입니다.

19 바닷물의 퇴적 작용으로 흙이나 모래, 작은 돌이 쌓여 넓은 모래사장이 됩니다.

20 바닷가의 지형은 바닷물에 의해 침식 작용과 퇴적 작용으로 만들어집니다. ㉠은 절벽, ⓒ은 갯벌입니다.

2회　　　　**4. 물질의 상태**　　　　19~21쪽

1 (1) ⓒ (2) ⓒ　**2** ⑩ 플라스틱 조각을 여러 가지 모양의 투명한 그릇에 넣어도 모양과 부피가 변하지 않는다.　**3** ②, ③　**4** ①　**5** ⑩ 처음 주스의 높이와 같다.　**6** ③　**7** ㉠, ⓒ　**8** ④　**9** ①, ④　**10** 부채　**11** (1) ⑩ 풍선이 부풀어 오르지 않는다. (2) ⑩ 공기는 공간을 차지한다.　**12** ①　**13** →　**14** ⑩ 공기 주입기의 공기가 자전거 타이어로 이동했기 때문이다.　**15** ㉠ⓔⓒⓛ　**16** ①　**17** ⓒ　**18** ④　**19** ④　**20** 얼음

·풀이·

2 플라스틱 조각은 고체이므로 담는 그릇이 바뀌어도 모양과 부피가 변하지 않습니다.

3 고체는 담는 그릇에 관계없이 모양과 부피가 변하지 않는 물질의 상태입니다.

5 처음 담았던 그릇에 주스를 다시 옮기면 처음에 표시했던 높이와 같은 것으로 보아 부피가 변하지 않는다는 것을 알 수 있습니다.

6 연필은 고체이기 때문에 모양이 다른 그릇에 옮겨 담으면 모양과 부피가 변하지 않습니다.

7 액체는 모두 흘러내리고 눈으로 볼 수 있지만 손으로 잡을 수 없습니다. 액체의 색깔은 다양합니다.

8 식용유는 담는 그릇에 따라 모양은 변하지만 부피가 일정한 성질을 가지고 있기 때문에 액체입니다.

9 구멍이 뚫리지 않은 플라스틱 컵으로 누를 때에는 플라스틱 컵 안에 공기가 공간을 차지하고 있기 때문에 컵 안의 공기가 물을 밀어 냅니다.

10 부채는 공기가 다른 곳으로 이동할 수 있는 성질을 이용한 예입니다.

11 구멍을 막은 페트병에는 공기가 가득 차 공간을 차지하고 있기 때문에 풍선에 더 이상 공기를 넣을 공간이 없어서 풍선이 부풀어 오르지 않습니다.

12 공기는 눈에 보이지 않지만 공간을 차지합니다.

13 당겨 놓은 주사기의 피스톤을 밀면 주사기와 비닐관에 들어 있던 공기가 이동하여 스타이로폼 공이 움직입니다.

14 기체가 공간을 이동하는 성질을 이용하여 공기 주입기로 자전거 타이어에 공기를 넣을 수 있습니다.

15 페트병에 공기 주입 마개를 끼운 후 바로 무게를 재고, 공기 주입 마개를 눌러 페트병이 팽팽해지도록 공기를 넣은 후 무게를 잽니다.

17 공기 주입 마개를 많이 누를수록 페트병 안에 공기가 많이 들어가기 때문에 무게가 무거워집니다.

18 공기는 무게가 있고 학교 교실 안에 있는 공기의 무게는 약 200 kg 정도입니다.

20 얼음은 담는 그릇에 관계없이 모양과 부피가 변하지 않는 고체입니다.

2회   5. 소리의 성질   22~24쪽

1 (2) ◯   **2** 느껴지지 않고, 느껴진다   **3** ①   **4** ①, ⑤   **5** ⓒ, 북채로 세게 치면 북이 크게 떨리면서 스타이로폼 공이 높게 튀어 오르기 때문이다.   **6** ②   **7** ⑤   **8** ㉠ 높은 ㉡ 낮은   **9** ③   **10** 예 소리가 작게 들린다. 소리가 잘 안 들린다.   **11** 수조 안의 물과 수조 밖의 공기   **12** ㉠   **13** (1) ◯   **14** 예 실의 떨림이 멈춰 소리가 잘 전달되지 않는다.   **15** ②   **16** ④   **17** ③   **18** ③   **19** ㉡, ㉢   **20** ②

• 풀이 •

1 음악이 나오지 않을 때는 스타이로폼 공의 움직임에 변화가 없지만, 음악이 나올 때는 스타이로폼 공이 통통 튑니다.

3 물체에서 소리가 날 때는 물체가 떨립니다.

5 작은북을 북채로 약하게 치면 북이 작게 떨리면서 스타이로폼 공이 낮게 튀어 오르고, 작은북을 북채로 세게 치면 북이 크게 떨리면서 스타이로폼 공이 높게 튀어 오릅니다.

6 소리의 세기는 소리의 크고 작은 정도입니다. 물체가 크게 떨리면 큰 소리가 나고, 물체가 작게 떨리면 작은 소리가 납니다.

7 탬버린은 소리의 높낮이는 다르게 할 수 없고 소리의 세기를 다르게 하여 연주하는 악기입니다. 붐웨커는 길이가 다른 관을 두드려서 높은 소리나 낮은 소리를 내는 악기입니다.

8 실로폰은 음판 길이에 따라 소리의 높낮이가 달라집니다. 짧은 음판을 치면 높은 소리가 나고 긴 음판을 치면 낮은 소리가 납니다.

9 도서관에서 친구와 만나 속삭일 때는 작은 소리를 내는 경우로 소리의 세기와 관련이 있습니다.

10 펌프질을 하면 공기가 밖으로 빠져나가면서 장치 안의 공기가 점점 줄어들고 소리를 전달할 수 있는 공기가 적어지기 때문에 소리가 잘 전달되지 않습니다.

11 자갈 부딪치는 소리가 수조 안의 물과 수조 밖의 공기를 통해 전달되어 들을 수 있습니다.

12 새 소리는 공기를 통해 전달됩니다.

13 실 전화기는 실을 팽팽하게 할수록 소리를 잘 전달합니다.

14 실 전화기는 실의 떨림에 의해 소리가 전달되기 때문에 실을 손으로 잡으면 실의 떨림이 멈춰서 소리가 잘 전달되지 않습니다.

15 풍선 전화기는 풍선의 떨림으로 소리가 전달됩니다.

16 소리가 나아가다가 물체에 부딪쳐 되돌아오는 성질을 소리의 반사라고 합니다.

17 플라스틱 원통 위쪽에 스타이로폼 판을 대면 플라스틱 원통 위쪽에 나무판을 댔을 때보다 소리가 더 작게 들립니다.

18 실 전화기는 고체인 실이 소리를 전달하는 역할을 하는 것으로 소리의 전달과 관련된 내용입니다.

19 급식실에서 식사를 할 때는 조용히 하고, 식판을 갖다 놓을 때는 세게 내려놓지 않습니다.

20 큰 도로변에 방음벽을 설치해 소음을 도로 쪽으로 반사시키면 소음을 줄일 수 있습니다.

정답과 풀이

3회 1. 과학 탐구 ~ 2. 동물의 생활 25~27쪽

1 실험 2 ④ 3 ② 4 ① 5 ㉡, ㉢ 6 ③
7 ⑤ 8 예 다리로 걷거나 뛰어서 이동한다. 9 ⑤
10 ② 11 ③ 12 ③ 13 ⑤ 14 ② 15 ②
16 ② 17 ③ 18 예 사막여우는 귀가 크고 북극여우는 귀가 작다. 사막여우는 몸이 적갈색 털로 덮여 있고 북극여우는 하얀색 털로 덮여 있다. 19 ③
20 ⑤

풀이

1 탐구 계획을 세울 때 탐구 문제를 해결할 방법을 정하는 단계에서 탐구 문제를 해결하려면 실험을 어떻게 할지 정합니다.

2 '흥미와 호기심을 가질 수 있는 내용인가요?'는 탐구 문제로 정한 내용이 적절한지를 확인하는 내용입니다.

3 잠자리와 공벌레는 화단에서 볼 수 있습니다.

4 잠자리는 몸의 크기에 비해 눈이 크고 얇고 투명한 날개가 있습니다.

5 다리가 있는가?, 날개가 있는가?, 알과 새끼 중 어느 것을 낳는가?, 더듬이가 있는가? 등이 객관적인 분류 기준입니다.

6 직박구리는 다리가 두 개, 박쥐와 개구리는 다리가 네 개, 나비는 다리가 여섯 개입니다.

7 땅강아지는 다리가 있지만 날개도 있어서 날아다니기도 합니다.

8 고라니와 여우는 다리가 있어서 걷거나 뛰어서 이동합니다.

9 땅에 사는 동물 중 다리가 있는 동물은 걷거나 뛰어서 이동하고, 다리가 없는 동물은 기어서 이동합니다.

10 붕어는 지느러미가 있고 몸이 부드러운 곡선 형태이기 때문에 빨리 헤엄쳐 이동할 수 있습니다.

11 수달은 강가나 호숫가, 붕어와 물방개와 다슬기는 강이나 호수의 물속에서 사는 동물입니다.

12 가오리는 지느러미를 이용하여 헤엄쳐 이동합니다.

13 잠자리의 날개는 두 쌍, 다리는 세 쌍이며 몸은 머리, 가슴, 배로 구분됩니다. 날개가 아주 얇아 빨리 날 수 있으며 날다가 공중에 멈출 수도 있습니다.

14 나비와 잠자리는 날개가 두 쌍인 곤충입니다.

15 새와 날 수 있는 곤충의 공통적인 특징은 날개가 있고, 몸이 비교적 가볍습니다.

16 사막에서도 여러 가지 생물들이 환경에 적응하여 살고 있습니다.

17 낙타는 등에 혹이 있고 두 쌍의 긴 다리가 있으며, 발바닥이 넓어서 모래에 발이 잘 빠지지 않습니다.

18 사막여우는 사막에서 살고 북극여우는 극지방에서 삽니다.

19 뱀의 특징을 모방하여 언덕을 올라갈 수 있는 탐색구조 로봇을 만들 수 있습니다.

20 수영복은 상어의 피부, 집게 차는 수리 발, 흡착판은 문어 빨판, 고속 열차는 산천어의 곡선 모양 몸을 모방해 우리 생활에 활용한 예입니다.

3회 3. 지표의 변화 28~30쪽

1 (1) ㉡ (2) ㉠ 2 선자 3 ③ 4 ㉣ 두 장치의 흙에 각각 같은 양의 물을 운동장 흙에 먼저 붓고 난 다음 화단 흙에 붓는다. 예 동시에 붓는다. 5 ① 6 ㉠, ㉣ 7 ⑤ 8 ② 9 ㉠ 10 ④, ⑤ 11 지표
12 ①, ④ 13 ① 14 ㉡ 15 ③ 16 ② 17 ⑤ 18 침식 작용 19 (1) ㉡ (2) ㉠ 20 대은

풀이

1 운동장 흙은 화단 흙보다 색깔이 더 밝으며, 대부분 알갱이 크기도 더 큽니다.

2 화단 흙은 어두운 갈색이고, 알갱이 크기가 큰 것도 있고 작은 것도 있습니다.

3 운동장 흙과 화단 흙에서 물이 빠지는 정도를 비교하는 실험 장치입니다.

4 흙의 물 빠짐을 알아보는 실험이기 때문에 운동장 흙과 화단 흙에 각각 같은 양의 물을 비슷한 빠르기로 동시에 부어야 합니다.

5 화단 흙에는 운동장 흙보다 물에 뜨는 물질이 더 많고 이 물질을 부식물이라고 합니다. 부식물은 식물이 잘 자랄 수 있게 도와주는 양분이 됩니다.

6 부식물은 운동장 흙보다 화단 흙에 더 많으며, 식물이 잘 자라게 하는 거름 역할을 합니다.

7 과자를 플라스틱 통에 넣고 흔들면 큰 덩어리가 작은 알갱이로 부서지고 가루도 생깁니다.

8 바위나 돌은 오랜 시간에 걸쳐 여러 가지 과정으로 작게 부서집니다.

9 흙 언덕 윗부분의 흙과 색 모래가 깎였고, 흙 언덕 아랫부분에 흙과 색 모래가 쌓였습니다.

10 흐르는 물이 흙 언덕 위쪽의 흙을 깎고 운반해 아래쪽에 쌓았기 때문에 흙 언덕의 모습이 변합니다.

11 지표는 흐르는 물에 의해 오랜 시간에 걸쳐 모습이 변합니다.

12 흐르는 물은 바위나 돌, 흙 등을 깎아 낮은 곳으로 운반해 쌓아 놓으며 지표를 변화시킵니다.

13 강 상류는 강의 폭이 좁고 경사가 급하며, 강 하류는 강의 폭이 넓고 경사가 완만합니다.

14 강 하류에서는 침식 작용보다 퇴적 작용이 더 활발하게 일어납니다.

15 강 상류가 강 하류보다 강의 경사가 급합니다.

16 강 상류에서는 침식 작용, 강 하류에서는 퇴적 작용이 활발하게 일어납니다. 이런 과정이 오랜 시간에 걸쳐 일어나면서 강 주변 지형을 서서히 변화시킵니다.

17 바닷가의 지형은 침식 작용으로 인해 깎여서 생긴 지형과 퇴적 작용으로 인해 모래나 흙이 쌓여서 생긴 지형이 있습니다.

18 바닷물의 침식 작용은 바위에 구멍을 내거나 바위를 깎아 절벽을 만듭니다. 침식된 돌과 흙은 바닷물에 의해 운반되고, 파도의 퇴적 작용은 넓은 모래사장이나 갯벌을 만듭니다.

19 가파른 절벽은 바닷물에 의해 침식을 받아서 만들어지고, 갯벌은 육지나 바다에서 떠내려 온 고운 흙이나 모래 같은 작고 가벼운 알갱이들이 퇴적되어 만들어집니다.

20 바닷가 주변의 지형은 오랜 시간에 걸쳐서 침식 작용과 퇴적 작용에 의해 만들어집니다.

3회   4. 물질의 상태   31~33쪽

1 ⑤   2 ⑩ 눈으로 볼 수 있다. 손으로 잡을 수 있다. 다른 그릇에 옮겨 담아도 모양과 부피가 변하지 않는다.   3 ©, @   4 고체   5 ②   6 ⑤   7 ⑭   8 ⑩ 공기는 눈에 보이지 않지만 우리 주변에 있다. 9 ②, ⑤   10 ⑤   11 ※ 풀이 참조   12 ←   13 ⑤   14 ④   15 전자저울   16 ③   17 ©   18 고체: 필통, 연필, 책, 얼음 / 액체: 물, 주스, 우유   19 식용유   20 ⑤

풀이

1 나뭇조각과 플라스틱 조각 모두 고체이므로 여러 가지 모양의 그릇에 옮겨 담아도 모양과 부피가 변하지 않습니다.

2 연필과 구슬은 고체입니다.

3 플라스틱 주사위는 담는 그릇이 달라져도 모양과 부피가 변하지 않습니다.

4 여러 가지 모양의 그릇에 고체인 플라스틱 주사위를 넣어도 그릇의 모양과 관계없이 모양과 물체가 차지하는 공간의 크기인 부피가 변하지 않습니다.

5 물을 모양이 다른 그릇에 옮겨 담으면 모양은 변하지만 부피는 변하지 않습니다.

6 물을 여러 가지 모양의 그릇에 옮겨 담으면 그릇의 모양에 따라 모양은 변하지만 부피는 변하지 않습니다.

7 주스는 액체이고 책, 플라스틱 블록, 연필, 쌓기나무, 가방은 고체입니다.

8 물속에서 빈 페트병을 누르면 페트병 입구에서 공기 방울이 생겨 위로 올라오고, 공기 방울이 나오면서 보글보글 소리가 납니다.

9 풍선 안에 들어 있는 공기는 눈에 보이지 않고 잡을 수도 없지만 풍선을 가득 채우며, 모양이나 부피가 일정하지 않습니다.

10 페트병 뚜껑의 위치는 변하지 않고 물 위에 계속 떠 있으며 수조 안 물의 높이도 변하지 않습니다.

11 공기는 공간을 차지하기 때문에 바닥에 구멍이 뚫리지 않은 컵을 수조 바닥까지 밀어 넣으면 컵 안의 공기가 물을 밀어 내기 때문에 컵 안으로 물이 들어오지 못하고 물이 밀려 나와 수조 안 물의 높이가 높아집니다.

페트병 뚜껑의 위치	아래로 내려간다.
수조 안 물의 높이	조금 높아진다.
수조 안 물의 높이가 변하는 까닭	컵 안의 공기가 공간을 차지하고 물을 밀어 내기 때문이다.

12 밀었던 주사기의 피스톤을 당기면 스타이로폼 공을 붙인 주사기와 비닐관 안에 들어 있는 공기가 이동하기 때문에 스타이로폼 공이 제자리로 돌아옵니다.

13 공기가 다른 곳으로 이동할 수 있기 때문에 스타이로

폼 공이 움직이거나 다시 제자리로 돌아옵니다.

14 응원용 막대풍선은 공기가 공간을 차지하는 성질을 이용한 것입니다.

15 전자저울은 작은 무게를 숫자로 표시하기 때문에 공기의 무게를 재기 알맞은 실험 기구입니다.

16 공기 주입 마개를 많이 누를수록 무게가 더 늘어나는 것은 공기가 무게를 가지고 있기 때문입니다.

17 공기는 눈에 보이지 않지만, 고체나 액체와 같이 무게가 있습니다.

18 필통, 연필, 책, 얼음은 고체이고 물, 주스, 우유는 액체입니다.

19 물질의 상태는 고체, 액체, 기체로 나눌 수 있습니다. 식용유는 액체입니다.

20 선풍기 바람은 기체입니다. 버터, 얼음, 유리컵은 고체이고 우유는 액체입니다.

3회　　5. 소리의 성질　　34~36쪽

1 ※ 풀이 참조　2 ①　3 ④　4 >　5 소리의 세기　6 진오　7 ㉢㉡㉠　8 ㉠　9 ④　10 ㉡
11 ㉑ 달에는 소리를 전달해 주는 물질인 공기가 없기 때문이다.　12 ⑤　13 ②　14 ③　15 ㉑ 풍선에 공기를 팽팽하게 넣는다. 종이컵에 풍선을 단단하게 잘 끼운다.　16 ①　17 (1) ✕ (2) ◯ (3) ◯ (4) ✕
18 ㉑ 소리가 공연장 천장에 반사되어 공연장 전체에 소리가 잘 들리게 하기 위해서이다.　19 ①　20 ②

풀이

1 소리가 나는 소리굽쇠의 떨림 때문에 주변의 물도 같이 떨려 물이 튀어 오릅니다.

구분	소리가 나지 않는 소리굽쇠	소리가 나는 소리굽쇠
나타나는 현상	아무런 변화가 없다.	소리굽쇠 주변의 물이 튄다.

2 소리가 나는 소리굽쇠를 손으로 세게 잡으면 소리굽쇠가 떨리지 않게 되므로 소리가 멈춥니다.

3 물체의 떨림으로 소리가 납니다. 보관함에 들어 있는 기타는 소리가 나지 않으므로 떨림이 느껴지지 않습니다.

4 작은북 위에 팥을 올려놓고 세게 치면 팥이 높이 튀어 오르고 약하게 치면 팥이 낮게 튀어 오릅니다.

5 친구를 크게 부르거나 친구와 작은 소리로 속삭일 때처럼 상황에 따라 소리의 세기를 다르게 냅니다.

6 물체가 크게 떨리면 큰 소리가 나고, 물체가 작게 떨리면 작은 소리가 납니다.

7 빨대가 길수록 낮은 소리가 나고, 빨대가 짧을수록 높은 소리가 납니다.

8 팬 플루트는 가장 긴 관을 불면 낮은 소리가 나고, 가장 짧은 관을 불면 높은 소리가 납니다.

9 소리의 크고 작은 정도는 소리의 세기입니다. 실로폰 음판의 길이가 길수록 낮은 소리가 나고, 음판의 길이가 짧을수록 높은 소리가 납니다.

10 ㉠과 ㉢은 고체, ㉣은 액체를 통해서 소리가 전달되는 경우입니다.

11 달에는 소리를 전달해 주는 공기가 없기 때문에 서로 크게 말을 해도 소리가 들리지 않습니다.

12 우리 생활 주변에서 들을 수 있는 소리는 고체, 액체, 기체 등 다양한 물질을 통해서 들을 수 있습니다.

13 두 개의 종이컵 바닥에 누름 못으로 구멍을 뚫고 실로 연결한 다음 각 실의 끝을 클립으로 묶어 실이 빠지지 않도록 합니다.

14 실 전화기의 한쪽 종이컵에 입을 대고 소리를 내면 실이 떨리면서 소리가 전달되어 다른 쪽 종이컵에서 소리를 들을 수 있습니다.

15 풍선 전화기는 풍선에 공기를 팽팽하게 넣을수록, 종이컵에 풍선을 단단하게 잘 끼울수록 소리를 잘 전달합니다.

16 나무판을 비스듬히 들고 나무판이 기울어진 쪽으로 소리를 들으면 나무판이 없을 때보다 소리가 더 크게 들립니다.

17 소리는 부딪치는 물체에 따라 반사되는 정도가 다릅니다. 단단한 물체에 부딪치면 반사가 잘되고 스펀지와 같은 부드러운 물체에 부딪치면 반사가 잘되지 않습니다.

18 공연장 천장에 설치된 반사판은 소리를 공연장 전체에 전달하는 역할을 합니다.

19 주택가 주변 큰 도로에 설치한 방음벽은 주택가로 나가는 소리를 반사하여 소음을 줄이는 역할을 합니다.

20 늦은 밤 시간에는 청소기를 사용하지 않습니다.

완벽 분석 종합평가

과학

선생님이 강력 추천하는

개념 PLUS

단원평가

정답과 풀이

3·2

3~4학년군

교육의 길잡이·학생의 동반자
(주)교학사

정답과 풀이

1 재미있는 나의 탐구

1 자석 **2** ① **3** ㉠ **4** (1) ○ (2) ○ **5** 계획
6 (1) ㉠ (2) ㉡ **7** ④ **8** ④ **9** 기록 **10** ㉢
11 예 막대자석 두 개를 길게 이어 붙이면 막대자석
한 개보다 클립이 더 많이 붙는다. **12** 발표 **13**
④ **14** ⑤ **15** ㉢㉡㉠ **16** ② **17** ㉡ **18** 생
각그물 **19** ④ **20** ②

풀이

3 나의 탐구 문제는 스스로 해결할 수 있는 문제여야
합니다.

6 위 탐구 문제를 해결하기 위해서는 막대자석의 개수
를 다르게 하고, 막대자석의 개수에 따라 자석에 붙
은 클립의 개수를 관찰해야 합니다.

7 막대자석에 붙는 클립의 개수가 매번 다르므로 세 번
반복해서 측정하는 것이 좋습니다.

8 탐구 계획을 세울 때는 예상되는 탐구 결과를 생각해
보아야 합니다. 정확한 탐구 결과는 탐구를 실행한
후에 알 수 있습니다.

9 탐구를 실행하면서 나타나는 결과를 사실대로 빠짐
없이 기록해야 합니다.

10 자석에 붙은 클립의 개수를 비교하는 탐구 계획에 따
라 탐구를 실행해 보는 과정입니다.

11 탐구 계획에서 다르게 한 것은 자석의 개수이고, 그
에 따라 바뀐 것은 자석에 붙은 클립의 개수입니다.

13 탐구 결과 발표 자료에는 준비물, 탐구한 사람, 탐구
한 때와 장소 등도 들어가야 합니다.

14 표나 그래프, 사진, 그림 등을 이용하여 친구들이 이
해하기 쉽게 발표 자료를 만들어 발표합니다.

15 탐구 결과를 쉽게 전달할 수 있는 방법을 정하고 발
표 자료를 만든 다음 탐구 결과를 발표합니다.

16 고쳐야 할 점을 개선해야 합니다.

18 생각그물을 이용하여 궁금한 것을 정리하면 한 가지
아이디어를 세부적으로 연결 지을 수 있습니다.

19 탐구 문제를 해결하기 위한 준비물을 쉽게 구할 수
있는지도 생각해야 할 점 중 하나입니다.

20 비눗방울을 부는 모습이므로 비눗방울에 대한 탐구
문제를 정하는 것이 알맞습니다.

1 탐구 **2** ⑤ **3** ② **4** ㉡ **5** ③ **6** ① **7** ④
8 ㉣, 자석에 붙은 클립을 떼어 내 따로 두고, 과정 ㉢
을 두 번 더 반복한다. **9** ③ **10** < **11** 실행
12 (1) ○ (2) × **13** 발표 **14** ⑤ **15** ③ **16**
㉡ **17** ① **18** 예 바나나를 검게 변하게 하는 것이
무엇일까? **19** ③ **20** 자석

풀이

2 ⑤는 막대자석을 클립에 대 보면 탐구할 수 있는 문
제입니다.

3 탐구 문제는 궁금한 것 중에서 우리가 해결할 수 있
는 것으로 정합니다.

4 탐구 문제는 스스로 해결할 수 있는 문제를 선택하는
것이 좋습니다. ㉠은 탐구 불가능한 문제입니다.

6 막대자석 한 개와 막대자석 두 개를 길게 이어 붙인
것이 필요합니다.

7 막대자석에 붙은 클립의 개수를 세어 막대자석 두 개
를 길게 이어 붙이면 막대자석 한 개보다 클립이 더
많이 붙는지를 알아볼 수 있습니다.

8 막대자석에 붙은 클립의 개수가 매번 다를 것이므로
세 번 반복해서 측정하는 것이 좋습니다. 클립은 한
번 사용하면 자석의 성질을 띠게 되므로 매번 바꾸어
가며 실험해야 합니다.

9 자석에 붙은 클립의 개수를 세어 비교할 수 있습니다.

11 탐구를 실행하면서 나타나는 결과를 사실대로 빠짐
없이 기록해야 합니다.

12 막대자석 두 개를 길게 이어 붙이면 막대자석 한 개
보다 클립이 더 많이 붙습니다.

13 발표 자료를 만들어 탐구 결과를 발표하는 것이 좋습
니다.

14 나의 탐구 결과를 효과적으로 전달할 수 있는 방법으
로 발표 방법을 정합니다.

16 탐구 문제 정하기 → 탐구 계획 세우기 → 탐구 실행
하기 → 탐구 결과 발표하기의 순서로 새로운 탐구
문제를 정하여 스스로 탐구해 봅니다.

17 스스로 탐구할 수 있는 문제를 정합니다.

19 탐구 문제를 정한 다음에는 탐구 계획을 세웁니다.

20 자석에 대해 궁금한 점을 생각그물로 표현한 것입니다.

정답과 풀이

2 동물의 생활

1 다섯 고개   2 몸짓   3 마당   4 화단   5 공벌레   6 참새   7 세

1 특징   2 분류   3 참새, 토끼   4 알, 새끼   5 잠자리   6 여섯   7 금붕어, 달팽이   8 분류

1 땅   2 돋보기, 확대경   3 땅 위   4 땅속   5 뱀   6 두   7 땅강아지   8 배

1 물   2 낮, 밤   3 사막   4 귀   5 지방   6 사막 딱정벌레   7 도마뱀   8 앞다리

1 강   2 갯벌   3 바닷속   4 바위   5 물갈퀴   6 아가미   7 지느러미   8 껍데기

1 날개   2 새   3 곤충   4 깃털   5 두   6 매미   7 뼈   8 가볍기

1 문어 빨판   2 발   3 발가락   4 상어   5 부리   6 로봇   7 뱀   8 눈

1 ②   2 ③   3 ②   4 화단   5 ①   6 ②   7 거미   8 ③   9 ㉠ 땅 위 ㉡ 땅속   10 땅 위와 땅속을 오가며 사는 동물이다.   11 공벌레   12 사막   13 ⑤   14 ②   15 땅속   16 (1) – ㉢ (2) – ㉡ (3) – ㉠   17 ④   18 ⑤   19 예 갯벌에 산다.   20 ②   21 ②   22 ①   23 예 날개가 있다. 몸이 비교적 가볍다.   24 ①   25 ㉡   26 ⑤   27 특징   28 설계할 로봇의 종류를 정한다   29 ①   30 ⑤

풀이

1 꿀벌은 투명한 날개가 있어 날 수 있으며 다리가 세 쌍이고 날개가 두 쌍입니다.

더 알아볼까요!

꿀벌
- 더듬이는 한 쌍입니다.
- 꽃에 있는 꿀을 먹습니다.
- 여왕벌을 중심으로 일벌과 수벌이 함께 무리 지어 삽니다.
- 무리가 커지면 새 여왕벌이 우화하고, 기존의 여왕벌은 새로운 무리를 이루어 떠납니다.

2 까치와 참새는 날개가 있어 날 수 있는 동물로 나무에서 볼 수 있습니다.

3 거미는 다리가 여덟 개로 네 쌍입니다. 거미는 다리로 걸어 다닙니다.

▲ 거미

4 화단에서는 꿀벌, 공벌레, 개미, 잠자리 등을 볼 수 있습니다.

5 크고 작은 것은 사람마다 기준이 다르기 때문에 무엇보다 크고 작은 것인지 기준을 정해야 합니다. 예를 들어 500원짜리 동전보다 큰 것과 500원짜리 동전보다 작은 것으로 분류할 수 있습니다.

6 참새와 꿀벌은 날개가 있는 동물이고, 달팽이와 금붕어 날개가 없는 동물입니다.

7 거미는 다리가 여덟 개이고, 곤충이 아닙니다.

더 알아볼까요!

다리의 수에 따라 동물 분류하기

다리가 없는 것		뱀, 달팽이, 금붕어, 송사리
다리가 있는 것	두 개	비둘기, 참새
	네 개	개구리, 다람쥐, 고양이, 토끼
	여섯 개	잠자리, 꿀벌, 메뚜기, 사슴벌레, 개미, 소금쟁이
	일곱 개 이상	공벌레, 거미

8 소, 공벌레, 다람쥐, 너구리는 땅 위에서 살고, 두더지는 땅속에서 사는 동물입니다.

9 땅 위에는 다람쥐, 너구리, 공벌레, 소 등이 살고 있고, 땅속에는 두더지, 땅강아지, 지렁이 등이 살고 있습니다.

10 뱀과 개미는 땅 위와 땅속을 오가며 사는 동물입니다.

11 공벌레는 땅 위에서 살며, 생김새가 쥐며느리와 비슷합니다. 쥐며느리는 몸을 건드려도 공처럼 몸을 움츠리지 않습니다.

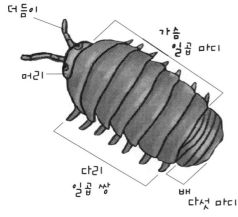

▲ 공벌레의 구조

12 낙타와 사막여우의 모습입니다.

13 ① 사막여우, ② 사막 거북, ③ 전갈, ④ 뱀의 특징입니다.

14 사막여우는 귀가 몸에 비해 크기 때문에 몸의 열을 밖으로 잘 내보낼 수 있습니다.

15 사막은 낮에는 덥고 밤에는 매우 추워 동물들이 살기 힘든 환경입니다.

더 알아볼까요!

사막의 환경

• 그늘이 별로 없고, 낮에는 덥고 밤에는 매우 춥습니다.
• 물과 먹이가 부족하고, 모래바람이 심하게 붑니다.
• 비가 거의 내리지 않아 매우 건조합니다.

16 수달은 강가나 호숫가, 게는 갯벌, 상어는 바닷속에 살고 있습니다.

17 개구리와 수달은 땅과 물을 오가며 사는 동물입니다.

18 다슬기는 강이나 호수의 물속, 게는 갯벌, 고등어는 바닷속에 삽니다. 고등어는 지느러미가 있습니다.

▲ 다슬기

19 갯벌에서 게는 걸어 다니고, 조개는 기어 다닙니다.

20 타조는 날지 못하는 새입니다.

21 박새와 직박구리는 몸이 깃털로 덮여 있습니다.

22 잠자리는 날개가 아주 얇아 빨리 날 수 있습니다.

23 날개가 있고 몸이 비교적 가벼운 점은 날 수 있는 동물의 공통적인 특징입니다.

24 오리 발은 발가락 사이에 막이 있어서 물속에서 헤엄을 잘 칩니다.

25 칫솔걸이는 문어 빨판의 특징을 활용한 것입니다.

26 상어의 특징을 활용한 전신 수영복은 물의 저항을 줄여서 보다 빠르게 수영할 수 있습니다.

27 내가 로봇 과학자가 되어 동물의 특징을 활용한 로봇을 설계할 수 있습니다.

28 탐사하는 로봇, 사람을 구하는 로봇, 물건을 나르는 로봇 등 설계할 로봇의 종류를 가장 먼저 정합니다.

29 거북의 특징을 활용하면 바닷속을 헤엄치면서 탐사할 수 있는 로봇을 만들 수 있습니다.

정답과 풀이

1 ③	**2** ③	**3** ④	**4** 공벌레	**5** ④	**6** ①	**7** ①	
8 ①	**9** ㉠	**10** ①	**11** ③	**12** ③	**13** ①		
14 ④	**15** ③	**16** ㉠ 매미 ㉡ 나비	**17** (1) ◯				
(2) ✕	(3) ◯	**18** ②	**19** 오리	**20** ㉡			

풀이

1 손을 올려 다리가 여덟 개인 문어의 모습을 표현한 것입니다.

2 전갈은 사막에서 사는 동물입니다.

▲ 전갈

3 개는 다리가 두 쌍이 있고, 걷거나 뛰어다닙니다. 냄새를 잘 맡고 꼬리가 있습니다.

4 공벌레는 화단에서 볼 수 있습니다. 몸이 여러 개의 마디로 되어 있고, 건드리면 몸을 공처럼 둥글게 만듭니다.

5 꿀벌, 참새, 나비는 날개가 있고, 개구리, 토끼, 고양이는 날개가 없습니다.

6 '예쁘다'는 기준은 사람마다 다르기 때문에 동물을 분류할 수 있는 기준이 될 수 없습니다.

7 소와 다람쥐는 땅 위에 사는 동물입니다.

8 고양이는 땅 위, 두더지와 땅강아지는 땅속, 너구리는 땅 위에 사는 동물입니다.

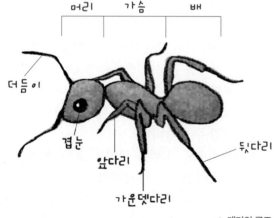

▲ 개미의 구조

9 두더지, 땅강아지 등도 땅속에서 삽니다.

더 알아볼까요!

지렁이가 주는 이로운 점
• 지렁이는 나뭇잎, 동물의 똥 등을 즐겨 먹고 배설을 하는데, 이 배설물 안에는 많은 영양분이 있어서 거름으로 쓸 수 있습니다.
• 지렁이가 땅속에서 기어 다니면서 땅속에 아주 작은 굴이 생겨서 흙이 부드러워져 땅이 비옥하게 됩니다.
• 지렁이가 땅속으로 기어 다니면서 만들어 놓은 길에 빗물이 스며들어가 식물이 수분을 충분히 흡수하도록 돕습니다.

10 사막은 물과 먹이가 부족합니다.

11 전갈은 온몸이 딱딱한 껍데기로 되어 있어 몸에 있는 물이 잘 빠져나가지 않습니다.

12 낙타는 등에 혹이 있는데, 혹에는 지방이 있어서 먹이가 없어도 며칠 동안 생활할 수 있습니다.

13 상어는 바닷속에 사는 동물입니다. 갯벌에는 게, 조개 등이 살고, 바닷속에는 상어, 오징어, 전복, 고등어 등이 살고 있습니다.

14 붕어는 지느러미가 있어 물속에서 헤엄을 잘 칠 수 있고, 아가미로 숨을 쉽니다. 몸이 부드러운 곡선 형태라서 물속에서 빨리 헤엄쳐 이동할 수 있습니다.

15 날아다닐 수 있는 새와 곤충은 모두 날개가 있습니다.

16 매미와 나비는 모두 날아다니는 동물입니다. 매미는 나무에서 수액을 먹고, 나비는 긴 대롱 모양의 입으로 꽃의 꿀을 빨아먹습니다.

더 알아볼까요!

곤충의 입 모양
나비나 벌은 대롱 모양의 입, 매미나 모기는 바늘 모양의 입, 파리는 핥아먹는 입, 잠자리는 턱이 잘 발달되어 씹어먹는 입을 가지고 있습니다.

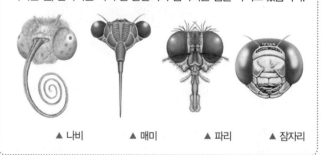

▲ 나비   ▲ 매미   ▲ 파리   ▲ 잠자리

17 날아다니는 동물은 날개가 있고, 몸이 비교적 가볍기 때문에 잘 날 수 있습니다.

19 동물의 특징을 활용하여 쓸모 있는 것들을 만들 수 있습니다.

20 ㉡ → ㉢ → ㉠ → ㉣의 순서로 로봇을 설계합니다.

2회 단원 평가 도전

39~41쪽

1 ④　　2 ④　　3 ⑤　　4 ③　　5 풀이 참조　　6 ①
7 ②　　8 확대경　　9 ④　　10 ⑴ 사막여우 ⑵ 몡 몸
에 비해 귀가 크다.　　11 ①　　12 ③　　13 ①　　14
②　　15 직박구리　　16 ④, ⑤　　17 ④　　18 ①
19 ③　　20 몡 거의 모든 방향을 볼 수 있다.

풀이 ▶

1 사자가 으르렁거리는 모습을 몸짓으로만 설명하는 모습입니다.

2 호랑이는 집 주변, 화단, 나무 등에서 볼 수 있는 동물이 아닙니다.

▲ 호랑이

3 공벌레는 화단, 돌 밑에서 살고 있고, 몸이 여러 개의 마디로 되어 있으며, 건드리면 몸을 공처럼 둥글게 만듭니다.

4 더 알아보고 싶은 동물의 특징은 동물도감에서 찾아봅니다.

5 꿀벌, 개구리, 토끼, 참새는 날개가 있는 것과 날개가 없는 것으로 나눌 수 있습니다.

날개가 있는 동물	㉠, ㉣
날개가 없는 동물	㉡, ㉢

6 크기는 사람마다 기준이 다르기 때문에 무엇보다 크고 작은 것인지 기준을 정하는 것이 좋습니다.

7 소, 공벌레, 다람쥐는 땅 위, 지렁이, 땅강아지, 두더지는 땅속, 뱀과 개미는 땅 위와 땅속을 오가며 사는 동물입니다.

8 작은 동물을 확대경 안에 가둬 놓고 관찰하면 자세하게 관찰할 수 있습니다.

9 두더지는 삽처럼 생긴 앞다리로 땅속에 굴을 파고 걸어 다닙니다.

10 몸에 비해 귀가 크기 때문에 몸의 열을 밖으로 잘 보낼 수 있습니다. 귓속에 털이 많아서 모래바람이 불어도 모래가 귓속으로 잘 들어가지 않습니다.

11 사막에 사는 동물들입니다.

12 상어, 가오리, 고등어는 바닷속에서 살고, 조개는 갯벌에 사는 동물입니다.

더 알아볼까요!

물방개
• 물방개는 강이나 호수의 물속에 사는 수생 곤충입니다.
• 물방개는 일생 동안 물속에서 생활합니다.

13 갯벌의 모습입니다. 갯벌에는 게, 조개 등이 살고 있습니다.

더 알아볼까요!

갯벌
• 갯벌은 밀물과 썰물의 차이로 드러나는 '갯가의 넓고 평평하게 생긴 땅'으로 연안 습지의 일부분입니다.
• 모래 갯벌에는 달랑게, 큰구슬우렁이, 노랑조개 등이 살고 있으며, 펄 갯벌에는 갯지렁이, 농게, 민챙이, 낙지, 개불 등이 살고 있습니다. 혼합 갯벌에는 떡조개, 개맛, 쏙 등이 살고 있습니다.

▲ 갯지렁이

▲ 낙지

14 ①, ③, ⑤는 고등어, ④는 다슬기의 특징입니다.

15 온몸은 회색이고, 날개는 밤색이며, 꽁지가 깁니다.

16 매미와 잠자리는 곤충입니다. 곤충의 몸은 깃털로 덮여 있지 않고, 날개는 네 장입니다.

17 울퉁불퉁하거나 좁은 공간을 탐사하기 위해서는 거미의 특징을 활용하면 알맞습니다.

18 오리 발은 물갈퀴, 수리 발은 집게 차, 상어의 피부는 전신 수영복, 전복은 방탄복을 만드는 데 각 동물들의 특징이 활용되었습니다.

19 탐사용 로봇은 탐사하는 장소에 맞게 동물의 특징을 활용해야 합니다.

20 거의 모든 방향을 볼 수 있는 잠자리 눈의 특징을 활용하면 주변에 있는 것을 쉽게 파악할 수 있습니다.

1 ① 　2 ⑤ 　3 ① 　4 특징 　5 ⑤ 　6 ② 　7 ⑤
8 ① 　9 ① 　10 ② 　11 ⑤ 　12 예) 낙타의 혹에
지방이 있어서 먹이가 없어도 며칠 동안 생활할 수 있
다. 　13 ⑤ 　14 ① 　15 ② 　16 ① 　17 ①, ⑤
18 ⑤ 　19 ① 　20 ②

풀이

1 주변에서 사는 동물을 관찰하기 위해서는 집 주변,
화단, 나무 등을 살펴보면 됩니다.

2 ① 거미는 다리가 네 쌍이고, ② 고양이는 몸이 털로
덮여 있습니다. ③ 달팽이는 딱딱한 껍데기로 몸을
보호하고 미끄러지듯이 움직입니다. ④ 공벌레는 몸
이 여러 개의 마디로 되어 있고, 건드리면 몸을 둥글
게 만듭니다.

3 꿀벌과 잠자리는 다리가 세 쌍이고, 날개가 있어 날
수 있습니다.

4 여러 가지 동물을 관찰하여 공통점과 차이점을 찾아
분류할 수 있습니다.

5 동물의 수는 동물의 특징이 될 수 없습니다.

더 알아볼까요!

동물을 분류할 수 있는 기준
• 물속에서 살 수 있는 것과 물속에서 살 수 없는 것
• 더듬이가 있는 것과 더듬이가 없는 것
• 다른 동물을 먹는 것과 다른 동물을 먹지 않는 것
• 알을 낳는 것과 새끼를 낳는 것
• 다리가 없는 것과 다리가 있는 것
• 날개가 있는 것과 날개가 없는 것

6 꿀벌, 사슴벌레, 개구리, 비둘기는 알을 낳는 동물이
고, 토끼, 다람쥐, 고양이, 소는 새끼를 낳는 동물입
니다.

7 소와 너구리는 땅 위, 지렁이와 두더지는 땅속에 사
는 동물입니다.

8 돋보기나 확대경을 사용하여 관찰하고, 사진으로 찍
은 뒤 그 사진을 확대하여 관찰하는 방법도 있습
니다.

9 ①은 물에 사는 동물의 특징입니다.

10 사막여우과 전갈은 사막에 사는 동물입니다. 사막은
낮에는 덥고 밤에는 매우 춥습니다. 비가 거의 내리
지 않아 매우 건조하고 물과 먹이가 부족합니다.

11 낙타는 등에 혹이 있고, 두 쌍의 긴 다리가 있으며 발
바닥이 넓습니다.

12 낙타는 발바닥이 넓어서 모래에 발이 잘 빠지지 않
고, 긴 다리는 땅바닥의 뜨거운 열기를 피할 수 있습
니다.

13 개구리와 수달은 강가나 호숫가에 살고, 발에 물갈퀴
가 있어서 헤엄을 잘 칩니다.

14 갯벌에는 게, 조개 등이 살고 있고, 걸어 다니거나
기어 다닙니다. ③ 비늘로 덮여 있는 것은 붕어이고,
④ 바닷속에 사는 동물이며, ⑤ 강이나 호수의 물속
에서 다리로 헤엄치는 동물입니다.

15 붕어의 콧구멍은 숨을 쉬는 데 이용하지 않고 냄새를
맡는 데 이용합니다.

16 날아다니는 동물들은 공통적으로 날개가 있고, 박
새, 까치, 직박구리와 같은 새 종류와 매미, 나비, 잠
자리와 같은 곤충 종류가 있습니다.

17 날아다니는 동물은 날개가 있고 몸이 비교적 가볍습
니다.

18 동물의 특징을 활용하여 로봇을 만들 수 있습니다.

더 알아볼까요!

우리 생활에서 동물의 특징을 활용한 예

동물의 특징을 활용한 예	활용한 동물의 특징
게코 테이프	도마뱀붙이(게코)의 발바닥에는 수백만 개 털이 나 있다.
방탄복	전복의 껍데기에는 탄산 칼슘이 겹겹이 쌓여 있다.
에어컨 실외기 날개	혹등고래 지느러미에 혹이 있다.
안개 수집기	사막 딱정벌레 등에는 뾰족한 부분이 있다.
자동차	거북복은 초당 몸길이의 여섯 배까지 헤엄칠 수 있다.

19 뱀이 좁은 공간을 기어서 이동하는 모습을 활용해 건
물이 무너지거나 지진이 발생했을 때 정찰하도록 만
든 로봇입니다.

20 바닷속을 탐사하는 로봇은 헤엄을 잘 치고, 깊은 바
다는 어둡기 때문에 불빛을 낼 수 있어야 합니다.

4회 단원 평가 _{실전}

45~47쪽

1 다섯 고개 **2** (1) 참새 (2) 지렁이 **3** ㉠, 달팽이
4 ③ **5** 풀이 참조 **6** 예 날개가 있는 것과 날개가
없는 것 **7** ⑤ **8** ④ **9** ② **10** ⑤ **11** ①
12 ⑤ **13** ④ **14** ⑤ **15** 예 관찰이 끝난 동물은
살던 곳에 놓아준다. 관찰하는 동물을 장난으로 괴롭
히지 않는다. **16** ④ **17** ③ **18** (1) – ㉡ (2) –
㉠ **19** ① **20** 거미

풀이

1 우리에게 친숙한 동물로 다섯 고개놀이를 하는 것이
좋습니다.

2 (1)은 참새이고, (2)는 지렁이입니다.

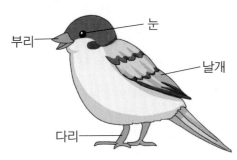

▲ 참새의 구조

3 달팽이는 화단에서 볼 수 있는 동물입니다.

> **더 알아볼까요!**
>
> **달팽이**
> • 달팽이는 배를 땅이나 벽, 나뭇잎 등에 붙이고 앞에서 뒤로 물결치듯
> 이 움직이며 미끄러지듯이 기어갑니다. 이때 다리 역할을 하는 배를
> '배다리'라고 합니다.
> • 배다리는 액체를 분비하여 달팽이가 미끄러지듯이 움직일 수 있도
> 록 돕습니다.

4 동물들은 자신만의 생존 방식으로 번식하며 살아갑
니다.

5 곤충은 다리가 세 쌍이고, 몸은 머리, 가슴, 배로 나
누어지는 동물입니다.

곤충인 것	곤충이 아닌 것
개미, 꿀벌, 사슴벌레	거미, 뱀, 참새

6 동물은 날개나 다리의 유무, 사는 곳, 생김새 등의
특징에 따라 분류할 수 있습니다.

7 다람쥐는 땅 위에 사는 동물입니다. 땅강아지는 땅속

에 사는 동물입니다.

8 두더지는 땅속에 사는 동물입니다.

> **더 알아볼까요!**
>
> **두더지의 시력**
> • 땅속은 어둡기 때문에 땅속에서 사는 동물은 시력이 좋지 않습니다.
> • 두더지의 눈은 매우 작아서 피부 밑에 묻혀 있고, 시력이 매우 나빠
> 불빛을 비추어도 별다른 반응이 없습니다.
> • 시력은 안 좋지만 시력을 대신하여 청각(소리), 후각(냄새), 촉각(피부
> 감각)은 매우 발달되어 있습니다.

9 공벌레는 땅 위에 사는 동물로, 색깔은 어두운 갈색
또는 회색입니다. 더듬이는 두 쌍이지만 한 쌍은 잘
보이지 않습니다.

10 몸에 비해 귀가 크기 때문에 몸의 열을 밖으로 잘 내
보낼 수 있습니다.

11 전갈은 다리가 길고 빠르게 움직입니다. 낮에는 주로
돌이나 땅 밑의 갈라진 틈이나 구멍에서 지내다가 밤
이 되면 움직입니다. 전갈은 걷는 다리 여덟 개와 커
다란 집게 다리가 한 쌍 있습니다.

12 게는 갯벌, 전복과 고등어, 오징어는 바닷속에 사는
동물입니다.

13 수달과 개구리는 강가나 호숫가에서 땅과 물을 오가
며 사는 동물입니다.

> **더 알아볼까요!**
>
> **수달**
> • 몸이 털로 덮여 있습니다.
> • 물가에서 물고기나 개구리를 잡아먹습니다.
> • 몸이 가늘고 발가락에 물갈퀴가 있어 헤엄을 잘 칩니다.

14 ⑤는 전복의 특징입니다.

15 관찰하는 동물을 장난으로 괴롭히지 않고, 관찰이 끝
난 동물은 살던 곳에 놓아줍니다.

16 몸이 머리, 가슴, 배로 구분되고 다리가 세 쌍이면
곤충인 잠자리의 특징입니다.

17 날아다니는 동물 중 새와 곤충 모두 몸이 비교적 가
볍고 날개가 있습니다.

18 칫솔걸이처럼 거울이나 유리에 붙이는 생활용품에
문어 빨판의 잘 붙는 특징을 활용하였고, 오리의 발
가락 사이에 막이 있어 물속에서 헤엄을 잘 치는 발
모양을 활용하여 물갈퀴를 만들었습니다.

19 고속 열차의 앞부분에 물총새의 부리 모양을 활용한

정답과 풀이

결과 열차가 조용해졌습니다.

▲ 물총새

20 거미의 생김새를 활용한 로봇은 좁은 틈을 자유롭게 이동할 수 있습니다.

탐구 서술형 평가
48~49쪽

1 풀이 참조 **2** 풀이 참조 **3** (1) ⓛ, ⓒ (2) 사막, ⑩ 몸에 비해 큰 귀를 가지고 있다. **4** 풀이 참조

풀이

1

동물 사진		
동물 이름	꿀벌	공벌레
동물의 특징	⑩ • 날개가 있어 날 수 있다. • 다리가 세 쌍이 있다.	⑩ • 몸이 여러 개의 마디로 되어 있다. • 다리가 일곱 쌍이 있다.

꿀벌은 화단에서 볼 수 있습니다. 공벌레는 위험을 느끼면 몸을 공처럼 둥글게 만듭니다.

상 동물 이름과 동물의 특징을 모두 바르게 서술하였습니다.

중 동물 이름과 동물의 특징을 서술하였지만 충분하지 못합니다.

하 동물 이름과 동물의 특징을 한 가지만 서술하였거나 서술하지 못했습니다.

2

알을 낳는 것	새끼를 낳는 것
개구리, 꿀벌, 참새, 개미, 잠자리, 메뚜기, 사슴벌레, 비둘기, 뱀, 딱정벌레	토끼, 고양이, 개, 다람쥐, 두더지, 소

동물은 날개가 있는 것과 날개가 없는 것, 다리가 있는 것과 다리가 없는 것, 물속에서 살 수 있는 것과 물속에서 살 수 없는 것 등으로 분류할 수 있습니다.

상 동물을 알을 낳는 것과 새끼를 낳는 것으로 바르게 분류하였습니다.

중 동물을 알을 낳는 것과 새끼를 낳는 것으로 분류하였지만 2~3개 정도 잘못 분류하였습니다.

하 동물을 알을 낳는 것과 새끼를 낳는 것으로 분류하였지만 5개 이상 잘못 분류하였습니다.

3 사막여우와 전갈은 사막, 물방개와 상어는 물, 두더지와 너구리는 땅에서 사는 동물입니다.

상 물에 사는 동물을 바르게 고르고, 사막여우가 사는 곳과 사막여우의 특징을 바르게 서술하였습니다.

중 물에 사는 동물을 고르는 것과 사막여우가 사는 곳, 사막여우의 특징 중 한 가지만 바르게 서술하였습니다.

하 물에 사는 동물을 고르는 것과 사막여우가 사는 곳, 사막여우의 특징을 모두 서술하지 못했습니다.

4

까치	⑩ • 몸이 검은색과 하얀색 깃털로 덮여 있다. • 날개가 있다.
잠자리	⑩ • 날개가 아주 얇아 빨리 날 수 있다. • 날개가 두 쌍이 있고 다리는 세 쌍이 있다.

까치는 주변에서 쉽게 볼 수 있는 텃새로 나무 위에 둥지를 만듭니다. 잠자리는 곤충으로 몸을 머리, 가슴, 배로 나눌 수 있습니다. 가슴에 다리와 날개가 있습니다.

상 까치와 잠자리의 특징을 두 가지씩 바르게 서술하였습니다.

중 까치와 잠자리의 특징을 서술하였지만 충분하지 못합니다.

하 까치와 잠자리의 특징을 한 가지만 서술하였거나 모두 서술하지 못했습니다.

과학 3-2 **8**

3 지표의 변화

51쪽

개념을 확인해요

1 손   2 깃발   3 흰   4 흙   5 크기   6 흙
7 물   8 뿌리

53쪽

개념을 확인해요

1 흰   2 종류   3 운동장   4 알갱이   5 화단
6 거름종이   7 부식물   8 화단

55쪽

개념을 확인해요

1 지표   2 색 모래   3 위, 아래   4 위, 아래
5 운반   6 침식   7 퇴적   8 침식, 퇴적

57쪽

개념을 확인해요

1 상류   2 상류   3 하류   4 하류   5 운반
6 침식   7 퇴적   8 지표

59쪽

개념을 확인해요

1 침식   2 침식   3 퇴적   4 지형   5 흙
6 흙   7 흙   8 흙

개념을 다져요

60~63쪽

1 ④   2 ③   3 ㉢   4 흙   5 ③, ④   6 (1) ㉠ (2)
㉡   7 ㉡   8 ⑤   9 ②   10 ㉣   11 운동장 흙
12 알갱이의 크기가 다르기 때문에   13 ㉡   14 ①
15 부식물   16 ①   17 ㉠   18 (1) 흙 언덕의 위쪽
(2) 흙 언덕의 아래쪽   19 (1) 흙 언덕의 위쪽 (2) 흙
언덕의 아래쪽   20 ⑤   21 (1) ㉠ (2) ㉡   22 ③
23 ㉠ 침식 작용 ㉡ 퇴적 작용   24 강물이 강 상류
에 있는 바위를 깎고 운반하며 이 과정에서 만들어진
모래가 강 하류에 쌓이기 때문이다.   25 ④   26
㉠, ㉡   27 퇴적 작용   28 흙   29 ①   30 ②
31 ⑩ 시설물을 여러 개 연결하여 넓은 범위의 흙을
보존할 수 있도록 한다.

풀이

1 얼음 설탕을 넣은 플라스틱 통을 흔들면 알갱이의 크
기가 작아지고 가루가 생겼습니다.

▲ 얼음 설탕을 흔들기 전   ▲ 얼음 설탕을 흔든 후

2 플라스틱 통에 얼음 설탕을 넣고 흔드는 실험은 흙이
만들어지는 과정을 알아보는 것입니다.

3 플라스틱 통을 흔드는 과정은 자연에서 바위나 돌을
부서지게 하는 것과 비슷합니다.

더 알아볼까요!

풍화

• 흙은 암석이 풍화되어 만들어집니다. 풍화란 암석이 공기, 물, 미생
물 등의 작용으로 성분이 변하거나 잘게 부서지는 현상를 말합니다.
풍화를 일으키는 모든 작용을 풍화라고 합니다. 풍화에는 기계적 풍
화 작용과 화학적 풍화 작용이 있습니다.

• 기계적 풍화 작용: 기온의 변화, 압력의 변화, 물이 얼었다 녹았다를
반복하는 등의 물리적인 변화로 암석이 작게 부서지는 작용입니다.

• 화학적 풍화 작용: 암석이 주로 물에 용해되어 있는 성분, 공기 중의
성분과 화학적인 반응을 하여 일어납니다. 빗물은 이산화 탄소가 많
이 녹아 있어 산성을 띠게 됩니다. 이러한 빗물은 석회암을 서서히
용해하여 커다란 석회 동굴을 만듭니다.

4 바위나 돌이 작게 부서진 알갱이와 생물이 썩어 생긴

물질들이 섞여서 흙이 됩니다.

5 화단 흙과 운동장 흙을 흰 종이 위에 올려놓고 흙의 색깔, 알갱이의 크기, 흙을 만졌을 때의 느낌 등을 관찰합니다.

6 운동장 흙이 화단 흙보다 색깔이 밝고, 알갱이의 크기가 비교적 큽니다. 운동장 흙을 손으로 만져 보면 거칩니다.

7 ⓒ이 화단 흙입니다. 화단 흙이 운동장 흙보다 약간 부드럽습니다.

8 화단 흙은 식물의 뿌리나 나뭇잎 조각과 같은 여러 물질이 섞여 있습니다.

9 흙의 종류에 따라 물 빠짐을 비교하는 실험이기 때문에 흙의 종류만 다르게 합니다.

10 두 흙에 같은 양의 물을 비슷한 빠르기로 동시에 부어야 합니다.

> **더 알아볼까요!**
>
> **화단 흙과 운동장 흙의 물 빠짐 실험**
> • 흙에서 빠져나온 일정 양의 물을 측정할 때 유성 펜으로 비커에 선을 그어 실험할 수도 있습니다.
> • 물을 흘려보낼 때에는 플라스틱 통에 물을 천천히 부으면서 아래로 흐르도록 해야 합니다.
> • 한꺼번에 물을 부으면 플라스틱 통 안에 있는 흙이 파여 흙의 높이에 영향을 줄 수 있습니다.

11 운동장 흙은 알갱이 크기가 크고 화단 흙은 알갱이 크기가 작기 때문에 화단 흙보다 운동장 흙에서 물이 더 빠르게 빠집니다.

12 운동장 흙이 화단 흙보다 알갱이의 크기가 더 큽니다.

13 화단 흙은 운동장 흙보다 물에 뜨는 물질이 더 많이 섞여 있습니다.

14 운동장 흙에는 부식물이 많이 섞여 있지 않기 때문에 물에 뜨는 물질이 거의 없습니다.

▲ 운동장 흙　　　▲ 화단 흙

15 비커에 화단 흙을 넣고 물을 부었을 때 물에 뜨는 식물의 뿌리, 죽은 곤충, 나뭇잎 조각 등이 썩은 것을 부식물이라고 합니다.

> **더 알아볼까요!**
>
> **부유물과 부식물**
> • 부유물: 물 위, 물속 또는 공기 중에 떠다니는 물질의 총칭입니다.
> • 부식물: 풀과 나뭇잎, 죽은 곤충 등과 같은 동식물이 분해된 유기물을 말합니다. 흙이 검을수록 유기물이 많다고 합니다.
> • 식물이 잘 자라기 위해서는 물뿐만 아니라 영양분이 필요합니다. 부식물은 흙에 있는 박테리아나 균 등에 의해 분해되어 식물에게 필요한 영양분이 됩니다. 그래서 부식물이 많은 흙에서는 식물이 잘 자랄 수 있습니다.

16 화단 흙은 부식물이 많아 식물이 잘 자라는 데 도움을 주지만, 운동장 흙은 주로 모래나 흙 알갱이만 보입니다.

17 흙 언덕의 위쪽에서 물을 흘려보내면 색 모래는 위에서 아래쪽으로 이동합니다.

18 흙 언덕의 위쪽에서 물을 흘려보내면 위쪽에 있는 색 모래는 깎여 아래쪽으로 이동해 쌓입니다.

19 지표의 바위나 돌, 흙 등이 깎여 나가는 것을 침식 작용이라고 하고, 운반된 돌이나 흙이 쌓이는 것을 퇴적 작용이라고 합니다.

20 흐르는 물이 지표를 어떻게 변화시키는지 알아보는 실험입니다.

21 ㉠은 강 상류이고, ㉡은 강 하류입니다. 강 상류는 강폭이 좁고, 강 하류는 강폭이 넓습니다.

22 강 하류에는 모래가 넓게 쌓여 있습니다.

23 강 상류에서는 침식 작용이 활발하게 일어나고, 강 하류에서는 퇴적 작용이 활발하게 일어납니다.

24 강 상류에서는 바위가 많이 보이고, 강 하류에서는 모래가 많이 보입니다.

25 바닷가에서 볼 수 있는 다양한 지형입니다.

26 바닷물이 바위와 만나는 부분을 깎아서 만들어진 지형입니다.

27 ㉢과 ㉣은 바닷물의 퇴적 작용으로 고운 흙이나 모래가 쌓여 만들어진 지형입니다.

28 흙이 없으면 동식물이 살 수 없습니다.

29 산사태, 도로 공사, 하천에 의한 침식 등으로 흙이 깎여서 떠내려갑니다.

30 흙이 깎여 나가는 것을 막을 수 있는 시설물을 설계하고 시설물을 만들어 본 것입니다.

31 시설물을 여러 개 연결하면 넓은 범위의 흙을 보존할 수 있습니다.

1회 단원 평가 연습

64~66쪽

1 ⑤   2 흙   3 ⑤   4 ㉡   5 운동장 흙   6 ㉡
7 ③   8 ⑤   9 ㉠   10 위쪽   11 ㉠   12 ③
13 모래   14 (1) ○ (2) × (3) ○   15 침식 작용
16 ㉢, ㉣   17 바위에 구멍이 뚫린 지형은 침식 작용으로 만들어진 것이고, 모래 해변은 퇴적 작용으로 만들어진 것이다.   18 ①   19 (2) ○   20 ㉠ ㉣ ㉢ ㉡

풀이

1 얼음 설탕을 플라스틱 통에 넣고 흔들면 얼음 설탕의 알갱이 크기가 작아지고 가루가 생깁니다.

2 바위나 돌이 작게 부서진 알갱이와 생물이 썩어 생긴 물질들이 섞여서 흙이 만들어집니다.

더 알아볼까요!

흙이 소중한 까닭
• 식물은 흙에서 양분을 얻어 살아갑니다.
• 흙 속에는 많은 생물이 살아가고 있습니다.
• 흙은 다시 만들어지기까지 오랜 시간이 걸립니다.

3 바위틈에서 나무뿌리가 자라면서 바위가 부서집니다.

4 화단 흙은 운동장 흙보다 색깔이 어둡고 약간 부드럽습니다.

더 알아볼까요!

운동장 흙과 화단 흙

구분	운동장 흙	화단 흙
색깔	밝은 갈색	어두운 갈색
알갱이의 크기	비교적 크다.	큰 것도 있고 작은 것도 있다.
만졌을 때의 느낌	거칠다.	약간 부드럽다.
기타	• 잘 뭉쳐지지 않는다. • 주로 모래나 흙 알갱이만 보인다.	• 잘 뭉쳐진다. • 식물의 뿌리나 나뭇잎 조각과 같은 여러 물질이 섞여 있다.

5 일정한 시간 동안 운동장 흙에서 물이 더 빠르게 빠졌습니다.

6 화단 흙은 운동장 흙보다 물에 뜨는 물질이 더 많이 섞여 있습니다.

7 운동장 흙은 만졌을 때 화단 흙보다 거칠고 물 빠짐은 화단 흙보다 빠릅니다. 운동장 흙은 화단 흙보다 알갱이 크기가 크고, 물에 뜨는 물질(부식물)이 적습니다.

8 색 모래를 사용하면 흐르는 물에 의해 흙이 어떻게 이동하는지 쉽게 볼 수 있습니다.

9 흙 언덕 위쪽에서 물을 흘려보내면 색 모래가 위쪽에서 아래쪽으로 이동합니다.

10 흙 언덕의 위쪽에서 물을 흘려보내면 위쪽에서 흙이 깎여 나가는 침식 작용이 일어나고, 아래쪽에서는 흙이 쌓이는 퇴적 작용이 일어납니다.

11 강 상류에서 볼 수 있는 모습입니다.

12 ㉡은 강 하류이므로 강폭이 넓고 경사가 완만하며 모래를 많이 볼 수 있습니다.

13 흐르는 강물은 강 상류의 바위를 깎고 운반하여 강 하류에 쌓는 작용을 합니다.

14 강 하류에서는 침식 작용보다 퇴적 작용이 활발하게 일어나는 것이지 퇴적 작용만 일어나는 것은 아닙니다.

15 바닷물이 바위를 깎아서 구멍을 뚫거나 가파른 절벽을 만든 지형입니다.

16 ㉠과 ㉡은 바닷물의 침식 작용으로 만들어진 지형입니다.

▲ 모래 해변　　　　　　▲ 갯벌

17 바닷가 지형은 바닷물의 침식 작용이나 퇴적 작용으로 만들어집니다.

18 흙은 생물이 살아가는 곳이고, 만들어지려면 매우 오랜 시간이 걸립니다.

19 ㉠은 산사태로 흙이 깎여서 떠내려가는 경우이고, ㉡은 흙을 덮거나 고정하는 구조물로 흙이 깎여 나가는 것을 막을 수 있는 시설물입니다.

20 시설물을 설계하고 만들어 본 다음 흙 위에 설치하고 흙이 깎이는 정도를 관찰합니다.

정답과 풀이

2회 단원 평가 도전

67~69쪽

1 ④　　2 (1) 바위나 돌 (2) 흙　　3 ⑤　　4 증가　　5
ⓑ　　6 ③　　7 운동장 흙　　8 ④　　9 부식물　　10
흐르는 물　　11 ㉠ 침식 작용 ㉡ 퇴적 작용　　12 ①,
②　　13 강 상류　　14 ⑤　　15 ㉠ 강 상류 ㉡ 강 하
류　　16 퇴적 작용　　17 ㉢, ㉣　　18 ㉡　　19 ①
20 흙

풀이

1 손으로 흙을 깎아 흙 언덕의 모습이 달라졌음을 알
수 있게 되었습니다.

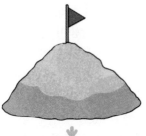

2 바위나 돌이 부서져 흙이 되는 과정을 알아보는 실험
입니다.

3 플라스틱 통 안에 든 얼음 설탕을 가루가 생길 때까
지 흔드는 실험은 바위나 돌이 작게 부서져 흙이 되
는 과정을 알아보는 것입니다.

4 오랜 시간에 걸쳐 바위틈에 있는 물이 얼었다 녹았다
를 반복하면서 바위가 부서집니다.

5 화단 흙은 운동장 흙보다 약간 부드럽습니다.

6 일정한 시간 동안 어느 흙에서 물이 더 많이 빠졌는
지 비교하는 실험입니다.

7 운동장 흙은 화단 흙보다 알갱이의 크기가 더 크기
때문에 물이 더 빠르게 빠집니다.

8 식물이 잘 자라는 흙은 물에 뜨는 물질이 많습니다.
물에 뜨는 물질은 식물의 뿌리나 죽은 곤충, 나뭇잎
조각 등이 썩은 것입니다.

9 식물은 주로 화단 흙에서 자라고 있습니다. 화단 흙
은 부식물이 많아서 식물이 잘 자라는 데 도움을 줍
니다.

10 페트병에 물을 담아 흙 언덕 위쪽에서 흘려보내면 흙
이 깎인 곳과 흙이 쌓인 곳이 생깁니다.

11 지표의 바위나 돌, 흙 등이 깎여 나가는 것을 침식 작
용이라고 하고, 운반된 돌이나 흙이 쌓이는 것을 퇴
적 작용이라고 합니다. ㉠은 흙이 깎인 곳이고, ㉡은
흙이 쌓인 곳입니다.

12 흙 언덕의 경사가 급할수록, 흘려보내는 물의 양이
많을수록 침식 작용과 퇴적 작용으로 흙 언덕의 변화
가 크게 나타납니다.

13 강 상류는 강폭이 좁고 경사가 급하며, 바위가 많이
보입니다. 강 하류는 강폭이 넓고 경사가 완만하며
모래를 많이 볼 수 있습니다.

14 흐르는 강물은 오랜 시간에 걸쳐 지표의 모습을 서서
히 변화시킵니다.

15 강 상류보다 강 하류에 모래가 많은 까닭에 대한 설명
입니다. 강물은 강 상류에 있는 바위를 깎아 운반하고,
이 과정에서 만들어진 모래가 강 하류에 쌓입니다.

16 바닷가에서 안쪽으로 들어간 부분에서 볼 수 있는 모
래 해변과 갯벌은 바닷물의 퇴적 작용으로 모래나 고
운 흙이 쌓인 곳입니다.

17 바닷가에서 바다 쪽으로 돌출된 부분은 침식 작용이
활발하고, 안쪽으로 들어간 부분은 퇴적 작용이 활발
합니다.

18 바닷가 지형은 오랜 시간에 걸쳐서 만들어지고, 오랜
시간이 지나면 지형이 변합니다.

더 알아볼까요!

독도 독립문 바위
• 이 지형은 시 아치(sea arch)입니다.
• 바닷물에 의해 바위 가운데가 침식 작용으로 구멍이 나 있습니다.

19 흙이 깎여 나가지 않게 하려면 나무나 풀이 흙을 덮
고 있도록 많이 심고, 사방 공사와 같이 구조물로 흙
이 깎이지 않도록 합니다.

20 흐르는 물의 침식 작용으로부터 흙이 깎여 나가는 것
을 막을 수 있는 시설물입니다.

3회 단원 평가 [기출]

1 ④   2 ③   3 ④, ⑤   4 ③   5 예 운동장 흙이 화단 흙보다 알갱이의 크기가 더 크기 때문에 물이 더 빠르게 빠진다.   6 ⓒ   7 ⑤   8 ①   9 ⑦ 침식 작용 ⓒ 퇴적 작용   10 ①, ④   11 강 상류   12 (1) ⑦, ⓒ (2) ⓒ, ⓔ   13 ④   14 바닷가   15 ⓒ   16 ⑤   17 지형   18 ③   19 ⑤   20 ⑤

풀이

1 흙 언덕 깃발 지키기 놀이는 흙 언덕을 만든 뒤 깃발이 쓰러지지 않게 손으로 흙 언덕을 깎아서 가지고 오는 놀이입니다.

2 바위나 돌이 부서져 흙이 만들어지는 과정을 알아보는 실험입니다.

더 알아볼까요!

플라스틱 통을 흔들기 전과 흔든 뒤의 얼음 설탕의 모습

플라스틱 통을 흔들기 전	플라스틱 통을 흔든 뒤
• 알갱이의 크기가 크다. • 뾰족한 부분이 있다. • 가루가 거의 없다.	• 알갱이의 크기가 작아졌다. • 모양이 달라졌다. • 가루가 생겼다.

3 바위틈에 있는 물이 얼었다 녹았다를 반복하고, 나무 뿌리가 자라면서 바위가 부서지는 현상은 플라스틱 통의 얼음 설탕이 부서지는 현상과 비교할 수 있습니다.

4 운동장 흙과 화단 흙의 물 빠짐을 비교하는 실험이기 때문에 흙의 종류를 다르게 해야 합니다.

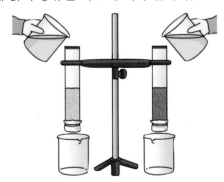

▲ 물 빠짐 실험

5 운동장 흙이 화단 흙보다 알갱이의 크기가 크기 때문에 물이 더 빠르게 빠집니다.

6 흙이 든 비커에 물을 넣었을 때 뜨는 물질은 대부분 부식물입니다.

7 부식물은 화단 흙에서 많이 볼 수 있습니다.

8 색 모래는 흙 언덕의 위쪽에 뿌려서 흙 언덕의 흙이 흐르는 물에 의해 깎여 아래로 이동하는 것을 잘 볼 수 있도록 합니다.

9 흙 언덕의 위쪽에서는 흙이 깎여 나가는 작용, 아래쪽에서는 흙이 쌓이는 작용이 일어났습니다.

10 흙 언덕의 위쪽은 경사가 급하기 때문에 흙이 깎이고, 아래쪽은 경사가 완만하기 때문에 흙이 쌓였습니다.

11 강 상류에서는 강의 경사가 급해서 침식 작용이 활발하게 일어나고, 강 하류에서는 강의 경사가 완만해서 퇴적 작용이 활발하게 일어납니다.

12 강 상류는 강 하류에 비해 강폭이 좁고 경사가 급합니다. 강 상류에서는 바위를 많이 볼 수 있고, 강 하류에서는 모래를 많이 볼 수 있습니다.

13 흐르는 강물은 지표의 모습을 오랜 시간에 걸쳐 서서히 변화시킵니다.

14 바닷가에서는 바닷물의 침식 작용과 퇴적 작용으로 다양한 지형이 만들어집니다.

15 바닷가에서 안쪽으로 들어간 부분에서는 퇴적 작용이 활발하게 일어납니다.

더 알아볼까요!

모래 해변과 갯벌

• 모래 해변: 덕적도의 모래 해변으로 강에서 운반된 모래나 해안 침식으로 만들어진 모래가 퇴적되어 만들어진 모래 해변입니다. 이러한 모래 해변은 주로 해수욕장으로 개발되고 있습니다.

• 갯벌: 강화도 갯벌로, 갯벌은 육지나 바다에서 떠내려온 고운 흙이나 모래 같은 작고 가벼운 입자들이 퇴적되어 만들어집니다.

16 바닷가에서 안쪽으로 들어간 부분은 퇴적 작용이 활발하게 일어나 모래나 고운 흙이 넓게 쌓여 있습니다.

17 바닷가의 지형은 퇴적 작용과 침식 작용에 의해 오랜 시간에 걸쳐서 만들어집니다.

18 흙이 없다면 생물이 살아가기 힘듭니다.

19 ①도 흙이 깎여 나가는 것을 막을 수 있는 방법이지만 도로 공사로 인해 흙이 깎였을 때는 비가 오면 흙이 떠내려가는 것을 막기 위해 흙을 덮거나 고정하는 구조물이 필요합니다.

20 흙을 여러 칸으로 고정해 주는 구조물을 설치하여 넓은 범위의 흙을 보존할 수 있습니다.

4회 단원 평가 실전

73~75쪽

1 ⑤　2 (1) (가) (2) (나)　3 ㉢　4 ⑤　5 ③　6 운동장 흙이 화단 흙보다 알갱이 크기가 더 크다.　7 ⑤　8 ⑤　9 ③　10 ㉠ 침식 작용 ㉡ 퇴적 작용　11 예 흐르는 물이 흙 언덕 위쪽의 흙을 깎고 운반해 아래쪽에 쌓았기 때문이다.　12 ①　13 모래　14 (1) (가) (2) (나)　15 (가)는 침식 작용으로 만들어진 것이고, (나)는 퇴적 작용으로 만들어진 것이다.　16 ㉠ (가) ㉡ (나)　17 ⑤　18 ⑤　19 예 흙을 고정하여 흙이 깎여 나가는 것을 막아 준다.　20 ③

풀이

1 얼음 설탕이 부서져 알갱이의 크기가 작아지는 것을 통해 바위나 돌이 흙이 되는 과정을 설명할 수 있습니다.

2 바위나 돌이 작게 부서지면 흙이 만들어지는 것이기 때문에 바위나 돌은 얼음 설탕이 부서지기 전의 모습과 관련이 있고, 흙은 얼음 설탕이 부서진 후의 모습과 관련이 있습니다.

3 플라스틱 통을 흔드는 과정은 실제 자연에서 바위나 돌을 부서지게 하는 것과 비슷합니다.

▲ 얼음 설탕이 들어 있는 플라스틱 통을 흔듭니다.

4 겨울에 바위틈에 스며든 물이 얼면 부피가 증가하여 바위가 부서지는 현상과 식물이 바위틈 사이로 뿌리를 내려 오랜 시간이 흐르면 바위가 부서지는 현상 등은 모두 바위나 돌이 흙이 되는 과정입니다.

▲ 물이 얼었다 녹으면서 바위가 부서진 모습

5 운동장 흙과 화단 흙의 물 빠짐을 비교하는 실험 장치입니다. 같은 시간 동안 물이 더 많이 빠진 흙의 알갱이가 더 크기 때문에 알갱이 크기를 비교할 수 있습니다.

6 일정한 시간 동안 어느 흙에서 물이 더 많이 빠졌는지 비교해 보면, 운동장 흙이 화단 흙보다 알갱이의 크기가 더 크기 때문에 물이 더 빠르게 빠집니다.

7 ㉠은 운동장 흙이고, ㉡은 화단 흙입니다. 운동장 흙에는 물에 뜨는 물질이 거의 없고, 화단 흙에는 식물의 뿌리, 나뭇잎 조각, 죽은 곤충 등이 썩은 물질이 물에 많이 떠 있습니다.

8 물에 뜨는 물질은 식물의 뿌리나 죽은 곤충, 나뭇잎 조각 등이 썩은 것으로 대부분 부식물입니다. 부식물은 식물이 잘 자라는 데 도움을 줍니다.

9 색 모래를 사용하면 물에 의해 흙 언덕이 어떻게 변하는지 쉽게 볼 수 있습니다.

10 지표의 바위, 돌, 흙 등이 깎여 나가는 것이 침식 작용이고, 운반된 돌이나 흙이 쌓이는 것을 퇴적 작용이라고 합니다. ㉠은 흙 언덕의 위쪽으로 침식 작용이 활발하고, ㉡은 흙 언덕의 아래쪽으로 퇴적 작용이 활발하게 일어납니다.

11 흐르는 물은 지표를 변화시키기 때문에 흙 언덕의 위쪽은 깎이고 아래쪽에는 흙이 쌓입니다.

12 ㉠은 강 상류입니다. 강 상류는 바위가 많고 강폭이 좁으며 경사가 급합니다. 물이 빠르게 흐릅니다. 주로 바위나 큰 돌이 많습니다.

13 강 하류의 주변은 거의 평지이며 이곳에서는 모래를 많이 볼 수 있습니다.

14 (가) 지형은 침식 작용, (나) 지형은 퇴적 작용으로 만들어진 지형입니다. 침식 작용은 바위에 구멍을 뚫거나 가파른 절벽을 만들고, 퇴적 작용은 모래나 고운 흙을 쌓아 모래 해변이나 갯벌을 만듭니다.

15 여러 가지 바닷가 지형은 바닷물의 침식 작용이나 퇴적 작용으로 만들어졌습니다.

16 바닷가에서 바다 쪽으로 돌출된 부분은 침식 작용이 활발하고, 안쪽으로 들어간 부분은 퇴적 작용이 활발합니다.

17 바닷물과 강물과 같이 흐르는 물은 지표를 변화시키는 데 오랜 시간이 걸립니다.

18 나무가 많이 심어진 곳은 흙이 쉽게 깎이지 않습니다.

19 흙이 깎여 나가는 것을 막을 수 있도록 흙을 덮어 주거나 고정하여 주는 구조물입니다.

20 물에 의해 흙이 깎여 나가는 것을 막을 수 있는 시설물은 경사진 흙 위에 설치하여 물을 뿌려 보고, 흙이 깎이는 정도를 관찰합니다.

더 알아볼까요!

흐르는 물에 의해 흙이 깎여 나가는 것을 막을 수 있는 시설물을 설계하는 순서

① 도로 공사 등으로 깎인 산 경사면의 흙이 흐르는 물에 의해 깎여 나가는 것을 막을 수 있는 시설물을 설계합니다.

② 설계한 시설물을 만듭니다.

③ 만든 시설물을 경사진 흙 위에 설치합니다. 시설물에 물을 뿌려 보고, 흙이 깎이는 정도를 관찰합니다.

탐구 서술형 평가
76~77쪽

1 풀이 참조　**2** (1) ⑳ 식물의 뿌리, 죽은 곤충, 나뭇잎 조각　(2) ⑳ 물에 뜨는 물질이 많다. 물에 뜨는 물질은 식물의 뿌리나 죽은 곤충, 나뭇잎 조각 등이 썩은 부식물이다.　**3** 풀이 참조　**4** (1) (가)는 바닷물의 침식 작용에 의해 생긴 것이며, (나)는 바닷물의 퇴적 작용에 의해 생긴 것이다. (2) 바닷물의 침식 작용으로 깎이거나 퇴적 작용으로 쌓여서 만들어진 것이다.

풀이

1

구분	운동장 흙	화단 흙
알갱이의 크기	비교적 크다.	큰 것도 있고 작은 것도 있다.
만졌을 때의 느낌	거칠다.	약간 부드럽다.
뭉쳐지는 정도	잘 뭉쳐지지 않는다.	잘 뭉쳐진다.

운동장 흙과 화단 흙의 알갱이 크기는 돋보기를 사용하여 자세히 관찰합니다.

상	운동장 흙과 화단 흙의 알갱이의 크기, 만졌을 때의 느낌, 뭉쳐지는 정도를 모두 바르게 서술하였습니다.
중	운동장 흙과 화단 흙의 알갱이의 크기, 만졌을 때의 느낌, 뭉쳐지는 정도를 서술하였지만 충분하지 못합니다.
하	운동장 흙과 화단 흙의 알갱이의 크기, 만졌을 때의 느낌, 뭉쳐지는 정도 중 두 개 이상 서술하지 못했거나 모두 서술하지 못했습니다.

2 화단 흙에는 운동장 흙보다 물에 뜨는 물질이 더 많이 섞여 있습니다.

상	화단 흙에서 관찰할 수 있는 것과 식물이 잘 자라는 흙의 특징을 모두 바르게 서술하였습니다.
중	화단 흙에서 관찰할 수 있는 것과 식물이 잘 자라는 흙의 특징 중 한 가지만 바르게 서술하였습니다.
하	화단 흙에서 관찰할 수 있는 것과 식물이 잘 자라는 흙의 특징을 모두 서술하지 못했습니다.

3

강 상류	• 강폭이 좁다. • 경사가 급하다.
강 하류	• 강폭이 넓다. • 경사가 완만하다.

강 상류는 강 주변에 경사진 산이 있으며, 강 하류는 거의 평지입니다. 강의 경사를 비교할 때에는 강 주변의 모습을 살펴봅니다.

상	강 상류와 강 하류의 특징을 모두 바르게 서술하였습니다.
중	강 상류와 강 하류의 특징 중 한 가지만 바르게 서술하였습니다.
하	강 상류와 강 하류의 특징을 모두 서술하지 못했습니다.

4 바닷가의 다양한 지형은 바닷물에 의한 것이며 바닷물의 침식 작용에 의해 바위에 구멍이 뚫리거나 가파른 절벽이 생기고, 퇴적 작용에 의해 고운 흙이나 모래가 쌓인 곳에서는 갯벌이나 모래 해변을 볼 수 있습니다.

상	(가)와 (나)의 차이점, 바닷가 주변에 다양한 지형이 생긴 원인을 모두 바르게 서술하였습니다.
중	(가)와 (나)의 차이점, 바닷가 주변에 다양한 지형이 생긴 원인 중 한 가지만 바르게 서술하였습니다.
하	(가)와 (나)의 차이점, 바닷가 주변에 다양한 지형이 생긴 원인을 모두 서술하지 못했습니다.

4 물질의 상태

개념을 확인해요
79쪽

1 유성   2 고무줄   3 아래   4 위   5 공기
6 나무 막대   7 물   8 공기

개념을 확인해요
81쪽

1 있   2 눈, 손   3 단단   4 모양   5 공간
6 부피   7 고체   8 고체

개념을 확인해요
83쪽

1 없   2 있   3 물, 주스   4 모양   5 같   6
부피   7 액체   8 액체

개념을 확인해요
85쪽

1 바람   2 공기   3 공기   4 공기   5 공기
6 공기   7 공기   8 공기

개념을 확인해요
87쪽

1 높아   2 높이   3 공간   4 밀   5 당기
6 둥근   7 부피   8 기체

개념을 확인해요
89쪽

1 공기   2 전자 거울   3 무겁   4 공기   5
기체   6 1200   7 고체, 액체, 기체   8 기체

개념을 다져요
90~93쪽

1 광고풍선   2 ④   3 광고풍선이 팽팽해진다.   4
ⓒ   5 나무 막대   6 물   7 ③   8 ③, ④   9 예
나무 막대는 모양과 부피가 일정하다.   10 고체
11 ②   12 예 담는 그릇에 따라 모양이 변한다.
13 ㉠ 모양 ㉡ 부피   14 ③   15 ④   16 공기
17 공기 방울이 생긴다.   18 ⑤   19 ㉡   20 ㉠
21 공간   22 ㉢   23 ㉡   24 ㉠   25 공기는 다
른 곳으로 이동할 수 있다.   26 ④   27 무게   28
<   29 ㉡   30 공기는 무게가 있다.

풀이

1 주변에서 볼 수 있는 발명대회를 알리는 광고풍선의
   모습입니다. 광고풍선은 새로 문을 열어 홍보하는 가
   게, 건물 앞에 간판으로 세워져 있습니다.
2 광고풍선 안에는 공기가 들어 있습니다.
3 페트병을 물 아래로 누르면 광고풍선의 손가락이 모
   두 펴지면서 세워집니다.

4 물 아래로 눌렀던 페트병을 물 위로 들어 올리면 팽
   팽했던 광고풍선이 쭈글쭈글해집니다. 비닐장갑에서
   공기가 빠져나오기 때문입니다.
5 나무 막대는 전달할 수 있고 손으로 잡을 수 있습니
   다. 물은 전달은 할 수 있지만 손으로 잡을 수 없고,
   공기는 눈에 보이지 않아서 전달하기도 어렵고 아무
   느낌이 없습니다.
6 물은 손으로 잡을 수 없고 흘러서 전달하기 어렵습
   니다.

나무 막대, 물, 공기

나무 막대	• 딱딱하다. • 연한 갈색이다. • 네모 모양이다.
물	• 흐른다. • 투명하다. • 흔들면 출렁거린다.
공기	• 눈에 보이지 않는다. • 손에 잡히지 않는다.

7　나무 막대는 모양이 변하지 않지만, 물과 공기는 모양이 변합니다.

나무 막대, 물, 공기의 차이점

나무 막대와 물의 차이점	나무 막대는 손으로 잡을 수 있지만, 물은 흘러서 손으로잡을 수 없다.
물과 공기의 차이점	물은 만질 수 있고 눈에 보이지만, 공기는 눈에 보이지 않고 전달하는 느낌이 나지 않는다.
나무 막대와 공기의 차이점	나무 막대는 손으로 잡을 수 있지만, 공기는 눈에 보이지 않고 손으로 잡을 수 없다.

8　나무 막대와 플라스틱 막대는 손으로 잡을 수 있고, 어느 위치에 놓아도 모양이 변하지 않기 때문에 기둥을 쌓아 올릴 수 있습니다.

▲ 나무 막대로 기둥 쌓아 올리기

9　나무 막대를 여러 가지 모양의 그릇에 담아도 모양과 부피가 변하지 않습니다.

10　나무 막대와 플라스틱 막대를 이루는 물질의 상태를 고체라고 합니다.

11　물은 무색투명하지만, 주스는 노란색입니다.

12　주스는 여러 가지 모양의 그릇에 담으면 담는 그릇에 따라 모양이 변합니다.

13　액체의 모양은 담는 그릇의 모양에 따라 달라지지만 부피는 변하지 않습니다.

14　각설탕은 고체입니다.

15　나뭇가지나 깃발이 휘날리고 부채질을 하면 시원한 바람을 느낄 수 있는 것에서 우리 주변에 공기가 있다는 것을 확인할 수 있습니다.

16　풍선 속에 있던 공기가 나오는 것을 느낄 수 있습니다.

17　플라스틱병과 주사기 끝에서 둥근 공기 방울이 생기는 것을 볼 수 있습니다.

18　빈 병에 공기가 들어 있습니다.

19　바닥에 구멍이 뚫리지 않은 컵을 수조 바닥으로 밀어 넣으면 페트병 뚜껑이 내려갑니다.

20　투명한 플라스틱 컵 바닥에 구멍이 뚫리지 않은 경우 컵을 수조 바닥으로 밀어 넣으면 컵 안의 공기가 물을 밀어 내므로 컵 안의 공기 부피만큼 물이 밀려 나옵니다.

21　바닥에 구멍이 뚫리지 않은 경우 컵 안에 있는 공기가 공간을 차지하기 때문에 컵 안으로 물이 들어가지 못합니다.

22　공기 침대, 풍선 미끄럼틀, 광고 인형은 공기가 공간을 차지하는 성질을 이용한 예이고, 부채는 공기가 다른 곳으로 이동할 수 있는 성질을 이용한 예입니다.

23　주사기의 피스톤을 당기면 코끼리 나팔은 돌돌 말립니다.

24　주사기의 피스톤을 당기면 코끼리 나팔과 비닐관에 있던 공기가 주사기로 이동합니다. 주사기의 피스톤을 밀면 주사기와 비닐관에 있던 공기가 코끼리 나팔로 이동합니다.

25　공기가 다른 곳으로 이동할 수 있는 성질을 이용하여 에어 로켓을 날리거나 자전거 타이어나 튜브에 공기를 넣습니다.

26　공기는 담는 그릇에 따라 모양이 변합니다.

27　기체가 무게가 있는지 알아보는 실험입니다.

28　공기 주입 마개를 누를수록 페트병에 공기를 더 넣었기 때문에 페트병의 무게가 늘어납니다.

29　공기 주입 마개를 눌러 페트병에 공기를 더 넣으면 페트병의 무게가 늘어납니다.

30　고체, 액체와 같이 기체도 무게가 있습니다.

정답과 풀이

1회 단원 평가

94~96쪽

1 ⑤   2 공기   3 물   4 ㉠ 나무 막대 ㉡ 공기
5 (1) ○ (2) × (3) ○   6 ②   7 ②, ④   8 ②, ④
9 액체   10 ②   11 ⑤   12 공기 방울   13 ㉡
14 공간   15 ㉠   16 ㉠   17 →   18 ③   19 <
20 무게

풀이

1 완성된 광고풍선은 페트병을 똑바로 세워 물이 담긴 수조에 넣고 물 아래로 누르면 광고 풍선이 팽팽해집니다. 모둠 광고풍선을 만들 때는 비닐장갑, 유성펜, 아랫부분이 잘린 페트병, 고무줄, 물이 담긴 수조 등이 필요합니다.

2 공기는 눈에 보이지 않지만 부푼 지퍼 백 안에 들어 있습니다.

3 물은 흘러서 손으로 잡을 수 없고, 전달하기 어렵습니다.

4 나무 막대와 공기의 차이점입니다. 나무 막대는 손으로 잡을 수 있지만, 공기는 눈에 보이지 않고 손으로 잡을 수 없습니다.

5 나무 막대는 담는 그릇이 바뀌어도 그릇의 모양과 관계없이 막대의 모양은 변하지 않습니다. 그리고 막대가 차지하는 공간의 크기인 부피도 변하지 않습니다.

▲ 여러 가지 모양의 투명한 그릇에 나무 막대를 넣어도 나무 막대의 모양은 변하지 않습니다.

6 물은 액체입니다. 컵, 책상, 의자, 가방은 고체인 물체입니다.

7 고체는 여러 가지 모양의 그릇에 넣어도 모양과 부피가 변하지 않습니다.

8 액체의 모양은 담는 그릇의 모양에 따라 달라지고, 물을 처음 사용한 그릇에 다시 옮기면 물의 높이가 처음과 같습니다.

9 액체에는 물, 주스, 바닷물, 설탕물, 식초, 간장 등이 있습니다.

10 부풀린 풍선 안에 있던 공기가 빠져나와 바람이 불고 시원합니다.

더 알아볼까요!

부풀린 풍선을 얼굴에 대고 풍선 입구를 쥐었던 손을 놓았을 때
· 바람이 불어 시원합니다.
· 무엇인가 얼굴 주변으로 지나가는 느낌이 듭니다.
· 풍선 속에 있던 공기가 빠져나오는 소리가 납니다.
· 풍선 속에 있던 공기가 빠져나오면서 머리카락이 날립니다.

11 풍선이 쭈글쭈글할 때는 공기를 느낄 수 없고, 풍선이 팽팽하게 부풀어 있을 때 공기를 느낄 수 있습니다.

12 공기는 눈에 보이지 않지만 우리 주변에 있습니다.

더 알아볼까요!

물속에서 플라스틱병과 주사기 피스톤 밀기

플라스틱병을 눌렀을 때	· 플라스틱병 입구에서 둥근 공기 방울이 생긴다. · 공기 방울이 위로 올라와 사라진다.
주사기의 피스톤을 밀었을 때	· 주사기 끝에서 공기 방울이 생긴다. · 공기 방울이 위로 올라와 사라진다.

13 바닥에 구멍이 뚫리지 않은 컵 안에는 공기가 공간을 차지하고 있어 물을 밀어 냅니다.

14 다리 마사지기, 이불 압축 팩, 구조용 안전 매트, 비행기 공기 부양 장치 등도 공기가 공간을 차지하는 성질을 이용한 예입니다.

15 주사기의 피스톤을 밀면 주사기와 비닐관 안에 들어 있는 공기가 코끼리 나팔로 이동해 코끼리 나팔이 길게 펼쳐집니다.

16 공기의 모양은 담는 그릇에 따라 달라집니다.

17 입에서 나오는 공기가 빨대를 따라 이동해 빨대 끝에 묻어 있는 비눗물이 동그랗게 커져 비눗방울을 만들 수 있습니다.

18 우리 주변에 있는 공기의 무게를 알아보는 실험입니다.

19 공기 주입 마개를 많이 누를수록 페트병에 공기가 더 많이 들어가기 때문에 페트병의 무게가 무거워집니다.

20 가로, 세로, 높이가 각각 1 m인 공간에 들어 있는 공기의 무게는 약 1200 g입니다.

1 ㉠   **2** ④   **3** ㉠   **4** ①   **5** ⑤   **6** (1) 변하지 않습니다 (2) 변하지 않습니다   **7** 고체   **8** ④   **9** 예 담는 그릇에 따라 모양은 변하지만 부피는 변하지 않는 물질의 상태이다.   **10** ②   **11** 공기   **12** ㉡   **13** 공간   **14** ㉠ → ㉡   **15** ③   **16** ㉠   **17** ㉣   **18** 공기는 무게가 있다.   **19** 풀이 참조   **20** ㉢

풀이

1 광고풍선이 묶인 페트병을 수조에 넣고 물 아래로 누르면 페트병 속에 있던 공기가 비닐장갑으로 이동하여 비닐장갑이 팽팽해집니다.

2 나무 막대는 손으로 잡을 수 있지만, 물과 공기는 손으로 잡을 수 없습니다.

3 물은 만지면 느낄 수 있고 눈에 보이지만, 공기는 눈에 보이지 않고 아무 느낌이 없으며 손으로 잡을 수도 없습니다.

4 나무 막대는 고체입니다. 주스, 우유는 물과 상태가 같은 액체이고, 헬륨, 이산화 탄소는 공기와 상태가 같은 기체입니다. 나무 막대는 눈으로 볼 수 있고 손으로 잡을 수 있습니다. 나무 막대를 여러 가지 모양의 그릇에 넣어도 나무 막대의 모양은 변하지 않습니다.

5 ⑤ 나무 막대로 기둥을 쌓을 때는 알 수 없는 특징입니다.

6 여러 가지 모양의 그릇에 나무 막대를 담아도 모양과 크기는 변하지 않습니다.

7 고체는 단단하고 손으로 잡을 수 있고 눈으로 볼 수 있으며, 담는 그릇이 바뀌어도 모양과 부피가 변하지 않습니다.

8 담는 그릇에 따라 모양은 변하지만, 부피는 변하지 않는 물질의 상태가 액체입니다. 물과 주스는 액체입니다.

9 액체는 담는 그릇이 바뀌면 모양은 변하지만, 부피는 변하지 않습니다.

10 플라스틱병과 주사기 끝에서 둥근 공기 방울이 생기고, 공기 방울이 위로 올라와 사라집니다.

11 축구공, 튜브, 부푼 풍선, 자동차 타이어, 광고 인형 등에는 공기가 들어 있습니다.

12 투명한 플라스틱 컵 바닥에 구멍이 뚫리지 않은 경우 컵 안의 공기가 공간을 차지하고 있기 때문에 페트병 뚜껑이 내려갑니다.

▲ 바닥에 구멍이 뚫리지 않은 플라스틱 컵을 밀어 넣었을 때

13 풍선 미끄럼틀, 부표 등은 공기를 넣어서 사용하는 물체들입니다.

14 주사기의 피스톤을 밀면 주사기와 비닐관 안에 들어 있는 공기가 코끼리 나팔로 이동하기 때문에 코끼리 나팔이 길게 펼쳐집니다.

15 코끼리 나팔의 모양이 변하는 까닭은 주사기, 코끼리 나팔, 비닐관 속에 있는 공기가 이동하기 때문입니다.

더 알아볼까요!

코끼리 나팔과 비닐관 연결할 때 주의할 점
- 코끼리 나팔과 비닐관의 연결 부위에 틈이 생기면 공기가 새어 나갈 수 있으므로 셀로판테이프로 꼼꼼히 감쌉니다.
- 코끼리 나팔과 비닐관, 주사기 입구를 연결해야 하므로 각 준비물이 잘 연결되는지 크기를 미리 확인해서 준비합니다.

16 자동차의 에어백은 공기가 공간을 차지하는 성질을 이용한 예입니다.

17 공기 주입 마개를 눌러 페트병에 공기를 더 넣을수록 페트병의 무게가 무거워집니다.

18 고체, 액체와 같이 기체도 무게가 있습니다.

19

고체	액체	기체
연필	우유	공기

정답과 풀이

100~102쪽

3회 단원 평가 (기출)

1 ⓒ ⓖ ⓛ 2 ⓖ 3 ⑤ 4 ⑤ 5 ⑤ 6 예 담는 그릇이 바뀌어도 나무 막대의 모양과 부피가 변하지 않는다. 7 ② 8 ⓖ 9 ① 10 ⑤ 11 ② 12 ⑤ 13 ③, ④ 14 예 공기는 공간을 차지한다. 15 ⑤ 16 ① 17 ⑤ 18 ⑤ 19 ② 20 기체, 고체

풀이 ▶

1 완성된 광고풍선을 물이 담긴 수조에 페트병을 똑바로 세워 위아래로 움직여 관찰합니다.

2 페트병을 물 아래로 누르면 광고풍선이 팽팽해져 잘 보이게 됩니다.

3 지퍼 백에 들어 있는 것은 공기입니다. 공기는 눈에 보이지 않고 아무 느낌이 없으며 손에 잡히지 않습니다.

4 나무 막대는 손으로 잡아서 전달하기가 쉽고, 그릇에 담을 수 있습니다.

더 알아볼까요!

나무 막대, 물, 공기를 손으로 전달하면서 관찰한 특징

나무 막대	손으로 잡고 전달할 수 있다.
물	흘러서 전달하기 어렵다.
공기	눈에 보이지 않고 손에 잡히지 않아 전달한 것인지 알 수 없다.

5 플라스틱 막대로 기둥을 쌓을 수 있는 것은 손으로 잡을 수 있고, 단단하며 눈에 보이기 때문입니다.

6 담는 그릇의 모양이 바뀌어도 나무 막대의 모양과 막

대가 차지하는 공간의 크기는 변하지 않습니다.

7 책과 연필은 모두 고체입니다. 물체마다 무게는 다릅니다.

8 처음 사용한 그릇으로 다시 옮겨 담으면 물의 높이가 처음과 같습니다.

더 알아볼까요!

물을 여러 가지 모양의 투명한 그릇에 차례대로 옮겨 담는 실험에서 주의할 점
- 물이 그릇 바깥으로 흘러내리거나 그릇에 물을 남기지 않도록 주의합니다.
- 실제 물을 처음에 넣었던 그릇에 옮겨 담은 뒤 표시했던 물의 높이와 비교하면 조금 줄어들 수 있습니다. 그것은 여러 가지 모양의 그릇에 옮겨 담으면서 물이 조금씩 그릇에 묻거나 남기 때문입니다.

9 액체에 대한 설명입니다. ① 책상은 고체이고, 우유, 주스, 간장, 사이다는 액체입니다.

10 부채질을 하거나 풍선을 불고 깃발이나 나뭇가지가 흔들리는 것을 통해 공기가 있다는 것을 알 수 있습니다.

11 플라스틱병 입구와 주사기 끝에서 둥근 공기 방울이 생기고, 공기 방울이 위로 올라와 사라집니다.

12 튜브, 축구공, 부표, 공기베개에는 공기가 들어 있습니다.

13 바닥에 구멍이 뚫리지 않은 플라스틱 컵을 수조 바닥으로 밀어 넣으면 페트병 뚜껑은 내려갑니다.

14 바닥에 구멍이 뚫리지 않은 플라스틱 컵을 수조 바닥에 밀어 넣으면 컵 안의 공기가 공간을 차지하고 있어 컵 안으로 물이 들어가지 못하고 공기가 물을 밀어 냅니다.

15 당겨 놓은 주사기의 피스톤을 밀면 주사기와 비닐관 안에 들어 있는 공기가 코끼리 나팔로 이동하기 때문에 코끼리 나팔이 길게 펼쳐집니다.

16 ①은 공기가 공간을 차지하는 성질을 이용한 예입니다.

17 담는 그릇이 바뀌어도 모양과 부피가 변하지 않는 것은 고체의 성질입니다.

18 공기 주입 마개를 누를수록 페트병에 공기를 더 넣는 것입니다.

19 공기 주입 마개를 누르기 전보다 누른 후의 무게가 더 무거운 것을 통해 공기는 무게가 있다는 것을 알 수 있습니다.

20 풍선 입구를 쥐고 있던 손을 놓으면서 로켓을 날립니다. 공기가 이동하는 성질을 이용한 장난감입니다.

4회 단원 평가

103~105쪽

1 ③   2 ④   3 ㉠ 있다. ㉡ 변한다. ㉢ 변한다.
4 ③   5 ③, ⑤   6 ㉘ 담는 그릇의 모양이 바뀌어
도 막대의 모양과 부피는 변하지 않는다.   7 고체
8 ㉘ 물의 모양은 담는 그릇에 따라 변한다.   9 ⑤
10 (1) 200 (2) 450   11 ⑤   12 ②   13 ③   14
㉢   15 ㉠   16 ③   17 ③   18 공기가 무게가 있
기 때문이다.   19 ㉠ ㉡ ㉢   20 고체, 액체, 기체

풀이

1   페트병을 수조에 넣고 물 아래로 누르면 광고풍선의
손가락이 모두 펴지고 팽팽하게 세워집니다.

2   공기는 아무 느낌이 없습니다. 공기는 눈에 보이지
않고 손에 잡히지 않습니다.

3   나무 막대는 손으로 잡을 수 있어서 친구에게 전달하
고 플라스틱 그릇에 그대로 담을 수 있고, 물은 전달
하지만 모양이 계속 변하고 흘러내립니다. 공기는 눈
에 보이지 않아서 전달하기 어렵고 아무 느낌이 없습
니다.

4   물과 공기는 손으로 잡을 수 없습니다. 물은 그릇에
옮겨 담을 수 있지만 공기는 그릇에 옮겨 담을 수 없
습니다.
① 물은 잡을 수 없고, 공기도 잡을 수 없습니다.
② 물은 눈에 보이고, 공기는 눈에 보이지 않습니다.
④ 물은 그릇에 옮겨 담을 수 있고, 공기는 그릇에 옮
겨 담을 수 없습니다.
⑤ 물은 흘러서 전달하기 어렵고, 공기는 손으로 잡
을 수 없습니다.

5   나무 막대는 손으로 잡을 수 있고, 어떤 위치에 놓아
도 모양과 크기가 변하지 않기 때문에 기둥을 쌓아
올릴 수 있습니다.

6   나무 막대는 고체로 막대의 모양과 막대가 차지하는
공간의 크기는 변하지 않습니다.

더 알아볼까요!

투명한 그릇에 나무 막대를 넣어 보았을 때
• 모양이 변하지 않습니다.
• 크기가 변하지 않습니다.

7   부피는 물질이 차지하는 공간의 크기를 말합니다. 고
체는 일정한 형태를 가지고 있어서 담는 그릇이 바뀌

어도 모양과 부피가 변하지 않습니다.

8   물은 액체이기 때문에 담는 그릇의 모양에 따라 모양
이 달라지지만 부피는 변하지 않습니다.

9   물의 모양은 담는 그릇에 따라 변하지만, 담는 그릇
이 바뀌어도 물의 부피는 변하지 않습니다.

10   우유갑이나 음료수병에 적혀 있는 용량이 액체의 부
피입니다.

11   부채질을 하거나 부푼 풍선에서 나오는 바람을 통해
눈에 보이지 않지만 공기가 있다는 것을 알 수 있습
니다.

더 알아볼까요!

공기가 있다는 것을 알 수 있는 경우
• 풍선을 불어 봅니다.
• 깃발이 휘날립니다.
• 나뭇가지가 흔들립니다.

12   플라스틱병과 주사기 끝에서 공기 방울이 생겨 위로
올라와 사라지는 것을 통해 공기가 있다는 것을 알
수 있습니다.

13   공기는 일정한 공간을 차지하기 때문에 페트병 뚜껑
이 내려갑니다.

더 알아볼까요!

바닥에 구멍이 뚫린 플라스틱 컵으로 수조 바닥까지 밀어 넣을 때

• 페트병 뚜껑이 그대로 있습니다.
• 수조 안의 물의 높이에 변화가 없습니다.

14   ㉠, ㉡, ㉢은 공기가 공간을 차지하는 성질을 이용한

정답과 풀이 **21**

정답과 풀이

경우이고, ㉢은 공기가 있다는 것을 알 수 있는 경우입니다.

15 당겨 놓은 주사기의 피스톤을 밀면 주사기와 비닐관 안에 들어 있는 공기가 코끼리 나팔로 이동하기 때문에 코끼리 나팔이 길게 펼쳐집니다.

16 공기가 눈에 보이지는 않지만 무게가 있다는 것을 알아보는 실험입니다.

17 공기 주입 마개를 누를수록 페트병에 공기를 더 넣기 때문에 페트병의 무게가 더 무거워집니다.

18 공기는 기체로 고체, 액체와 같이 무게가 있습니다.

19 물질의 성질을 이용해 장난감을 만들 때 가장 먼저 어떤 상태의 물질을 이용해 장난감을 만들지를 정합니다.

20 페트병 두 개를 나란히 붙이고 빨대를 세워 꽂은 다음 물 위에 띄운 뒤 손으로 물결을 일으켜서 배를 움직입니다.

더 알아볼까요!

물고기 배 만들기
• 준비물: 페트병 두 개, 주름 빨대, 눈 모양 붙임딱지, 절연 테이프, 셀로판테이프
• 페트병 두 개를 나란히 대고 셀로판테이프로 감아 움직이지 않도록 합니다.
• 페트병 사이의 중심에 빨대를 세워 꽂고 절연 테이프로 돛대를 만들어 빨대에 붙입니다.
• 페트병 양 옆에 기다란 지느러미를 만들어 붙입니다.
• 페트병 뚜껑 쪽에 눈 모양 붙임딱지를 붙입니다.

탐구 서술형 평가

106~107쪽

1 (1) 고체 (2) ⑩ 손으로 잡을 수 있다. 담는 그릇이 바뀌어도 모양과 부피가 일정하다. 2 ⑩ 액체는 담는 그릇에 따라 모양이 변한다. 따라서 캔에 담긴 음료수가 호스(빨대)를 지나면서 모양이 변하기 때문에 입으로 음료수가 들어올 수 있다. 3 (1) 공기는 이동한다. (2) ⑩ 풍선에 구멍을 내면 풍선 안의 공기가 밖으로 빠져나가 풍선이 찌그러진다. 비눗방울을 만들면 공기가 입에서 비눗방울 안으로 이동한다. 선풍기로 시원한 바람을 쐰다. 펌프를 누르면 밖의 공기가 자전거 타이어 안으로 이동한다. 4 (1) 1.2×10×10×3 (2) 약 360 kg(360000g)

풀이

1 의자, 필통, 풍선, 컵은 손으로 잡을 수 있고 단단하며 눈으로 볼 수 있습니다. 이 물체들을 여러 가지 모양의 그릇에 넣어도 그릇의 모양과 관계없이 물체들의 모양은 변하지 않습니다. 그리고 물체들이 차지하는 공간의 크기인 부피도 변하지 않습니다.

상	물체들의 상태와 특징을 모두 바르게 서술하였습니다.
중	물체들의 상태와 특징 중 한 가지만 바르게 서술하였습니다.
하	물체들의 상태와 특징을 모두 서술하지 못했습니다.

2 음료수는 담는 그릇에 따라 모양이 변하는 액체이므로 빨대를 지나면서 모양을 바꿔 입으로 들어옵니다.

상	음료수를 먹을 수 있는 까닭을 액체의 특성과 관련지어 바르게 서술하였습니다.
중	음료수를 먹을 수 있는 까닭을 액체의 특성과 관련지어 서술하였지만 충분하지 않습니다.
하	음료수를 먹을 수 있는 까닭을 액체의 특성과 관련지어 서술하지 못했습니다.

3 공기 주입기로 풍선을 부풀리는 경우, 수족관에 사용하는 공기 공급 장치, 광고풍선을 불 수 있는 것 등도 기체가 이동하는 성질을 이용한 예입니다.

상	코끼리 나팔에 이용된 공기의 성질과 일상생활의 예를 모두 바르게 서술하였습니다.
중	코끼리 나팔에 이용된 공기의 성질과 일상생활의 예 중 한 가지만 바르게 서술하였습니다.
하	코끼리 나팔에 이용된 공기의 성질과 일상생활의 예를 모두 바르게 서술하지 못했습니다.

4 대부분의 기체는 눈에 보이지 않지만, 고체나 액체와 같이 무게가 있습니다.

상	가로, 세로, 높이가 각각 1m인 상자 안에 있는 공기의 무게를 계산하는 방법과 공기의 무게를 모두 바르게 서술하였습니다.
중	가로, 세로, 높이가 각각 1m인 상자 안에 있는 공기의 무게를 계산하는 방법과 공기의 무게 중 한 가지만 바르게 서술하였습니다.
하	가로, 세로, 높이가 각각 1m인 상자 안에 있는 공기의 무게를 계산하는 방법과 공기의 무게를 모두 서술하지 못했습니다.

5 소리의 성질

개념을 확인해요   109쪽

1 소리   2 떨림   3 떨림   4 소리   5 떨림
6 소리   7 소리   8 소리

개념을 확인해요   111쪽

1 작은   2 큰   3 낮게   4 높게   5 크기
6 큰   7 세기   8 큰

개념을 확인해요   113쪽

1 높   2 낮   3 높   4 낮   5 높낮이   6 길이, 길이   7 있   8 높

개념을 확인해요   115쪽

1 책상   2 크   3 물질   4 공기   5 철   6 고체   7 액체   8 공기

개념을 확인해요   117쪽

1 크   2 종이컵   3 실   4 소리   5 길이
6 소리   7 소리   8 소리

개념을 확인해요   119쪽

1 크   2 크   3 작   4 반사   5 반사   6 반사   7 반사   8 반사판

개념을 확인해요   121쪽

1 소음   2 소음   3 소음   4 과속 방지 턱
5 반사   6 소리   7 대본   8 책

개념을 다져요   122~125쪽

1 ㉡   2 떨림   3 ③   4 ①   5 ㉡   6 세기   7 (1) × (2) ○   8 ㉠   9 ㉡   10 길이   11 리코더   12 책상   13 고체   14 공기   15 소리가 작아진다.   16 ①   17 소리   18 ㉡   19 (1) × (2) ○   20 반사   21 ㉠   22 ㉠   23 ③   24 ⑤   25 ④   26 ㉠ 전달 ㉡ 반사   27 ㉠ ㉣ ㉡ ㉢   28 ②   29 예 종이를 찢는다.

풀이

1 소리가 나지 않을 때는 떨림이 느껴지지 않고 소리가 날 때 떨림이 느껴집니다.

2 소리굽쇠를 고무망치로 치면 떨림이 생겨 소리가 납니다.

3 소리가 나는 물체를 떨리지 않게 하면 더 이상 소리가 나지 않습니다.

4 멀리 있는 친구를 부를 때는 큰 소리로 불러야 친구가 들을 수 있습니다.

5 작은북을 북채로 세게 치면 북이 크게 떨리면서 좁쌀이 높게 튀어 오르고 큰 소리가 납니다.

더 알아볼까요!

작은북을 치는 세기와 소리의 세기

작은북을 약하게 칠 때	작은북을 세게 칠 때
• 북이 작게 떨린다. • 작은 소리가 난다. • 좁쌀이 낮게 튀어 오른다.	• 북이 크게 떨린다. • 큰 소리가 난다. • 좁쌀이 높게 튀어 오른다.

6 물체가 떨리는 크기에 따라 소리의 크기가 달라집니다.

7 작은북을 세게 치면 좁쌀이 높게 튀어 오릅니다.

8　팬 플루트는 가장 짧은 관을 불 때 높은 소리가 나고, 가장 긴 관을 불 때는 낮은 소리가 납니다.

9　실로폰의 짧은 음판을 칠수록 높은 소리가 납니다.

10　팬 플루트의 관의 길이와 실로폰의 음판의 길이가 길수록 낮은 소리가 납니다.

11　소고, 탬버린, 트라이앵글은 소리의 높낮이를 연주할 수 없습니다.

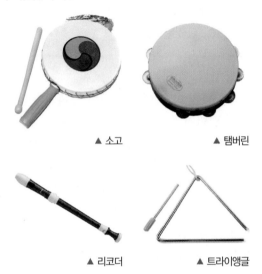

▲ 소고　　　　　▲ 탬버린

▲ 리코더　　　　▲ 트라이앵글

12　책상을 두드리는 소리가 책상을 통해 책상에 귀를 댄 친구에게 전달됩니다.

13　소리를 전달한 책상은 고체입니다.

14　친구를 부르는 소리는 공기를 통해 전달됩니다. 대부분의 소리는 기체인 공기를 통해 전달됩니다.

15　소리는 공기를 통해 전달되는데 통 속의 공기의 양이 줄어들기 때문에 소리가 잘 전달되지 않습니다.

▲ 공기를 뺄 수 있는 장치

16　실의 떨림으로 소리가 전달되기 때문에 실이 떨립니다.

17　소리가 전달되지 않을 때는 실에 손을 살짝 대 보았을 때 아무 느낌이 나지 않습니다.

18　실의 길이가 짧을수록, 실의 두께가 두꺼울수록 소리가 더 잘 들립니다.

더 알아볼까요!

실 전화기 소리가 잘 들리는 경우

▲ 실이 팽팽할 때

▲ 실에 물을 묻혔을 때

▲ 실을 손으로 잡지 않았을 때

▲ 실의 두께가 두꺼울 때

21　소리는 딱딱한 물체에서 더 잘 반사되기 때문에 나무판을 들고 있을 때가 스타이로폼 판을 들고 있을 때보다 소리가 더 크게 들립니다.

22　아무 것도 들지 않는 채로 소리를 듣는 것은 나무판이나 스타이로폼판을 들고 소리를 듣는 것과 달리 소리의 반사를 이용하지 않아 소리가 작게 들립니다.

23　실 전화기는 실을 통해 소리가 전달되는 경우입니다.

26　음악실은 소리가 전달되지 않는 물질을 벽에 붙여 소음을 줄이고, 도로 방음벽은 소리가 반사되는 성질을 이용해 소음을 줄입니다.

28　눈길을 걷는 모습은 흥부와 놀부의 대본에 있지 않습니다.

1 ② **2** ㉠ **3** ② **4** ③ **5** < **6** 세기 **7** ㉡
8 높낮이 **9** ① **10** ① **11** ㉠ **12** ② **13** ㉡
14 소리 **15** ㉡ **16** ㉢ **17** ② **18** ① **19** ①
20 ①

풀이 ▶

1 공항은 비행기가 뜨거나 내리는 장소이기 때문에 비행기 소리를 주로 들을 수 있습니다.

2 소리가 나지 않는 스피커에 손을 대면 아무 느낌이 없고, 소리가 나는 스피커에 손을 대면 떨림이 느껴집니다.

3 소리가 나는 소리굽쇠의 떨림 때문에 물이 튀어 오릅니다.

4 체육 대회에서 응원할 때는 큰 소리를 냅니다.

5 작은북을 북채로 약하게 치면 작은 소리가 나고, 북채로 세게 치면 큰 소리가 납니다.

6 물체의 떨림이 클수록 큰 소리가 납니다.

7 가장 긴 관은 낮은 소리가 나고, 가장 짧은 관은 높은 소리가 납니다.

8 실로폰은 음판의 길이가 길수록 낮은 소리가 나고, 음판의 길이가 짧을수록 높은 소리가 납니다.

더 알아볼까요!

실로폰 음판의 길이와 소리의 높낮이

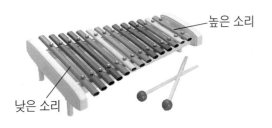

높은 소리
낮은 소리

9 기타, 바이올린 등은 줄의 특성이 다르기 때문에 악기가 낼 수 있는 소리의 높낮이가 다릅니다.

▲ 북

▲ 바이올린

10 소리는 나무나 철과 같은 고체를 통해서도 전달됩니다.

11 물을 통해 소리가 전달되는 것을 알아보는 실험입니다.

더 알아볼까요!

물속에서 소리가 나는 스피커 찾기

• 플라스틱 관이 스피커에 가까워질수록 소리가 더 크게 들립니다.
• 스피커의 소리가 가장 큰 곳에서 스피커를 찾을 수 있습니다.
• 스피커에서 나는 소리는 수조의 물과 플라스틱 관, 관 속의 공기를 통해 전달되었습니다.

12 소리를 전달하는 공기가 적어지기 때문에 소리가 잘 전달되지 않습니다.

13 젓가락으로 숟가락을 두드리면 실을 통해 소리가 전달됩니다.

더 알아볼까요!

실의 끝부분을 귀에 건 채 젓가락으로 숟가락을 두드리는 실험에서 유의할 점

• 귀가 다치지 않도록 약하게 두드립니다.
• 숟가락을 두드리는 소리가 공기를 통해서는 들리지 않도록 매우 약하게 두드려 실을 통해 소리가 전달되도록 합니다.

14 소리가 전달될 때 실에서 작은 떨림을 느낄 수 있습니다.

15 소리가 나무판에 반사되어 더 크게 들립니다.

16 목욕탕에서는 소리가 딱딱한 벽에 반사되어 목소리가 울리지만, 부드러운 물체에서는 잘 반사되지 않습니다.

17 소음은 사람의 기분을 좋지 않게 만들거나 건강을 해치는 소리입니다.

18 공동 주택에서는 뛰어 다니면 안 됩니다.

19 주변에서 쉽게 구할 수 있는 물체를 이용하여 여러 가지 방법으로 소리를 낼 수 있습니다.

20 제비 날갯소리, 박이 지붕에서 떨어지는 소리, 박씨가 땅에 떨어지는 소리 등이 필요합니다.

1 ④   **2** 손에서 작은 떨림이 느껴진다.   **3** ㉡   **4** ③   **5** ㉠, ㉡   **6** ㉡   **7** ①   **8** ㉡, ㉣   **9** 길이 **10** 높은 소리   **11** ③, ④, ⑤   **12** ⑤   **13** 실의 떨림으로 소리가 전달되기 때문에   **14** ㉢   **15** ㉠ **16** 딱딱한   **17** ②   **18** 소음   **19** ㉠   **20** ⑤

풀이 ▶

1 소리의 주인공 추리하기 놀이에서는 우리 주변에서 쉽게 구할 수 있는 물체를 정하고 소리를 녹음하여 친구들에게 들려줍니다.

> **더 알아볼까요!**
>
> **사람이 들을 수 있는 소리와 들을 수 없는 소리**
> • 사람이 아닌 동물도 청각 기관을 가지고 있으므로 이들도 소리를 감지할 수 있으나 각각의 종류에 따라 들을 수 있는 소리의 영역이 다릅니다.
> • 가끔 사람에게는 아무 소리도 들리지 않는데 개나 고양이가 짖거나 우는 경우가 있는데 이것은 개나 고양이가 사람이 들을 수 없는 영역의 소리를 들을 수 있기 때문입니다.
> • 박쥐나 돌고래는 초음파를 보낸 다음 돌아오는 초음파의 특징을 알아 물체의 위치뿐만 아니라 성질도 알아낼 수 있다고 알려져 있습니다.
> • 근래에는 이러한 초음파를 이용하여 병원에서 병을 진단하거나 바닷속 물고기 떼의 위치와 규모를 알아내기도 합니다.

2 소리를 내면서 목에 손을 대 보면 손에서 작은 떨림이 느껴집니다.

3 소리가 나는 소리굽쇠는 떨림 때문에 물이 튀어 오르는 현상이 나타납니다.

> **더 알아볼까요!**
>
> **소리굽쇠를 치면 소리가 나는 까닭**
>
>
>
> • 소리굽쇠는 탄성이 좋은 물질로 되어 있습니다. 소리굽쇠의 한쪽 가지를 고무망치로 치게 되면 순간적으로 모양이 한쪽으로 변형되었다가 다시 원래 모양으로 되돌아갑니다.
> • 이때 원래 모양을 지나쳐 반대편으로 더 휘게 됩니다. 그리고 다시 원래 모양으로 되돌아가게 됩니다. 이를 반복하면서 떨림이 생기게 됩니다.

4 소리굽쇠의 떨림이 멈추기 때문에 소리가 나지 않습니다.

5 작은북과 실로폰은 치는 세기에 따라 소리의 크기를 다르게 할 수 있습니다.

6 소리가 클수록 물체의 떨림이 커져 좁쌀이 높게 튀어 오릅니다.

7 소리의 세기는 물체가 떨리는 크기에 따라 달라지는데, 소리의 크고 작은 정도를 말합니다.

8 팬 플루트의 가장 짧은 관에서는 높은 소리가 나고, 가장 긴 관에서는 낮은 소리가 납니다. 실로폰은 길이가 긴 음판에서 짧은 음판으로 갈수록 점점 높은 소리가 나고, 길이가 짧은 음판에서 긴 음판으로 갈수록 점점 낮은 소리가 납니다.

9 소리의 높낮이를 이용하여 아름다운 음악을 연주할 수 있습니다.

10 위급한 상황을 알릴 때는 높은 소리를 이용해야 합니다.

11 스피커의 소리는 수조에 담긴 물을 통해 전달됩니다.

12 우리 생활에서 들리는 대부분의 소리는 기체인 공기를 통해 전달됩니다.

13 실 전화기로 이야기할 때 실이 떨리는 것으로 보아 실의 떨림이 소리를 전달합니다.

14 실의 길이가 짧고 두꺼울수록 소리가 더 잘 들리고, 실에 물을 묻히면 소리가 더 잘 들립니다.
㉠ 실이 팽팽하지 않은 경우
㉡ 실의 길이가 긴 경우
㉢ 실에 물을 묻힌 경우

15 소리가 나아가다가 물체에 부딪쳐 되돌아오는 성질을 소리의 반사라고 합니다.

16 소리는 딱딱한 물체에서 잘 반사되지만, 부드러운 물체에서는 잘 반사되지 않습니다.

17 실 전화기로 친구와 이야기를 하는 것은 실의 떨림으로 소리가 전달되는 예입니다.

18 소음은 사람의 기분을 좋지 않게 만들거나 건강을 해칠 수 있는 소리로, 시끄럽고 크고 높은 소리입니다.

19 음악실에서는 노래와 악기 소리로 인해 큰 소리나 높은 소리가 생깁니다. 이 소리가 다른 곳으로 잘 전달되지 않게 하기 위해서 작은 구멍이 많은 스타이로폼을 사용하여 소리가 잘 전달되지 않게 합니다.

20 주변의 물체를 이용하여 다양한 소리를 낼 수 있습니다.

3회 단원 평가 기출

132~134쪽

1 ② 2 ② 3 ② 4 떨림이 있다. 5 ④ 6 ㉡
7 ⑤ 8 ㉠, ㉢ 9 소리의 높낮이 10 ⑤ 11 책
상 12 ⑴ 철 ⑵ 물 13 ② 14 ② 15 ㉢
16 소리는 부드러운 물체보다 딱딱한 물체에서 잘 반
사되기 때문이다. 17 반사 18 ③ 19 ㉡ 20
㉠ ㉢ ㉡ ㉣

풀이 ▶

1 '멍! 멍! 멍!'은 강아지 소리라고 추리할 수 있습니다.

2 ㉠은 스피커에서 소리가 나지 않기 때문에 아무 느낌
이 없고, ㉡은 스피커에서 소리가 나기 때문에 손에
떨림이 느껴집니다.

3 소리가 나는 소리굽쇠를 물에 대 보았을 때는 떨림
때문에 물이 튀어 오릅니다.

▲ 소리가 나는 소리굽쇠를 물에 대 보았을 때

4 종을 치면 종이 떨면서 소리가 나고, 벌은 빠른 날개
짓의 떨림 때문에 소리가 납니다.

5 작은북을 북채로 약하게 치면 북이 작게 떨리면서 좁
쌀이 낮게 튀어 오르고, 북채로 세게 치면 북이 크게
떨리면서 좁쌀이 높게 튀어 오릅니다.

6 소리의 크고 작은 정도를 소리의 세기라고 합니다. 소
리의 세기가 클수록 물체의 떨림이 큽니다. 작은북 위
의 좁쌀은 소리의 세기가 클수록 높게 튀어 오릅니다.

7 우리는 상황에 따라 목소리를 크거나 작게 조절해야
합니다.

8 팬 플루트의 가장 짧은 관은 높은 소리가 나고 가장
긴 관은 낮은 소리가 납니다. 실로폰은 긴 음판에서
짧은 음판으로 갈수록 높은 소리가 나고, 짧은 음판
에서 긴 음판으로 갈수록 낮은 소리가 납니다.

9 악기는 소리의 높낮이를 이용하여 음악을 연주할 수
있습니다.

10 북, 탬버린, 심벌즈, 장구는 소리의 높낮이를 연주할
수 없는 악기입니다.

11 책상에 귀를 대고 소리를 들으면 소리가 책상을 통해
전달되어 소리가 크게 들립니다.

12 소리는 고체, 액체, 기체 물질을 통해 전달됩니다.

13 달에는 공기가 없기 때문에 소리가 전달되지 않습니다.

14 실 전화기는 실의 떨림으로 소리를 전달합니다.

더 알아볼까요!

실 전화기 만들기
• 종이컵 바닥에 누름 못으로 구멍을 뚫습니다.
• 구멍에 실을 넣고 실의 한쪽 끝에 클립을 묶어 실이 빠지지 않게 합
니다.
• 다른 종이컵도 같은 방법으로 만듭니다.

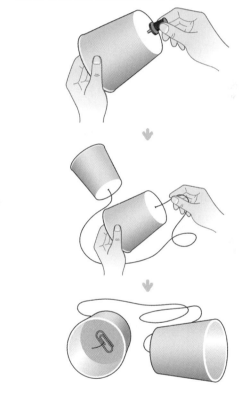

15 실의 길이가 짧고, 두께가 두꺼울수록 소리가 잘 들
리며 실에 물을 묻히면 소리가 더 잘 들립니다.

16 소리는 딱딱한 물체에서는 잘 반사되지만, 부드러운
물체에서는 소리가 흡수되어 잘 반사되지 않습니다.

17 소리가 나아가다가 물체에 부딪쳐 되돌아오는 성질
인 소리의 반사에 대한 설명입니다.

19 도로 방음벽은 소리가 반사되는 성질을 이용하여 소
음을 줄인 경우입니다.

20 주변에서 쉽게 구할 수 있는 물체를 이용하여 여러
가지 방법으로 소리를 내 보고, 가장 알맞은 소리를
인형극에 사용합니다.

정답과 풀이

4회 단원 평가 실전

135~137쪽

1 ② **2** ㉡ **3** 소리가 나는 물체는 떨림이 있기 때문에 **4** ④ **5** ①, ④ **6** (1) - ㉡ (2) - ㉠ **7** ④ **8** ㉢, ㉣ **9** ③ **10** 높은 소리 **11** 플라스틱 관이 스피커에 가까워질수록 소리가 더 크게 들린다. **12** ②, ⑤ **13** ②, ⑤ **14** ② **15** ① **16** (1) ㉠ (2) 소리는 딱딱한 물체에서는 잘 반사되지만, 부드러운 물체에서는 잘 반사되지 않기 때문에 **17** ④ **18** ④ **19** (1) - ㉠ (2) - ㉡ **20** ②

풀이

1 어떤 물체를 두드려 소리를 낼지 녹음할 물체를 정하고, 소리를 녹음한 다음 녹음한 소리를 들려주고 소리의 주인공을 맞힙니다.

2 소리를 내고 있는 목과 소리가 나는 스피커에 손을 대 보면 손에 떨림이 느껴집니다.

3 소리가 날 때 떨림이 느껴지고, 소리마다 떨림의 세기가 다릅니다.

4 소리가 나는 물체를 떨리지 않게 하면 더 이상 소리가 나지 않습니다.

5 ②와 ⑤는 작은북을 북채로 약하게 쳤을 때 모습입니다.

6 소리가 클수록 물체의 떨림이 크고, 소리가 작을수록 물체의 떨림이 작습니다.

7 소리의 크고 작은 정도를 소리의 세기라고 합니다.

8 팬 플루트는 관의 길이에 따라, 실로폰은 음판의 길이에 따라 소리의 높낮이가 달라집니다.

더 알아볼까요!

팬 플루트의 관의 길이, 실로폰의 음판의 길이와 소리의 높낮이

낮은 소리
높은 소리
높은 소리
낮은 소리

9 악기는 소리의 높낮이와 소리의 세기를 이용하여 아름다운 음악을 연주하도록 만들어진 도구입니다.

▲ 장구

10 화재경보기와 수영장 안전을 위한 호루라기 소리는 높은 소리를 이용하여 긴급한 상황을 알리는 경우입니다.

11 물속에서 소리가 전달되는 것을 알아보는 실험입니다.

12 소리는 물질을 통해 전달되는데, 공기를 통해 소리가 전달되는 경우를 알아보는 실험입니다.

13 실을 통해 숟가락을 두드리는 소리를 선명하게 들을 수 있습니다.

14 실 전화기는 실의 떨림으로 소리가 전달됩니다. 실의 길이가 짧을수록 실이 팽팽할수록 잘 들리며, 실에 묻히면 소리가 더 잘 들립니다.

15 체육관에서 손뼉을 치면 벽과 같이 딱딱한 물체에 부딪쳐 되돌아오는 소리의 반사가 나타나기 때문에 잠시 뒤에 소리가 다시 들립니다.

더 알아볼까요!

우리 생활에서 소리가 반사되는 경우
• 암벽으로 된 산에서 소리가 반사되어 메아리가 들립니다.
• 목욕탕과 동굴에서 소리가 울립니다.

16 부드러운 물체에서는 소리가 흡수되어 잘 반사되지 않습니다.

17 공연장 천장에는 반사판이 설치되어 있습니다. 이 반사판은 공연장 전체에 소리를 골고루 전달하는 역할을 합니다.

▲ 공연장 천장에 설치된 반사판

18 소음은 사람의 기분을 좋지 않게 만들거나 건강을 해칠 수 있는 소리입니다.

19 음악실 방음벽은 소리가 잘 전달되지 않는 물질을 벽에 붙인 것이고, 도로 방음벽은 소리가 반사되는 성질을 이용한 것입니다.

20 물체를 이용하여 다양한 소리를 낼 수 있습니다.

탐구 서술형 평가

138~139쪽

1 (1) 음판을 세게 치거나 약하게 친다. (2) 길이가 다른 음판을 친다. 길이가 짧은 음판과 길이가 긴 음판을 친다   2 (1) 목이 떨리는 것을 느낄 수 있다 (2) 공기를 통하여 전달되었다   3 (1) 없다 (2) ㉾ 달에는 소리를 전달하는 물질인 공기가 없기 때문에 소리가 전달되지 않아 소리를 들을 수 없다   4 풀이 참조

풀이 ▶

1 실로폰의 음판을 세게 치거나 약하게 치면 소리의 세기가 달라지고, 길이가 다른 음판을 치면 소리의 높낮이가 달라집니다.

상	실로폰의 소리의 세기와 소리의 높낮이를 조절하는 방법을 모두 바르게 서술하였습니다.
중	실로폰의 소리의 세기와 소리의 높낮이를 조절하는 방법 중 한 가지만 바르게 서술하였습니다.
하	실로폰의 소리의 세기와 소리의 높낮이를 조절하는 방법을 모두 서술하지 못했습니다.

2 소리가 나는 물체는 떨림이 있으며, 소리는 공기를 통하여 전달됩니다.

상	손으로 목을 만졌을 때의 느낌과 노래 소리가 다른 사람들에게 전달된 방법을 모두 바르게 서술하였습니다.
중	손으로 목을 만졌을 때의 느낌과 노래 소리가 다른 사람들에게 전달된 방법 중 한 가지만 바르게 서술하였습니다.
하	손으로 목을 만졌을 때의 느낌과 노래 소리가 다른 사람들에게 전달된 방법을 모두 서술하지 못했습니다.

3 달에는 공기가 없기 때문에 소리의 떨림을 전달할 물질이 없어 바로 옆에서 나는 소리도 들을 수 없습니다.

상	달에서 소리를 들을 수 있는지 또는 없는지를 바르게 표시하고, 달에서 소리를 들을 수 없는 까닭을 바르게 서술하였습니다.
중	달에서 소리를 들을 수 있는지 또는 없는지를 표시하거나, 달에서 소리를 들을 수 없는 까닭 중 한 가지만 바르게 서술하였습니다.
하	달에서 소리를 들을 수 있는지 또는 없는지를 표시하거나, 달에서 소리를 들을 수 없는 까닭을 모두 서술하지 못했습니다.

4

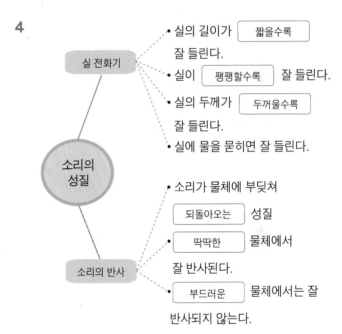

실 전화기는 실이 짧을수록, 팽팽할수록, 두께가 두꺼울수록, 물을 묻힐수록 잘 들립니다. 소리는 딱딱한 물체에서는 잘 반사되고, 부드러운 물체에서는 잘 반사되지 않습니다.

상	실 전화기와 소리의 반사 생각그물을 모두 바르게 서술하였습니다.
중	실 전화기와 소리의 반사 생각그물을 두 개 이상 서술하지 못했습니다.
하	실 전화기와 소리의 반사 생각그물을 네 개 이상 서술하지 못했습니다.

정답과 풀이

1회 100점 예상문제

142쪽~144쪽

1 ④ 2 ㉡㉠㉢ 3 ①,⑤ 4 ① 5 ② 6 ④
7 ⑤ 8 ② 9 (1) 전갈 (2) 낙타 10 ③ 11 예
날개가 있다. 몸이 비교적 가볍다. 12 ① 13 흙
언덕을 손으로 깎았기 때문이다. 14 ㉡, ㉢ 15 운
동장 흙 16 ③ 17 ③ 18 ① 19 (2) ○ 20
(1) - ㉡ (2) - ㉠ (3) - ㉢

풀이

2 탐구 계획을 세울 때는 가장 먼저 탐구 문제를 해결
할 방법을 정합니다.

3 막대자석 두 개를 길게 이어 붙이고 클립을 붙여 보
아야 하기 때문에 크기와 종류가 같은 막대자석 두
개와 클립이 필요합니다.

6 비둘기, 참새, 까치는 다리가 두 개이고, 개미, 잠자
리, 사슴벌레, 메뚜기는 여섯 개입니다.

7 지렁이는 머리에 더듬이가 없고, 삽처럼 생긴 앞다리
로 땅을 파는 동물은 두더지입니다.

8 뱀은 다리가 없어 배를 땅에 대고 기어 다닙니다.

9 전갈은 온몸이 딱딱한 껍질로 되어 있으며, 낙타는
등에 혹이 있으며 긴 다리가 두 쌍 있습니다.

10 물방개와 다슬기는 강이나 호수의 물속, 전복은 바닷
속, 수달은 강가나 호숫가에 삽니다.

11 직박구리, 박새, 나비, 잠자리는 날아다니는 동물로
나비와 잠자리는 곤충입니다. 박새는 몸의 크기가 참
새와 비슷하거나 그보다 작은 새입니다.

13 흙을 깎으면 흙 언덕의 모습이 변한다는 것을 흙 언
덕 깃발 지키기 놀이를 통해 알 수 있습니다.

15 알갱이가 큰 운동장 흙이 화단 흙보다 물 빠짐이 좋
습니다.

16 흙의 알갱이가 클수록 물이 잘 빠져나갑니다. 화단
흙보다 운동장 흙의 알갱이가 더 큽니다.

17 부식물을 관찰하는 실험에서 흙의 종류(화단 흙과 운
동장 흙)만 다르게 하고, 나머지 조건은 모두 같게 합
니다.

19 강 상류는 강폭이 좁고 강의 경사가 급하며 바위를
많이 볼 수 있습니다.

20 바닷물의 침식 작용은 바위에 구멍을 뚫거나 가파른
절벽을 만들고, 바닷물의 퇴적 작용은 모래나 고운
흙을 쌓아 모래 해변이나 갯벌을 만듭니다.

2회 100점 예상문제

145쪽~147쪽

1 ㉡ 2 ⑤ 3 ②, ③ 4 전시회 5 ⑤ 6 ③
7 거미 8 ① 9 ①, ③ 10 갯벌 11 ③ 12 예
문어 빨판의 특징을 활용한 칫솔걸이, 오리 발의 특징
을 활용한 물갈퀴 13 ③, ⑤ 14 얼음 설탕을 플라
스틱 통에 $\frac{1}{3}$ 정도 넣는다. 15 (1) 물 (2) 나무뿌리
16 예 흙 언덕의 흙이 깎여 아래로 이동하는 것을 보
기 위해서 17 ④ 18 (1) × (2) ○ (3) ○ (4) ×
19 ㉡ 20 ①, ②

풀이

2 탐구 문제를 해결하는 데 필요한 간식은 탐구 계획을
세울 때 필요하지 않습니다.

4 일정한 공간을 마련하여 탐구 결과를 게시하도록 하
는 전시회 발표 방법입니다.

6 다른 동물의 눈에 잘 띄면 숨기 좋은 곳이 아니기 때
문에 천적에게 쉽게 먹힐 수 있습니다.

7 거미는 더듬이가 없고 다리 네 쌍으로 걸어 다닙니다.

8 소, 다람쥐, 너구리, 두더지는 다리가 두 쌍이고, 땅
강아지는 세 쌍입니다.

9 낙타는 발바닥이 넓어 모래에 잘 빠지지 않고, 콧구
멍을 여닫을 수 있어 모래바람이 불어도 콧속으로 모
래가 들어가지 않습니다.

10 갯벌에 사는 게는 걸어 다니고, 조개는 기어 다닙니다.

12 수리 발의 특징을 활용한 집게 차도 동물의 특징을
활용한 예입니다.

13 플라스틱 통에 얼음 설탕을 넣고 뚜껑을 닫은 다음
통을 흔들어 봅니다.

14 얼음 설탕을 플라스틱 통에 가득 채우면 흔들었을 때
얼음 설탕끼리 부딪칠 수 없어 실험이 잘 되지 않습
니다.

16 흙 언덕의 흙이 깎여 아래로 이동하는 것을 잘 관찰
하기 위해 색 모래를 언덕 위쪽에 뿌립니다.

17 주로 흙 언덕의 위쪽에서는 흙이 깎였고, 아래쪽에서
는 흙이 쌓였습니다.

19 강 상류에서는 침식 작용이 활발하고, 강 하류에서는
퇴적 작용이 활발합니다.

20 모래나 고운 흙을 쌓아 모래 해변이나 갯벌을 만드는
것은 바닷물의 퇴적 작용이 활발한 곳에서 볼 수 있
습니다.

3회 100점 예상문제

148쪽~150쪽

1 ② 2 ③ 3 (1) 물 (2) 공기 (3) 나무 막대 (4) 물
4 ④, ⑤ 5 고체 6 변하고, 같다 7 ① 8 예
주사기의 피스톤을 물속에서 민다. 9 ② 10 ②
11 ⑤ 12 (2) ○ 13 ① 14 큰 15 ③ 16 ㉢,
㉣ 17 ① 18 ㉡, ㉢ 19 ⑤ 20 ③

풀이 ▶

3 나무 막대는 단단하고 손으로 잡을 수 있으며, 물은
흔들면 출렁거립니다. 물과 공기는 손으로 잡을 수
없습니다.

4 나무 막대는 고체입니다. ①, ②, ③은 기체의 성질,
②는 액체의 성질입니다.

5 가루 전체의 모양은 담는 그릇에 따라 변하지만 알갱
이 하나하나의 모양과 부피는 변하지 않기 때문에 고
체입니다.

6 물은 액체이기 때문에 담는 그릇에 따라 모양이 변하
지만, 부피는 변하지 않기 때문에 처음 사용한 그릇
에 옮겨 담으면 높이가 같습니다.

7 얼음은 고체입니다.

8 주사기의 피스톤을 물속에서 밀면 주사기 끝에서 공
기 방울이 생깁니다.

9 플라스틱 컵 안에 공기가 공간을 차지하고 있기 때문
에 페트병 뚜껑은 내려가고, 수조 안의 물의 높이는
조금 높아집니다.

10 풍선 로켓을 만들 때는 자석이 필요하지 않습니다.

12 소리를 내면서 목에 손을 대 보거나, 소리가 나는 스
피커에 손을 대 보면 떨림이 느껴집니다.

14 작은북을 북채로 약하게 치면 작은 소리가 나고, 세
게 치면 큰 소리가 납니다.

15 팬 플루트는 입으로 불어서 소리를 내는 악기입니다.

16 실로폰의 짧은 음판을 치면 높은 소리가 나고, 긴 음
판을 치면 낮은 소리가 납니다.

17 책상을 두드리는 소리가 고체(책상)를 통해 전달되기
때문에 소리가 잘 들립니다.

18 ㉠은 물을 통해, ㉣은 철을 통해 소리가 전달되는 경
우입니다.

19 실 전화기를 만들 때는 실, 종이컵 두 개, 누름 못,
클립 두 개, 가위 등이 필요합니다.

20 도로 방음벽은 소리가 반사되는 성질을 이용하여 소
음을 줄인 경우입니다.

4회 100점 예상문제

151쪽~153쪽

1 페트병을 물 아래로 누른다. 2 ⑤ 3 ④ 4 없
고, 없다 5 예 그릇에 물을 옮겨 담을 때 물이 그릇
바깥으로 흘러내리거나 그릇에 물을 남기지 않도록
한다. 6 ② 7 ③ 8 공기 주입기 9 예 밖의
공기가 공기 주입기를 통하여 풍선 안으로 이동하기
때문이다. 10 ① 11 ① 12 ①, ② 13 ③ 14
(1) 작은 (2) 큰 (3) 큰 (4) 작은 15 ㉡ 16 ① 17
물 18 ⑤ 19 소리의 반사 20 ③

풀이 ▶

1 페트병을 물 위로 들어 올리면 비닐장갑에서 공기가
빠져나와 쭈글쭈글해집니다.

2 공기는 눈에 보이지 않고 손에 잡히지 않기 때문에
전달하는 것인지 알 수 없습니다.

4 나무 막대와 플라스틱 막대는 담는 그릇이 바뀌어도
모양과 부피가 일정한 고체입니다.

5 처음 물을 넣을 때에는 준비된 여러 가지 모양의 그
릇을 넘지 않도록 담는 물의 양을 조절해야 합니다.

7 주사기의 피스톤을 물속에서 밀면 주사기 끝에서 공
기 방울이 생기고, 생긴 공기 방울은 위로 올라가 사
라집니다.

8 공기 주입기는 밖의 공기를 물체 안으로 넣는 역할을
합니다.

9 공기 주입기는 풍선 밖의 공기를 풍선 안으로 넣는
역할을 합니다.

11 빠른 날개짓을 하며 날고 있는 벌은 날개짓의 떨림
때문에 소리가 나지만, 꽃에 앉아있는 벌은 소리가
나지 않으므로 물체가 떨리는 경우가 아닙니다.

13 작은북의 가죽이 떨리면서 소리가 나므로 작은북 위
의 좁쌀이 튀어 올랐다가 떨어집니다.

15 음판의 길이가 짧을수록 소리가 점점 높아지기 때문
에 긴 음판에서 짧은 음판 방향으로 쳐야 합니다.

16 화재경보기는 소리로 불이 난 것을 알리고, 긴급 자
동차는 경보음으로 위급한 상황을 주변에 알립니다.

17 잠수부가 먼 곳에서 오는 배의 소리를 듣는 것도 물
을 통해서 소리가 전달되는 예입니다.

18 실 전화기의 실의 길이가 너무 길면 소리가 잘 전달
되지 않습니다.

19 소리는 딱딱한 물체에서는 잘 반사되지만, 부드러운
물체에서는 잘 반사되지 않습니다.

정답과 풀이

1 ⑤   2 (1) 여러 (2) 바로   3 참새   4 4가지   5 ②   6 ⑤   7 배 발   8 (1) ○ (2) × (3) ×   9 ⑤   10 ⓒ, 물에 뜨는 물질이 더 많기 때문에   11 (1) 아래쪽 (2) 위쪽   12 (1) - ⓒ (2) - ㉠   13 ⑩ 나무 막대는 손으로 잡을 수 있지만, 공기는 눈에 보이지 않고 손에 잡히지 않는다.   14 (1) - ⓒ (2) - ㉠ (3) - ⓒ   15 ⑤   16 ④   17 ①, ③   18 ㉠, ⓒ   19 종이컵 바닥에 누름 못으로 구멍을 뚫는다.   20 ②

풀이

2 측정할 때마다 결과가 다르기 때문에 여러 번 측정하는 것이 좋고, 탐구를 실행할 때 결과가 나오는대로 기록하도록 합니다.

3 참새는 우리나라 어디서나 쉽게 볼 수 있는 새로, 등은 갈색 바탕에 검은 줄무늬가 있고 옆구리는 황갈색입니다.

4 거미는 다리가 네 쌍, 비둘기는 한 쌍, 잠자리는 세 쌍, 달팽이는 다리가 없습니다.

6 낙타의 혹에는 지방이 있어서 먹이가 없어도 며칠 동안 생활할 수 있습니다.

7 전복은 바닷속에 살며 딱딱한 껍데기로 덮여 있고, 껍데기에 구멍이 솟아 있습니다.

8 나비의 날개는 두 쌍입니다.

9 운동장 흙과 화단 흙의 알갱이 크기는 돋보기로 자세히 관찰합니다.

11 흙 언덕의 위쪽은 흙이 깎이고, 흙 언덕의 아래쪽에는 흙이 쌓입니다.

12 가파른 절벽은 바위가 바닷물에 깎여서, 갯벌은 고운 흙이 쌓여서 만들어집니다.

13 공기는 눈에 보이지 않고 손으로 잡을 수 없기 때문에 전달하는 것인지 알 수 없습니다.

16 코끼리 나팔에 공기가 들어가면 펼쳐지고, 공기가 빠져나오면 돌돌 말립니다.

17 소리가 나는 소리굽쇠를 손으로 강하게 움켜잡으면 소리가 멈춥니다.

18 소리는 고체, 액체, 기체를 통해 전달됩니다.

19 실 전화기를 만들 때 가장 먼저 종이컵 바닥에 누름 못으로 구멍을 뚫습니다.

20 공연장 천장에 설치된 반사판은 소리를 공연장 전체에 전달하는 역할을 합니다.

1 ①   2 ③   3 ②   4 다리가 일곱 쌍이다.   5 참새   6 ④   7 ②   8 흙   9 ⑤   10 (1) ○ (3) ○   11 ⑩ 흙이 깎인 곳도 있고, 쌓인 곳도 있다. 색 모래가 위쪽에서 아래쪽으로 이동했다.   12 ⓒ   13 ㉠ 물 ⓒ 공기   14 주스, 우유   15 ④, ⑤   16 ③   17 ㉠   18 ⓒ   19 소리가 크게 잘 들린다.   20 ⓒ

풀이

1 막대자석 두 개를 길게 이어 붙이면 막대자석 한 개보다 클립이 더 많이 붙는지 알아보는 탐구 문제이므로 자석의 개수를 다르게 합니다.

3 두 손을 앞에 모아서 사자가 으르렁거리는 모습을 표현한 것입니다.

4 공벌레의 다리는 일곱 쌍입니다. 더듬이는 두 쌍이지만 한 쌍은 잘 보이지 않습니다.

5 참새는 알을 낳는 동물입니다.

6 두더지는 삽처럼 생긴 앞다리로 땅속에 굴을 파고 걸어 다닙니다.

7 오리의 발가락 사이에는 막이 있어 물속에서 헤엄을 잘 칩니다. 이런 오리의 발 모양을 활용하여 물갈퀴를 만듭니다.

9 얼음 설탕이 서로 부딪쳐 알갱이 크기가 작아지고 모양이 달라졌으며 가루가 생겼습니다.

10 화단 흙은 운동장 흙보다 알갱이의 크기가 비교적 작아서 운동장 흙보다 약간 부드럽고 잘 뭉쳐집니다.

12 흙 언덕의 위쪽은 흙이 많이 깎이고, 흙 언덕의 아래쪽은 흙이 많이 쌓입니다.

13 물은 흐르고 투명하며 출렁거리지만, 공기는 눈에 보이지 않고 손에 잡히지 않습니다.

14 물, 주스, 우유는 액체입니다.

15 물속에서 공기 방울이 생기는 것으로 공기를 확인할 수 있습니다.

16 공기는 무게가 있습니다. 가로, 세로, 높이가 각각 1m인 공간에 들어 있는 공기의 무게는 약 1200g입니다.

18 ㉠과 ⓒ은 액체, ⓒ은 기체를 통해 소리가 전달되는 경우입니다.

20 음악실에서 발생하는 소리가 다른 곳으로 잘 전달되지 않게 하려면 음악실 벽면에 소리가 잘 전달되지 않는 물질을 붙입니다.

변형 국배판 / 1~6학년 / 학기별

★ 디자인을 참신하게 하여 학습 효율성을 높였습니다.

★ 단원 평가에 완벽하게 대비할 수 있도록 전 범위를 수록하였습니다.

★ 교과 내용과 관련된 사진 자료 등을 풍부하게 실어 학습에 흥미를 느낄 수 있도록 하였습니다.

★ 수준 높은 서술형 문제를 실었습니다.

정답과 풀이

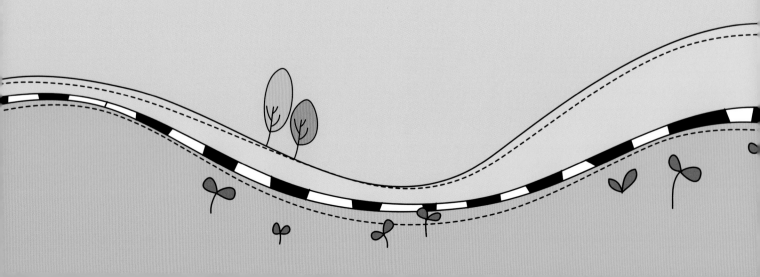